미국 대통령 시리즈 10
(한국미국사학회 20주년 기념사업)

로널드 레이건
- 보수혁명의 전설 -

로널드레이건

-보수혁명의전설-

초판 1쇄 발행 2011년 8월 10일

지은이_김남균
펴낸이_윤관백
편 집_이경남·김민희·하초롱·소성순·주명규·김현진 **표지**_김현진 **제작**_김지학 **영업**_이주하
펴낸곳_도서출판 선인 **인 쇄**_대덕문화사 **제 본**_바다제책
등 록_제5-77호(1998. 11. 4)
주 소_서울시 마포구 마포동 324-1 곶마루B/D 1층
전 화_02)718-6252/6257 **팩 스**_02)718-6253 **E-mail**_sunin72@chol.com
정 가_15,000원

ISBN 978-89-5933-462-9 (세트)
ISBN 978-89-5933-472-8 04990

■저자와의 협의에 의해 인지 생략.
■잘못된 책은 바꾸어 드립니다.

미국 대통령 시리즈 10
(한국미국사학회 20주년 기념사업)

로널드 레이건
- 보수혁명의 전설 -

김 남 균

총괄 편집자의 글

　2010년은 한국에서 미국사를 연구하고 가르치고 그리고 배우는 사람들에게 두 가지 면에서 참으로 뜻 깊은 해이다.
　첫째는 미국사를 연구하고 가르치는 사람들의 모임인 '한국미국사학회'가 창립된 지 20주년이 되는 해이며, 둘째는 위대한 대통령인 에이브러햄 링컨의 탄생 200주년이 되는 해이다.
　이러한 해! 우리나라에서 미국사의 선구자인 이보형 교수를 비롯한 여러 교수와 연구자들은 한국미국사학회가 2010년을 기념할 만한 어떤 일을 해야 한다는 의견을 모았다. 이에 당시 학회 집행부는 회장이었던 강원대의 권오신 교수를 중심으로 수차례의 회의와 선배 교수와 학자들의 많은 조언을 통해 미국 대통령 시리즈를 발간하기로 의견을 모았다. 이는 미국사에서 대통령이 차지하는 비중이 대단히 중요하여 우리나라에서도 미국 대통령들을 본격적으로 연구해야 한다는 이유와 더불어 또 에이브러햄 링컨의 탄생 200주년도 함께 기념하는 작업이라는 점에서 의미가 있는 일이었다.

이에 학회는 미국 대통령 43명 중 일반적으로 1위에서 10위까지 평가를 받고 있는 대통령 10명을 먼저 선정하였다. 조지 워싱턴, 토머스 제퍼슨, 앤드류 잭슨, 에이브러햄 링컨, 시어도어 루스벨트, 우드로 윌슨, 프랭클린 루스벨트, 해리 트루먼, 존 F. 케네디, 로널드 레이건이다.

선정된 10명의 대통령을 누가 연구할 것인가? 학회는 먼저 우리나라에서 미국사를 연구하고 있는 연구자들을 대상으로 집필 신청을 받고 그 신청자의 연구논문, 책, 칼럼, 그리고 관심도를 토대로 집필자를 선정하였다. 워싱턴 - 김형곤 교수(건양대), 제퍼슨 - 정경희 학사지도 교수(연세대), 잭슨 - 양홍석 교수(동국대), 링컨 - 양재열 교수(영남대), 시어도어 루스벨트 - 최정수 교수(고려대), 윌슨 - 권오신 교수(강원대), 프랭클린 루스벨트 - 김진희 교수(경희사이버대), 트루먼 - 김정배 교수(신라대), 케네디 - 장준갑 교수(전북대), 레이건 - 김남균 교수(평택대)이다.

집필진들은 전문적인 연구서를 지양하고 그렇다고 지나치게 대중적이지 않은 정도의 전문적이면서도 대중적인 방향으로 연구방향을 정했다. 가능한 이해하기 어려운 용어와 개념 사용을 보다 쉬운 용어와 문장으로 책을 만들어 많은 사람들이 미국 대통령 시리즈를 읽을 수 있도록 했다.

각각의 연구자들이 나름의 연구 틀을 가지고 있지만 대통령 시리즈인만큼 가능한 일관성 있는 연구 틀을 유지하고자 했다. 해당 대통령의 역사적 위상, 성장과정, 대통령이 되기 전의 업적, 대통령으로서의 업적, 리더십과 평가 등을 핵심 틀로 삼기로 했다.

우리나라의 출판업계는 늘 한겨울인 것 같다. 매일 수많은 책이 출판되어 나오지만 몇몇 사회적 이슈가 되는 대중적인 서적을 제외한 대부분의 책들은 주인을 만나지 못하고 서점이나 출판사 서고에 그대로 남아 있는 실정이다. 출판업계의 이러한 어려운 사정에도 불구하고 선뜻 학회의 뜻을 받들어 기꺼이 출판을 담당해 준 도서출판 선인의 윤관백 사장에게 심심한 감사를 표한다. 모쪼록 이 대통령 시리즈가 소위 '대박'이 나 선인도 성장하고 이를 집필한 집필자는 물론 미국사를 연구하고 공부하는 모든 사람들이 발전하는 계기가 마련되기를 간절히 바란다.

시리즈 기획 편집 책임
김 형 곤

머리말: 레이건 만나기

미국의 대통령은 어떻게 하루를 보낼까?

아침 7시 30분, 대통령 로널드 레이건은 부인과 함께 아침식사를 한다. 보통 아침 메뉴는 과일과 주스, 시리얼, 디카페인 커피이다. 메뉴가 바뀌는 경우도 있지만 레이건 대통령이 8년간 백악관에서 먹던 일상적인 아침식사이다. 아침 식사를 하는 동안 뉴욕 타임즈와 워싱턴 포스트를 읽는다. 때로는 전날 다 읽지 못한 서류를 살피는 경우도 있다.

9시가 되기 몇 분 전 대통령은 엘리베이터를 타고 백악관 1층으로 내려간다. 엘리베이터를 나와 로즈가든을 지나면 백악관 서쪽 편에 있는 대통령 집무실에 도착하게 된다. 중간에 백악관 의무실을 지나가는데 보통은 주치의가 나와 대통령에게 아침 인사를 건낸다. 건강 상태를 체크하기 위해서다.

9시 정각, 대통령과 부통령 그리고 백악관 정책보좌관들이 참석한 회의가 진행된다. 회의의 주제는 정책현안들이거나 지난 24시간 내에 발생한 주요 문제들에 대한 것이다. 별 문제가 없는 한 9시 반이 되면 국가안보보좌관이 간밤에 전 세계에서 벌어진 사건들에 대해 브리핑을 하는 것을 듣는다. 이후 일정은 장관들과의 회의, 외국 방문자 접대, 의회 의원들이나 미리 약속된 사람들과 만나는 일로 진행된다.

취임 초에는 정부에서 일할 관리들을 임명하기 위해 후보 인사들을 만나는 일이 많았다. 레이건은 백악관 보좌관들에게 정부에서 일할 사람은 자기의 안정된 일자리와 장소를 기꺼이 떠나 정부에 도움을 주기 위해 일할 수 있는 사람이어야 한다고 강조했다. 그는 공직자의 기준으로 "정부에 일자리를 찾는 사람"이 아니라 "이미 자기 분야에서 성공한 유능한 인사로 정부에서 일해 달라고 간청할 정도의 인물"이어야 한다는 원칙을 제시했다.

점심은 집무실 책상에서 스프와 과일로 가볍게 먹는다. 시간 여유가 있을 때는 집무실 옆에 있는 작은 사무실에서 먹었다. 매주 목요일 점심은 규칙적으로 조지 부시 부통령과 식사를 하며 그동안 있었던 국정 현안에 대해 이야기했다.

저녁 5시쯤 하루 일과가 끝난다. 백악관 2층으로 올라가 운동복으로 갈아입고 새로 마련된 체력단련실로 간다. 체력단련실은 원래 방문객을 위한 침실이었다. 레이건이 백악관으로 들어오면서 개조하여 운동실로 꾸민 곳이다. 여러 가지 운동기구를 이용하여 약 30분 정도 운동을 한다. 샤워를 한 후 중요한 저녁 식사 약속이나 행사가 없으면 부인 낸시와 함께 저녁식사를 한다. 식사 장소는 침실 옆에 딸린 작은 방이다. 백악관 주방에서 가져 온 이동식 식탁을 이용한다. 식사하는 동안 백악관 관리들이 미리 녹화해 놓은 텔레비전 뉴스를 본다. 미국의 3대 공중파 방송국인 ABC, CBS, NBC 뉴스를 모두 보았다.

저녁 식사가 끝나면 대통령은 서류를 살피거나 일기를 쓴다. 레이건은 백악관에 있는 동안 하루도 빼지 않고 꼬박꼬박 일기를 썼다. 매일 일어난 일들에 대해 간단히 메모하는 식이었다. 일기를 마치면 침대로 간다. 잠들기 전 주로 소설책을 읽었다. 때로 말이나 승마에 관한 잡지를 읽기도 했다. 보통 10시나 11시에 잠이 들었다.[1]

[1] 레이건 대통령의 사생활에 대한 자료는 그의 회고록을 많이 참조하였다. 이하 꼭 필요한 부분이 아니면 주석을 생략했다. Ronald Reagan, *An American Life*, New York: Simon and Schuster, 1990, pp. 249~259.

대통령 레이건의 등장

레이건이 대통령에 당선된 것은 1980년 11월 첫째 화요일이었다. 레이건이 이긴 후보는 민주당 현직 대통령이던 지미 카터였다. 카터는 4년 전 공화당 현직 대통령 제럴드 포드를 꺾고 대통령에 당선되었었다. 포드에게 안겨 주었던 패배의 잔을 이번에는 카터가 마셨다. 카터의 백악관 생활은 4년으로 짧게 끝났다.

레이건의 등장은 새로운 보수시대의 개막이었다. 1930년대 뉴딜정책 이래 미국 사회를 지배한 진보주의의 쇠퇴를 의미했다. 레이건 보수혁명, 소위 레이거니즘이 탄생하게 된 것이다. 레이건 보수주의는 그 후 30년 가까이 미국을 지배했다. 1990년대 초 민주당 대통령 빌 클린턴이 백악관을 차지한 적이 있었다. 그러나 클린턴은 보수주의의 시대적 흐름을 바꾸어 놓지 못했다. 오히려 민주당이 공화당의 이념을 흡수하여 우향화하는 변화를 겪었다.

2008년 레이건 보수주의는 최대의 위기를 맞이했다. 공화당의 지지기반인 월스트리트가 위기에 봉착했다. 백년 이상 된 기업인 리만 브라더스가 무너졌다. 이어 많은 금융회사들이 줄줄이 도산했다. 집권 공화당의 인기는 땅에 떨어졌다. '변화'를 외친 민주당 후보 버락 오바마가 압도적 표차로 공화당 후보 존 메케인을 누르고 대통령에 당선되었다. 오바마는 민주당 대통령이지만 동시에 첫 흑인 대통령이었다.

오마바의 등장은 곧 미국인들의 레이거니즘에 대한 거부인가? 2008년 상황만 보면 그렇다고 할 수 있다. 2010년 오바마 행정부는 공화당의 반대에도 불구하고 의료보험제도를 개혁했다. 복지정책이 강조되고 있다. 복지의 축소를 주장하던 레이거니즘의 운명은 끝난 것 같이 보였다.

그러나 2010년 11월 중간 선거에서 오바마 개혁에 대한 역풍이 거세게 불었다. 공화당은 레이건 개혁의 핵심이던 감세정책과 작은 정부를 외쳤다. 민주당은 중간선거에서 참패했다. 민주당이 장악하던 하원은 공화당의 손으로 넘어갔다. 상원에서도 민주당과 공화당 의원 수는 종이 한 장의 차이로 줄었다. 오바마 개혁에 브레이크가 걸린 것이다. 반대로 레이건 보수주의가 다시 힘을 얻고 있다.[2]

2) 레이건과 오바마의 정치적 이념은 정반대이지만 정치적 상황은 비슷하다는 점에서 레이건은 오바마의 롤모델이 될 수 있다는 주장이 있다. Michael Scherer and Michael Duffy, "The Role Model," *Time*, February 7, 2011, pp. 16~19

레이건의 보수주의는 부국강병정책으로 요약할 수 있다. 그는 국내적으로 경제를 살리기 위하여 자유시장 경제원리에 입각한 경제개혁을 추진했다. 1930년 경제공황 이후 미국은 꾸준히 유효수요의 창출에 노력했다. 소비를 진작시키는 것이 경제를 살리는 길이라고 믿었다. 케인즈 이론이 지배적 경제이론이었다. 저소득층의 경제적 안정을 위하여 민주당은 복지정책을 확대했다. 세율은 높아졌고 재정적자는 눈덩이처럼 커져 갔다. 거기다 1970년대 석유파동과 경제 불황이 겹쳤다. 미국 경제는 불황의 늪에서 벗어날 길을 찾지 못했다. 확대된 복지는 효율성이 떨어졌다. 정부가 개혁의 대상으로 떠올랐다.

레이건은 "정부가 문제(The Government is a problem)"라고 주장했다. 재정적자를 해결하기 위해서는 재정 지출을 줄이는 것이 필요했다. 대통령 레이건은 경제문제를 해결하기 위하여 공급자 중심의 경제개혁을 단행했다. 레이거노믹스로 요약되는 그의 경제정책은 감세정책과 규제의 완화가 핵심이었다. 감세로 재정수입이 줄어들 수 있었다. 그러나 레이건은 세금이 줄면 투자가 늘어나기 때문에 국가재정 수입이 늘어날 것이라 주장했다. 레이건의 개혁정책의 핵심은 감세, 규제완화 그리고 효율적인 정부운영이었다.

레이건은 국방과 대외정책의 개혁도 주장했다. 군비 증강을 통한 힘의 외교를 강조했다. 소련과의 경쟁에서 이기는 방법은 힘 이외에는 없었다. 레이건은 군사력을 바탕으로 소련의 양보와 타협을 얻어내기를 원했다. 레이건은 평화시 최대의 국방비를 지출했다. 군비증강의 새로운 개념인 전략방어계획(Strategic Defense Initiative- SDI)를 추진했다. 소련이 발사한 미사일에 대해 미사일을 발사하여 공중에서 폭파한다는 새로운 개념의 전략이었다.

대통령 레이건의 빛과 그림자

레이건은 1989년 1월 퇴임했다. 레이건의 정책은 빛과 그림자를 남겼다. 무엇보다 레이건은 미국 사회에 유령같이 떠돌던 베트남 전쟁 증후군을 떨어냈다. 베트남전 패전 이후 미국은 자신감을 잃고 있었다. 세계 각 곳에서 공산혁명의 불길이 일어났고, 친미정부가 곳곳에서 내부혁명으로 붕괴되었다. 경제는 극심한 인플레이션과 불황에 시달렸다. 재정적자가 쌓여가고 실직자가 넘쳐났다. 정치는 부패하여 부통령과 대통령이 사임하는 정도에 이르렀다. 패배주의가 미국인들의 마음속에 자리 잡았다. 레이건은 보수 가치를 주장하고 나섰다. 경제해법으로 복지 대신 경쟁을 선택했다. 대외적으로 군비증강과 적극적인 개입정책을 펼쳤다. 고르바초프와 정상회담으로 냉전을 평화체제로 바꾸었다. 미국민의 자긍심을 살려낼 수 있었다.

레이건의 보수개혁에는 그림자도 있었다. 경제회복은 벽에 부딪혔다. 재정적자는 오히려 더 늘었다. 소련과의 관계는 향상되었으나 다른 국가에서 실패를 되풀이 했다. 이라크와 이란에서 실패했다. 니카라과에서도 실패했다. 니카라과 문제는 이란 콘트라 사건이 되어 레이건 행정부를 레임덕 현상으로 몰고 가는 촉매역할을 했다. 그러나 레이건은 퇴임 후에도 여전히 높은 인기를 누렸다. 성공한 대통령으로 평가받고 있다. 특히 2011년은 레이건이 출생한지 100년이 되는 해이다. 이제 그를 어떻게 볼 것인가?

1985년 8월 필자는 미국에 첫 발을 디뎠다. 유학을 위해서였다. 레이건 대통령이 제2차 임기를 시작한 해였다. 레이건의 후기 임기 동안 필자는 오클라호마 주 털사대학교(University of Tulsa)에서 미국 외교사로 석사학위를 마쳤다. 그리고 노스텍사스 대학교(University of North Texas)에서 계속 미국 외교사로 박사학위 과정을 공부하고 있었다.

필자는 외교사를 공부하며 미국 정치에 대해서도 깊은 관심을 가지고 지켜보았다. 특히 레이건과 고르바초프의 정상외교로 미국과 소련 양국에 일어나던 급격한 변화는 당시 믿기 어려울 정도였다. 또한 이란 콘트라 사건에 대한 의회 청문회가 진행될 때는 청문회 중계방송을 매일 녹화하며 지켜보았다. 지금도 그 때 기억이 생생하다. 마침 필자는 레이거니즘이 곤경에 처했던 2008년 대선 때는 미국 브라운대학교(Brown University) 미국학과에 풀브라이트 방문학자로 체류하고 있었다. 1년간 대선과정을 현지에서 직접 관찰할 수 있었다. 특히 세인트 안셀름 대학(Saint Anselm College)에서 개최된 뉴햄프셔 예선 후보자 토론에 초청받고 공화당과 민주당 후보자들이 토론하는 것을 참관했던 것은 연구자로서 행운이었다.

이 책은 보수 대통령 레이건을 전체적으로 소개하는 목적으로 쓰였다. 그의 출생부터 사망까지 모두 다루었다. 특히 필자가 강조하고 싶었던 것은 대통령 레이건이 보수개혁 정책을 미국사회라는 정치 현실에서 어떻게 실현시킬 수 있었는가 하는 점이었다. 개혁은 어디서나 어렵고 힘든 일이다. 현상을 유지하려는 강한 반대 세력이 있기 마련이다. 대통령 레이건이 개혁에 성공하기 위해서는 의회의 동의와 협조가 필요했다. 그런데 의회는 진보적인 민주당이 장악하고 있었다. 뉴딜정책으로 미국 정치의 주도권을 장악해 온 민주당이 뉴딜이념을 근본적으로 거부하는 공화당 대통령 레이건의 정책을 어떻게 수용할 수 있었던 것인가?

본서는 레이건의 출생과 성장, 정치적 등장과 대통령 당선 그리고 대통령 임기 중 그의 활동을 연대기적 서술방식과 사건중심 서술방식을 통합적으로 사용해 서술했다. 레이건이란 대상 인물을 역사적 컨텍스트 속에서 다면적으로 살펴보고자 노력했다. 가급적 딱딱한 학술적 접근보다는 인간 레이건과 그가 이룩한 보수혁명을 누구나 쉽게 이해할 수 있도록 서술하는 것을 목표로 삼았다.

1차 사료는 레이건 도서관에서 인터넷에 올려놓은 자료를 많이 사용했다. 각주는 꼭 필요한 부분이 아니면 가급적 생략했다. 사진 자료는 모두 레이건 도서관 자료임을 밝힌다. 끝으로 작은 책이지만 많은 사람들의 도움을 받았다. 자료를 구입해 준 평택대학교 도서관과 초고를 읽는 수고를 한 아내를 비롯하여 도움을 준 모든 분들께 감사한다.

3) 본 저서에 사용된 레이건 관련 사진은 모두 레이건대통령기념도서관의 사진 자료를 사용하였음 (http://www.reagan.utexas.edu/archives/photographs/official.html)

백악관 기둥에 선 레이건(1984)[3]

차례

- 5 총괄 편집자의 글
- 9 머리말: 레이건 만나기
- 21 1장 출생과 성장
- 49 2장 소통능력
- 83 3장 정치인 레이건의 등장
- 103 4장 주지사 레이건
- 119 5장 대통령 후보 레이건
- 131 6장 대통령 선거전
- 167 7장 대통령 취임
- 173 8장 레이건 혁명
- 207 9장 저격사건
- 221 10장 레이건 경제개혁
- 245 11장 레이건 국방개혁
- 255 12장 개혁과 현실
- 271 13장 악의 제국
- 279 14장 장벽
- 301 15장 권력누수
- 317 16장 평화
- 329 17장 보수정치의 전설
- 351 연보
- 361 미국대통령 시리즈 발간에 붙여
- 364 저자소개

출생과 성장 1장

| 출생과 성장 |

탬피코의 더취

로널드 윌슨 레이건(Ronald Wilson Reagan)은 1911년 2월 6일 일리노이 주의 탬피코(Tampico)라는 작은 농촌 마을에서 출생했다. 레이건이 태어날 당시 탬피코의 인구는 모두 820명이었다. 마을에는 짧지만 아스팔트가 깔린 길이 있었다. 기차역과 2~3개의 교회, 작은 가게가 두개 있었다. 레이건 아버지는 마을에 있던 한 가게의 점원이었다.

레이건 가족 (왼쪽은 형 넬) 1916년경

레이건 아버지 존 에드워드 레이건(John Edward Reagan)과 부인 넬리 윌슨(Nelle Wilson) 사이에 아들만 둘 태어났다. 첫째 아들이 넬이고 둘째가 로널드였다. 넬은 로널드보다 두 살 위였다. 어린 레이건은 볼이 통통하고 귀여워 여자아이 같았다. 어려서 가족들과 함께 찍은 사진에 형 넬은 남자 정장차림이다. 동생인 레이건은 작고 통통하다. 레이건은 마치 여자아이 같은 머리모양을 하고 있다. 아버지는 통통한 레이건을 '더취(Dutch)'라는 별명으로 불렀다.[1] '더취'는 네덜란드 사람처럼 작고 통통하다는 뜻이다.[2]

[1] Reagan, *An American Life*, p. 21.

[2] Ian Jackman, ed. *Ronald Reagan Remembered*, New York: Simon and Schuster, 2004, p. 15.

아버지 레이건

레이건의 아버지는 아일랜드계였다. 19세기 초 아일랜드에 극심한 감자흉년이 왔다. 많은 아일랜드인들이 미국으로 떠나왔다. 미국으로 이민 온 아일랜드인들은 가톨릭을 믿고 있었다. 프로테스탄트 교도인 영국계와 달랐다. 새로운 이민물결이었다. 아일랜드계 미국인들은 영국계에 눌렸다. 소수자의 위치에 머물렀다.

레이건의 아버지는 어려운 가정환경에서 자랐다. 할아버지는 레이건 아버지가 16살이 되기 전에 병으로 사망했다. 당시 흔한 폐결핵 때문이었다. 아버지를 잃은 레이건의 아버지는 그의 고모에 의해 양육되었다. 고모는 철저한 가톨릭 신자였다. 레이건 아버지도 가톨릭 신앙을 받아 들였다. 아버지에게 형제가 있었다. 서로 멀리 떨어져 살아서 만나는 일은 거의 없었다. 고모 집에서 자란 레이건의 아버지는 교육을 제대로 받지 못했다. 초등학교를 몇 년 다녔을 뿐이다.

레이건의 아버지는 가난하였다. 그러나 긍정적인 생활 태도를 가지고 있었다. 나이나 성별, 인종을 불문하고 사람은 모두 평등하다는 확실한 신념을 갖고 있었다. 가진 것 없는 아버지였지만 운명에 굴복하여 처지를 한탄하는 인물은 아니었다. 개인의 운명은 노력으로 개척할 수 있다는 믿음을 가지고 있었다. 인간의 성공을 결정짓는 것은 성공에 대한 희망과 노력이라고 믿었다. 이런 아버지의 신념은 레이건에게도 긍정적인 삶을 살 수 있는 정신적 토양을 제공했다.

아버지 레이건은 구두 세일즈맨이 되었다. 그의 평생의 꿈은 시카고 지역에서 구두 가게를 여는 것이었다. 소박하지만 성공에 대한 꿈이 있었다. 그는 지방의 유력 인사들로 구성된 공화당을 싫어했다. 일리노이 정치를 장악한 공화당은 모두 썩었다고 생각했다. 대신 민주당을 열성적으로 지지했다.

아버지 레이건은 가톨릭 신자였지만 결혼 후에는 성당에 거의 나가지 않았다. 인간의 본성에 대해 회의적인 태도를 가지고 있었다. 아버지는 이야기를 잘하고 사교적이었으며 술을 많이 마셨다. 어머니 넬리는 스코틀랜드계이면서 동시에 영국계였다. 레이건의 어머니는 레이건의 아버지와 한 농장에서 일하다가 사랑에 빠졌다. 1904년 두 사람은 일리노이 주 딕슨에서 40마일 떨어진 풀턴(Fulton)에서 결혼식을 올렸다. 아들 레이건이 태어났을 때 아버지 레이건의 나이는 29살이었다.

어머니 넬리

어머니 넬리에게는 여자 형제가 5명이나 있었다. 거기다 남자 형제도 있었다. 형제들이 모두 가까이 살면서 서로 자주 만났다. 아버지 레이건에 비해 따뜻한 가정환경에서 성장했다. 어머니는 아버지보다 세상을 보는 눈이 낙관적이었다. 기독교 신자로 신앙심이 깊었다. 주일을 거르는 일이 없었다. 레이건이 일리노이 딕슨 시에 살 때 넬리는 그리스도제자교회(Disciples of Christ Church)에 출석했다. 레이건은 어머니로부터 기도하는 습관을 배웠다. 꿈을 가지고 노력하면 그 꿈이 이루어진다는 낙관적 믿음도 어머니로부터 배웠다. 아버지가 꿈을 가지는 것을 가르쳐 주었다면 어머니는 그 꿈을 이루는 법을 가르쳐 준 셈이다.[3]

3) Reagan, *An American Life*, p. 22.

소방관이 되고 싶었던 어린 소년

레이건이 두 살 되었을 때 시카고로 이사했다. 그의 아버지가 마셜필드 백화점 안에 있는 구두 코너에서 일하게 되었기 때문이다. 레이건 가족은 시카고 대학 가까이에 있는 작은 아파트로 이사했다. 싸구려 아파트였다. 25센트 짜리 동전을 하나 넣으면 가스등에 한 줄기 불이 켜졌다.

시카고에서의 생활은 예상만큼 좋지 않았다. 아버지가 벌어오는 수입으로는 가족의 식비도 제대로 충당할 수 없었다. 넬리는 알뜰하게 살림했다. 토요일이면 레이건 형 넬을 식육점에 보내 값이 싼 소간을 사오게 했다. 식육점에 간 넬은 항상 고양이에게 준다며 소간을 샀다. 레이건 가족은 고양이를 키우지 않았다. 넬리는 소간으로 식구들의 일요일 저녁 식사를 만들었다. 부족한 살림을 꾸려가기 위한 어머니의 궁여지책이었다.

시카고에서 어린 레이건은 도시생활을 처음 경험했다.

20세기 초 시카고는 번성하고 있었다. 시카고에서 레이건에게 가장 인상적인 것은 소방차였다. 요란한 소리를 내며 달려가는 소방차에 대한 기억이 레이건의 머리에 깊이 박혔다. 당시 소방차는 지금과 같이 엔진이 있는 자동차가 아니었다. 말이 끄는 소방차였다. 레이건은 커서 소방관이 되고 싶었다.

갈레스버그의 자연 속에서

레이건 가족의 시카고 생활은 2년이 못되어 끝났다. 아버지가 갈레스버그(Galesburg)에 있는 오티존슨이라는 백화점으로 일자리를 옮겼다. 갈레스버그는 시카고에서 서쪽으로 140마일 떨어져 있다. 시카고와 전혀 다른 작은 마을이었다. 농장, 나무, 숲, 개울이 전부였다. 주거비용이 시카고보다 훨씬 저렴했다. 레이건 가족은 정원이 딸린 제법 큰 집을 빌릴 수 있었다.

갈레스버그는 자연에 대한 관심을 갖도록 해 주었다. 레이건은 다른 아이들과 같이 숲으로 돌아다녔다. 새 알을 주워 모았고 풀 위로 날아다니는 나비들을 채집했다. 뛰어 다니며 놀다 지치면 집으로 돌아왔다. 다락방에서 채집해 놓은 새알이나 나비들을 보며 놀기도 했다. 그때는 그저 재미로 그렇게 하였다. 이런 경험은 훗날 레이건이 자연과 하나님에 대한 경외심을 갖게 하는 계기가 되었다.

뛰어난 기억력

레이건은 놀다가 싫증이 나면 책을 읽었다. 초등학교에 입학하기 전부터 책읽기를 즐겼다. 레이건의 기억에 특별히 책을 읽도록 가르쳐 준 사람은 없었다.[4] 누구도 가르쳐 주지 않았지만 신문을 읽게 되었다. 어느 날 신문을 보고 있는 아들을 발견한 아버지 레이건이 아들에게 무엇을 하냐고 물었다. 레이건은 신문을 읽고 있다고 대답했다. 아버지 레이건은 흥분했다. 아직 다섯 살도 채 되지 않은 아들이 신문을 읽는 것이다. 아버지는 밖으로 나갔다. 주변 사람들을 모두 불러 놓고 아들이 글을 읽을 줄 안다고 자랑을 늘어놓았다.

레이건이 이렇게 배우지 않고도 글을 읽을 수 있었던 배경에는 어머니가 있었다. 어머니는 아이들이 자기 전에 아이들 침실로 와서 잠들 때까지 책을 읽어주었다. 손가락으로 글자를 짚어가며 읽어 주었다. 어머니의 소리를 들으며

4) Reagan, *An American Life*, p. 25.

레이건은 자연스럽게 글을 배웠다.[5]

레이건은 뛰어난 기억력을 가지고 있었다. 학교에서 배우는 것을 쉽게 암기했다. 과제도 쉽게 해냈다. 같은 형제였지만 형 넬은 달랐다. 동생보다 성적이 훨씬 뒤쳐졌다.

[5] 레이건은 성인이 된 후에도 평생 책을 많이 읽었다. 배우 시절에는 여행을 다니면서 가방에 책을 가득 넣고 다녀 사람들을 놀라게 했다.

딕슨으로 오기까지

갈레스버그에서 레이건 가족의 생활은 평범했다. 아버지는 세일즈맨으로 비교적 안정된 생활을 꾸려가고 있었다. 그런데 아버지의 음주가 차츰 문제가 되기 시작했다. 레이건은 아버지와 어머니가 가끔 다투는 것을 눈치챘다. 레이건은 두 사람의 갈등이 무슨 이유 때문인지 알지 못했다.

아버지는 집을 나가서 며칠씩 들어오지 않는 날도 있었다. 아버지가 돌아온 날 어머니와 다투는 소리가 아이들 방에까지 들려왔다. 아이들이 부모가 있는 곳으로 가면 두 사람은 서로 쏘아보며 화제를 다른 곳으로 돌렸다. 아이들은 영문을 알 수 없었다. 때로 어머니는 짐을 챙겨 아이들과 함께 이모 집으로 가서 며칠씩 묵기도 했다. 아이들은 휴가를 가는 것 같아서 이모 집으로 가는 것을 좋아했다.

레이건이 초등학교 1학년을 마친 후 만머스(Monmouth)

로 이사했다. 아갈레스버그에서 멀지 않았다. 아버지가 만머스시에서 제일 큰 백화점에 취업이 되었다. 그러나 레이건 가족은 만머스에 오래 있지 못했다. 다시 탬피코로 이사하게 되었다. 아버지가 전에 일하던 피트니 잡화점에 경영 책임자로 일하게 되었다. 살림집은 가게가 있는 건물의 위층에 있었다. 주인은 레이건 아버지를 신임했다. 그는 딕슨에 신발가게를 개장하면서 레이건 아버지에게 그 운영을 맡겼다. 레이건 가족은 다시 딕슨으로 옮겨야 했다. 신발가게 이름은 패션부츠(Fashion Boot Store)였다.

고향이 된 딕슨

1920년 레이건 가족은 딕슨으로 이사했다. 딕슨은 시카고에서 서쪽으로 약 100마일 떨어진 작은 도시였다. 그러나 레이건이 태어난 탬피코보다 10배정도 큰 도시였다. 인구는 1만 명 정도 되었다. 중심가를 따라 가게가 늘어서고 교회도 여러 개 있었다. 초등학교부터 고등학교까지 있었고, 우체국, 도서관, 영화관, 구두공장과 시멘트 공장도 있었다. 도시 근교에는 목장이 끝도 없이 펼쳐져 있었다.

레이건이 고향이라고 부를 수 있는 곳에 비로소 정착하

게 된 것이다. 레이건은 당시 9살이었다. 딕슨에서 레이건은 청소년 시절을 보냈다. 초등학교부터 고등학교까지 다녔다. 고등학교 시절 여자 친구에게 첫 사랑을 느낀 곳도 이곳이었다.

딕슨은 탬피코보다는 컸지만 여전히 작은 도시였다. 주민들은 서로 얼굴뿐 아니라 형편도 잘 알았다. 일이 생기면 서로 돕고, 아프거나 초상이 나면 음식을 들고 와 위로했다. 집에 불이 나면 함께 집을 지어주었다. 도울 수 없는 일은 교회에 모여 함께 기도했다. 레이건은 딕슨에서 미국의 작은 도시와 가족의 가치를 체험했다. 아는 사람들이 서로 모여 사는 곳이라 경제적 행운을 잡는 일은 어려웠다. 그러나 힘써 일하는 만큼 벌 수 있었다.

딕슨에서도 레이건의 가정 형편은 넉넉하지 못했다. 그러나 큰 어려움을 당하지 않고 살았다. 어머니는 남편의 부족한 수입을 보충하기 위하여 집에서 손수 가족들의 옷을 수선하여 입혔다. 레이건은 새 옷을 거의 입어보지 못했다. 형이 입다 적어진 옷이나 신발을 수선하여 착용했다. 집에서는 주로 호밀 음식을 먹었다. 레이건은 다른 집도 그렇게 먹는 줄 알았다. 가난했지만 어머니는 더 어려운 사람들을 위하여 음식이나 옷을 나누어 주는 일에 인색하지 않았다. 교도소를 방문하여 음식을 대접하기도 했다. 가난하지만 마음은 부자였다.

청소년시절

　딕슨 시절은 행복한 시간이었다. 레이건은 딕슨 시절을 마크 트웨인의 소설 『탐 소여의 모험』에 비교했다. 모험과 흥미로운 일들로 가득찬 행복한 순간으로 기억했다. 이 시절 레이건은 독서를 많이 했다. 손에 잡히는 것이면 무엇이든 읽었다. 레이건이 좋아한 것은 소설이었다. 그가 좋아하였던 소설은 『로버 보이스』, 『타잔』, 『예일의 프랭크 모리웰』 등이었다. 특히 기억에 남는 책은 어머니가 선물한 『북극의 빛(Northern Lights)』이었다. 북쪽에 사는 늑대들에 관한 책이었다. 레이건은 이 책을 교과서와 같이 읽고 또 읽었다. 이 책을 읽을 때 마치 자신이 늑대들과 같이 광야에서 사는 기분을 느꼈다. 그 외 로버트 서비스(Robert Service)의 시 "댄 맥그루의 총성(The Shooting of Dan McGrew)"은 완전히 암기했다. 성인이 된 후에 복잡한 일로 잠들기 어려울 때 누워서 이 시를 여러 번 암송하면 저절로 잠이 들곤 했다.

　레이건은 만화나 컬리컬쳐 그리기도 좋아했다. 한 때 화가가 되는 꿈을 꾸기도 했다. 레이건이 독서나 그림 그리기에 빠졌던 것은 어린 시절 친한 친구가 없었기 때문이었다. 자주 이사를 하는 관계로 친구를 쉽게 사귈 수 없었다. 계속 새로운 친구를 만나야 하는 환경에 처했다. 어린 레이건에게는 매우 어려운 과제였다. 딕슨에 이사 와서도 처음 몇 해 동안 가까운 친구를 만날 수 없었다. 혼자 놀며 책을 보거나 그림을 그렸다. 이런 경험은 레이건의 성격을 형성하는데 많은 영향을 주었다. 나중에 정치인으로 성공하였지만 여전히 이런 영향이 남아 있었다. 레이건은 정치인이라 많은 사람들과 사귈 수밖에 없는 일을 하였지만 가까운 친구를 만드는 일이 어려웠다. 레이건 스스로 사람에게 가까이 가는 것을 꺼려하는 성격을 평생 버리지 못했다고 회고록에 적고 있다.[6] 실제로 레이건은 부인 낸시 외에는 마음을 터놓고 이야기 할 수 있는 가까운 사람이 거의 없었다.

[6) Reagan, *An American Life*, p. 31.

세례를 받다

12살이었을 때 레이건은 세례를 받았다. 스스로 내린 결정이었다. 레이건이 교회에 다니기 시작한 것은 어머니의 영향 때문이었다. 어머니 넬리는 남편이 다니던 가톨릭교회에서 결혼식을 올렸다. 자녀가 생기면서 아이들의 신앙교육은 기독교식으로 하기로 결정했다. 아버지는 부인과 아이들이 기독교 교회에 나가는 것에 반대하지 않았다.

레이건은 어머니를 따라 주일학교 때부터 줄곧 기독교 교회에 출석했다. 그러나 어머니는 아이들에게 기독교를 강요하지는 않았다. 아이들이 자라면 스스로 알아서 결정할 문제로 남겨두었다. 레이건이 기독교를 택한 것은 어머니의 영향도 있었지만 스스로 선택한 결정이었다. 레이건에게 결정적인 영향을 준 것은 『유델의 인쇄기(That Printer of Udell's)』라는 책이었다. 레이건은 이 책을 읽고 크게 감명을 받았다. 그리고 세례를 받기로 결정하였다.[7]

7) Reagan, An American Life, p. 32.

『유델의 인쇄기』는 1903년에 출판된 하롤드 라이트라는 목사가 쓴 신앙소설이다. 소설에 알콜 중독자인 아버지와 가난한 어머니를 둔 남자 주인공 딕이 등장한다. 부모가 죽자 딕은 보이드 시로 이사를 간다. 그곳에서 인쇄업을 하는 조지 유델이라는 남자를 만나 직공으로 취직을 한다.

딕과 유델은 둘 다 교회에 출석했다. 딕은 교회에서 존경받는 인물로 성장한다. 그리고 마침내 딕은 정치에 입문하여 워싱턴으로 간다는 것이 소설의 줄거리이다. 레이건이 이 소설을 읽은 것은 11살 때였다. 어머니의 권고 때문이었다. 레이건은 이 소설을 통하여 선이 악을 이긴다는 확신을 갖게 되었다.

알콜중독 아버지

레이건이 라이트의 소설에 감동을 받았던 것은 그의 가정환경이 소설과 비슷한 부분이 있었기 때문이었을 것이다. 레이건 아버지는 알콜중독으로 고생하고 있었다. 어머니는 아버지의 알콜중독을 아이들 앞에서 비난하지 않았다. 대신 아이들이 아버지를 이해하기를 바랬다. 어머니는 아버지의 알콜중독을 병이라 보고 가족들이 도와야 한다고 아이들에게 가르쳤다. 어머니 자신도 그 문제를 극복하려고 노력하고 있지만 가끔 좌절하기도 한다고 고백했다. 그러나 식구가 모두 함께 노력하기를 권했다. 아버지가 알콜중독이기 때문에 아버지를 적게 사랑해서는 안된다고 말했다. 아버지가 술에 취하지 않았을 때면 얼마나 친절하고 좋은 아버지냐면서 남편을 감쌌다.

레이건이 11살 때, 그는 술 취한 아버지에게 실망하는 경험을 했다. 레이건이 YMCA에서 막 집으로 돌아왔을 때였다. 어머니는 바느질을 하러 나갔을 시간이었기에 당연히 집은 텅 비었을 것이라 생각했다. 그런데 현관 계단 앞에서 어떤 물체에 걸려 거의 넘어질 뻔했다. 아버지였다. 아버지가 눈 위에 팔을 쭉 벌리고 길게 늘어져 있었다. 레이건은 무척 놀랐다. 몸을 구부려 아버지 얼굴을 살폈다. 순간 위스키 냄새가 코를 찔렀다. 아버지는 겨우 집까지는 찾아 왔으나 현관 앞에서 쓰러지고 만 것이다.

아버지 입에서 위스키 냄새를 맡은 순간 레이건은 그 자리에 멈추어 섰다. 아버지를 못 본척하고 그냥 집으로 들어가 침대에 눕고 싶었다. 그러나 그렇게 할 수는 없었다. 레이건은 아버지를 깨우려고 애썼다. 아버지는 코를 골고 잘 뿐이었다. 하도 코를 심하게 골아 이웃 사람들이 다 들을 것 같았다. 레이건은 아버지가 입고 있던 코트 한쪽을 잡아끌고 집 안으로 들어가 침대에 눕혔다. 레이건은 이 일을 어머니를 포함하여 어느 누구에게도 말할 수 없었다. 아버지가 만취하는 경우는 보통 일이 잘되지 않을 때가 아니었다. 오히려 일이 잘되고 사람들과 즐겁게 어울리는 때였다. 그래서 아버지가 과음하는 명절이나 공휴일이 레이건 가족에게는 부담이었다. 어린 레이건은 크리스마스가 기다려지면서도 동시에 걱정이 되었다.[8]

8) Reagan, *An American Life*, p. 33.

열등감을 벗어나

소년 레이건은 평범하게 자랐다. 아이들과 노는 것을 즐겼다. 그러나 심한 근시였다. 다른 아이들과 어울려 야구게임 같은 것을 할 수 없었다. 공을 제대로 잡을 수 없었기 때문이다. 시력이 나쁘다는 사실을 알게 된 것은 8학년 때였다. 우연히 어머니의 안경을 써 보고 깜짝 놀랐다. 안경 너머로 보이는 세상은 자신이 볼 수 있던 세상과 너무나 달랐다. 그제야 레이건의 시력이 나쁘다는 사실을 가족들이 알게 되었다. 안경을 맞추었다. 안경을 쓰기 전까지 레이건은 운동에 소질이 없다고 생각했다. 안경을 쓴 후 레이건의 활동은 확 달라졌다. 완전히 다른 사람이 되었다. 참여하지 않던 각종 스포츠에 적극 참여할 수 있었다.

레이건은 딕슨에서 고등학교까지 졸업했다. 고등학교 졸업반 때는 학생대표를 맡았다. 고등학교때 레이건은 열등감을 떨쳐 버릴 수 있었다.[9] 학교 연극반과 수영 그리고 미식축구를 통하여 자신감을 쌓았다. 고등학교 시절 레이건에게 있어 가장 중요한 일은 인명구조대원으로 일한 경험이었다. 인명을 구하는 일을 하면서 레이건은 자신의 존재감을 느끼게 되었다.

---

9) 어린 시절의 경험은 레이건의 성격 형성에 많은 영향을 주었다. 레이건은 배우 생활을 했고 또 대통령까지 한 정치인이었음에도 불구하고 비사교적인 성격을 가지고 있었다. 레이건의 대통령 시절부터 레이건을 지켜 본 후 10년이 넘어 레이건 전기를 완성한 전기 작가 에드먼드 모리스(Edmund Morris)에 따르면 레이건은 "가장 공적(public)이면서도 그러나 가장 사적(private)인 인물"이었다; Edmund Morris, Dutch: *A Memoir of Ronald Reagan*, New York: Modern Library, 1999, xxi.

인명구조대원으로 일하며

인명구조대원 시절 (1927년)

딕슨에는 락(Rock River)강을 따라 구릉이 발달해 있고 화강암 절벽이 잘 형성되어 있다. 장마철이 아니면 물은 맑고 투명했다. 레이건은 여름이면 강에서 살았다. 낚시로 물고기를 잡고 심심하면 수영을 했다. 커누를 타고 강을 따라 내려가기도 했다. 주로 강에서 지낸 탓에 레이건의 수영 솜씨는 매우 뛰어났다. 그 덕에 고등학교 때부터 딕슨시 로웰 공원에 있는 야외 수영장에서 인명구조대원으로 일할 수 있었다. 로웰 공원은 300에이커나 되는 거대한 자연녹지공원이었다. 공원 이름을 로웰로 지은 것은 시인 제임스 러셀 로웰(James Russell Lowell)의 가족이 공원 부지를 시에 기증하였기 때문이었다.

레이건은 YMCA에서 인명 구조기술을 배웠다. 1926년부터 매년 여름 방학이면 인명구조대원으로 일했다.

매일 10시간이 넘도록 일하고 하루 15달러씩 받았다. 나중에는 능력을 인정받아 20달러로 높여 받았다. 그는 7년 동안 77명의 인명을 구조했다.

대학진학의 꿈

1928년 레이건은 딕슨고등학교를 졸업하고 일리노이 주에 있는 유레카 대학(Eureka College)에 진학했다. 당시 고등학교 졸업생들 중에서 대학에 진학하는 비율은 7퍼센트 정도였다. 레이건도 대학에 진학하는 소수에 끼고 싶었다. 부모의 경제력으로는 대학에 진학할 수 없었다. 레이건이 대학 진학의 뜻을 밝히자 부모는 자신들은 도울 수 없으니 스스로 학비를 벌어서 가라고 했다.

레이건의 형은 딕슨에 있는 시멘트 공장에 취직했다. 형은 레이건에게 대학에 가는 것은 시간낭비라고 했다. 그러나 레이건은 유레카 대학에 가고 싶었다. 레이건의 우상과도 같은 미식축구 선수 갈랜드 웨고너(Garland Waggoner)가 바로 유레카 대학에 재학 중이었다. 레이건은 웨고너를 따라가는 것이 꿈이었다. 거기다 당시 레이건의 여자 친구 또한 유레카 대학을 희망하고 있었다.

문제는 학비였다. 어디서 학비를 마련할 것인가? 당시

학비는 연간 250달러 정도였다. 추가로 기숙사비가 더 있어야 했다. 레이건은 학비를 마련하기 위하여 방학 때 아르바이트로 버는 돈 중 교회에 내는 십일조를 제외하고는 거의 한 푼도 쓰지 않고 모두 저축했다. 대학에 진학할 무렵에 은행 잔고가 400달러까지 늘어났다. 하지만 학비로는 충분하지 않았다.

고등학교를 졸업하고 가을 학기가 되었다. 레이건은 여자 친구인 마가렛 클리버(Margaret Cleaver)를 따라 유레카 대학에 갔다. 클리버는 결혼까지 생각할 정도로 가까웠다.[10] 클리버는 레이건이 출석하는 교회의 담임 목사 딸이었다.

유레카 대학은 딕슨에서 동쪽으로 100마일 정도 떨어져 있는 기독교 대학이었다. 그리스도제자(The Disciples of Christ)의 교회 교단이 운영하는 학교였다. 레이건은 유레카 대학에 도착하자 처음 보는 대학의 고풍스런 건물에 마음을 모두 빼앗겼다. 어떻게든 대학에 꼭 와야 겠다는 생각이 그의 마음을 사로잡았다. 부족한 학비를 충당할 방법은 학교에서 장학금을 받는 것 외에는 없었다.

레이건은 유레카 대학으로 진학할 결심을 굳혔다. 대학 당국에 자신의 입장을 이야기하고 진학 방법을 알아보기로 결심했다. 레이건은 직접 대학 총장을 찾아갔다. 자신의 처

---

10) Reagan, *An American Life*, p. 40.

유레카 대학 미식축구부 시절(1929년)

지를 설명하고 장학금을 요청했다. 대학의 미식축구부 코치도 찾아 갔다. 선수로 받아줄 것을 요청했다. 다행히 레이건의 열정적인 진학열이 통했다. 대학에서 빈곤학생에게 주는 장학금을 약속했다. 전액 장학금이 아니라 등록금의 반은 본인이 부담해야 했다. 그것도 너무나 감사했다.

학내분규의 중심에서

레이건은 유레카 대학에 입학했다. 여자 친구 클리버 언니의 남자 친구 소개로 남학생 동아리에도 가입했다. 동아리 기숙사에 숙소도 얻을 수 있었다. 기숙사 비용은 기숙사 식당의 접시를 닦는 것으로 대신했다. 선배들이 레이건의 사정을 고려해 배려한 덕분이었다. 레이건은 가슴이 벅찼다. 자신도 대학을 다니며 꿈을 키울 수 있게 된 것이다. 그런데 레이건은 학내분규에 휩싸이게 되었다. 대학에 입학한 지 두 달 정도 지났을 때였다.

1928년 유레카 대학은 재정적인 곤경에 처해 있었다. 대공황이 닥치기 바로 1년 전이었다. 아무도 눈치 채지 못하고 있었지만 불황의 그늘이 서서히 미국사회에 다가오고 있었다. 농촌은 이미 경제적으로 어려웠다. 유레카 대학은 일리노이 농업지대에 있었다. 농업이 경제적 곤경에 처하자 기부금이 줄기 시작했다. 대학 경영진에서는 일방적으로 교수감원과 교과과정 축소를 결정했다. 추수감사절을 기해 전격적으로 발표할 예정이었다. 이런 소식이 흘러나갔다. 학생들과 교수들이 술렁대기 시작했다. 학생들이 모두 집에 가 쉬는 추수감사절을 이용해 전격적으로 개혁을 단행한다는 결정에 교수와 학생들 모두가 분노했다. 배신감을 느낀 학생들은 저항하기로 결정했다. 학생 대표를 뽑아 일을 추진하기로 결의했다. 그런데 1학년생 레이건이 학생대표로 뽑힌 것이다.

레이건은 학생들 앞에서 연설을 했다. 레이건은 학교의 결정에 반대하는 항의 결의안을 통과시키자고 제안했다. 레이건의 연설에 학생들의 반응은 뜨거웠다. 레이건의 연설이 한 부분씩 끝날 때마다 학생들의 박수가 터져 나왔다. 레이

건은 처음으로 청중과 하나 되는 경험을 했다.[11] | [11) Reagan, *An American Life*, p. 48.
레이건이 맛 본 첫 번째 대중연설의 묘미였다.[12] | [12) Jackman, *Ronald Reagan*, p. 16.

추수감사절 후 대학 이사진이 대학 총장의 결정을 승인하는 발표를 했다. 교수와 학생들은 강의 출석을 거부했다. 학생들과 교수들이 예상외로 심하게 반발하자 총장이 사임할 수밖에 없는 상황으로 발전했다. 총장이 사임하자 대학 구조조정은 유야무야 끝나고 말았다. 레이건의 정치적 잠재력이 처음으로 세상에 드러난 순간이었다. 그는 유레카대학에서 경제학과 사회학을 공부했다.

작은 대학의 값진 경험

2학년이 되자 레이건의 경제사정은 대학을 더 이상 다니기 어려울 정도가 되었다. 저금한 돈도 거의 바닥이 났다. 동아리 기숙사에서 접시 닦는 일도 전통에 의해 1학년 후배에게 물려주어야 했다. 레이건은 휴학을 결심했다. 친구들과 선배들에게 마지막 인사를 하러 기숙사로 갔다. 그러자 친구들이 레이건을 말리고 또 대학에 장학금도 신청해 주었다.

대학은 빈곤 학생을 위한 장학금을 1년 더 주겠다고 약속했다. 미식축구 코치는 여학생 기숙사 식당의 접시 닦는 일을 알선해 주었다. 당시 여학생 기숙사에서 일하는 것은 모든 남학생들이 꿈꾸는 일자리였다. 레이건은 2학년에 등록할 수 있었다.

유레카 대학은 전체 학생수가 250명밖에 되지 않았다. 전교생들이 서로 알고 지냈다. 교수와 학생들의 관계도 매우 가까웠다. 레이건은 나중에 이렇게 작은 대학에 다닌 것을 행운이었다고 회고했다. 작은 대학이었기에 큰 대학에서 누릴 수 없는 학생활동의 혜택을 누릴 수 있었다. 거대한 대학의 학생들은 대부분 대학을 전체적으로 경험하지 못한다. 학교 일에 관심 갖기 어렵다. 단지 강의의 소비자가 되기 쉽다. 그러나 작은 대학은 학내의 일 하나하나가 모두 학생들의 관심과 참여 속에서 이루어진다. 학생들이 대학의 주인의 입장이 된다. 레이건은 나중에 캘리포니아 주지사 시절 세계적으로 유수한 캘리포니아 주립대학들과 관계를 맺게 된다. 그는 캘리포니아의 거대한 대학보다 자신이 다닌 작은 유레카 대학의 대학생활을 더욱 값진 것으로 평가했다. 그는 다시 기회가 주어진다고 해도 큰 대학보다 작은 대학으로 진학하겠다고 회고록에 적었다.[13]

---

13) Reagan, *An American Life*, p. 46.

대학생 레이건

2학년이 되자 형 넬도 유레카 대학에 입학했다. 그는 고등학교 졸업 후 시멘트 공장에 취직했었다. 형은 대학에 다니는 것은 인생의 낭비라고 생각했었다. 그러나 막상 시멘트 공장에서 일하면서 공부를 해야겠다는 생각을 갖게 되었다. 2학년부터 레이건은 비교적 안정적으로 공부할 수 있었다. 여자 친구와도 친밀한 관계를 유지했다. 그는 여자 친구에게 자신의 동아리 핀을 선물했다. 일종의 약혼 선물이었다.

레이건의 대학 성적은 평균을 조금 웃도는 정도였다. 그에게 가장 큰 관심은 여자 친구 클리버와 잘 지내며 여러 동아리 활동에 적극 참여하는 것이었다. 그는 스포츠 활동에 적극 참여했다. 수영과 미식축구의 학교 대표였다. 스스로 공부에 몰두할 시간은 부족했고 또 공부에 관심도 적었다. 자신이 학비를 벌며 학생 활동에 열심히 참여하는 학생이었다.

동아리 활동을 많이 하면 흔히 술과 담배를 배우는 경우가 많다. 유레카 대학에서도 대부분의 학생들이 술과 담배를 많이 했다. 레이건의 형 넬도 마찬가지였다. 레이건 역시 술을 마신 적이 있었다. 친구들과 함께 술을 마시는 자리였다. 돌아가면서 술을 병 채로 마시기로 했다. 술을 모르던 레이건도 마치 음료수를 마시듯 술을 마시고 취해 버렸다.

친구들의 부축으로 겨우 기숙사로 돌아왔다.

다음 날 레이건은 엄청난 숙취로 고생했다. 머리가 깨질 듯이 아프고 정신이 멍했다. 레이건은 다시는 술을 마시지 않기로 결심했다. 실제로 그 후 레이건은 평생 술을 거의 입에 대지 않았다. 종종 파티에서 의전상 와인을 드는 경우는 있었으나 술을 취하게 마시는 경우는 없었다. 레이건은 담배도 피우고 싶었다. 남자가 파이프 담배를 피우는 것이 멋지다고 생각한 탓이었다. 레이건은 파이프를 사기 위해 돈을 모았고, 파이프를 사서 담배를 피웠다. 그러나 연기를 들여 마시지는 않았다. 나중에 마음을 바꾸고 담배를 끊을 수 있었다.

대학생활 중 레이건은 신앙을 잃지 않았다. 회고록에 의하면 그는 열심히 기도하는 크리스천 학생이었다. 그는 항상 기도했다. 운동경기가 있을 때면 시합 전에 꼭 기도하고 경기에 나갔다. 자신을 위한 기도뿐 아니라 나라의 경제를 살려 달라는 구국의 기도도 했다. 대학생의 나이에 기도한다는 사실을 알리는 것이 조금 창피하게 느껴졌다. 레이건은 이 사실을 비밀로 했다. 그런데 유레카대학팀이 큰 게임을 앞에 놓고 있는 날이었다. 코치가 시합을 위해 기도했냐고 물었다. 이에 선수들이 대부분 기도했다고 답하는 것을 보았다. 이 때 레이건은 자신만 기도하는 것이 아님을 알게

되었다. 그 후 레이건은 자신이 기도하고 있다는 사실을 떳떳하게 밝힐 수 있었다.[14]

14) Reagan, *An American Life*, p. 56.

소통능력 2장

| 소통능력 |

스포츠아나운서의 꿈

　1932년 레이건은 대학을 졸업했다. 미국은 아직 극심한 경제공황의 터널 속에 있었다. 취업사정은 극도로 악화되어 갔다. 레이건이 살던 딕슨의 경제사정도 다르지 않았다. 농민들은 빚 때문에 농토를 팔았다. 딕슨 시에 있던 시멘트 공장도 문을 닫았다. 딕슨 중심가에는 직업을 잃고 헤매는 사람들로 넘쳤다.

　레이건은 사정이 나은 편이었다. 졸업 직전까지 로웰파크 수영장에서 일을 하였다. 적지만 수입이 있었다. 거기다 대학 졸업자가 많지 않던 시절에 대학 졸업장도 받았다. 성공할 수 있다는 자신감이 있었다. 성공하겠다는 굳은 결심을 했다.[1]

　1932년 늦은 여름, 수영장 구조대원의 일이 끝났다. 딕슨에서는 더 이상 할 일이 없었다. 레이건은 직장을 찾아 시

---

1) Jackman, *Ronald Reagan*, p. 17.

카고로 갈 결심을 했다. 먼저 형 넬의 차를 타고 함께 여자친구 클리버가 있던 유레카 대학으로 갔다. 형은 학교를 더 다녀야 했다. 클리버도 짐을 싸고 있었다. 그녀는 일리노이 주 시골에 있는 학교로 직장을 알아보기 위해 간다고 했다. 서로 행운을 빌었다. 두 사람은 대학 재학동안 줄곧 사귀었다. 레이건은 그에게 이미 약혼반지도 사 준 상태였다.

딕슨에서 시카고까지 레이건은 길에서 차를 얻어 타고 갔다. 그가 원하는 직장은 라디오 방송국의 스포츠아나운서였다. 그러나 시카고에서 레이건이 얻은 것은 실망뿐이었다. 어디서도 그를 반기는 일자리는 없었다. 불경기에 경험도 없는 대학 졸업생을 아나운서로 채용할 라디오 방송국은 없었다.

레이건은 왜 라디오 방송국 아나운서가 되려고 하였던가? 거기에는 숨은 이야기가 있다. 1932년 대학 졸업을 앞둔 레이건은 다른 해와 마찬가지로 딕슨의 로웰파크에서 인명구조대원으로 일하고 있었다. 그런데 불황의 그림자는 딕슨의 야외 수영장에까지 미치고 있었다. 보통 여름이면 사람들은 가족단위로 수영장에 나와 여가를 즐겼다. 어린이가 있는 집에서는 수영강습도 시켰다. 레이건은 인명구조대원으로 일하는 동안 아이들에게 수영교습 아르바이트를 할 때가 많았다.

그런데 1932년 여름에는 수영을 오는 사람들이 거의 없었다. 가끔 소수의 사람들만 찾아올 뿐이었다. 한가한 시간을 보내던 레이건이 우연히 수영하러 온 사업가와 대화를 나눌 기회가 있었다. 그는 레이건에게 졸업 후 무엇을 할 것인지 물었다. 레이건은 마음속으로 라디오 방송국 아나운서가 되길 원하고 있었다. 자신이 없어서 차마 입을 열지 못했다. 망설이는 레이건에게 사업가는 집요하게 캐물었다. 마침내 레이건은 아나운서가 되고 싶다는 자신의 희망을 밝혔다. 그러자 그는 직접 방송국을 찾아다니면서 가능성을 타진해 보라고 권했다. 세일즈맨이 하나의 상품을 판매하기 위해서 250곳을 방문한다며 방송국들이 거절하더라도 두려워하지 말고 계속 문을 두드리라고 권고했다. 또한 굳이 스포츠아나운서만 고집하지 말고 방송국 일이면 다하겠다고 답변하라고 충고했다.[2]

2) Reagan, *An American Life*, p. 60.

레이건이 스포츠아나운서를 지망하였던 것은 아마도 자신이 스포츠를 즐기고 있었다는 점과 스포츠아나운서가 새로 각광받는 업종이었다는 점이 작용했을 것이다. 또한 레이건은 영화에서 스포츠아나운서를 여러 번 보았고 좋은 인상을 받았다. 그러나 대학을 갓 졸업한 경험도 없는 신출내기 레이건을 반기는 방송국은 시카고에 없었다. 방문한 방송국마다 면접은 커녕 레이건을 웃음거리로 만들었다.

취업의 벽을 넘으며

취업의 벽에 부딪힌 레이건은 딕슨으로 돌아왔다. 차를 얻어 타고 돌아오는 그날은 비까지 억수같이 내렸다. 직장을 구하지 못한 좌절감을 안고 집으로 돌아오는 길은 멀기만 했다. 마음은 납보다 무거웠다. 인생에 길이 보이지 않는 순간이었다. 레이건이 자신의 인생에서 가장 밑바닥까지 떨어진 느낌을 받은 시간이었다.[3]

| 3) Reagan, *An American Life*, p. 20, p. 61.

어깨를 축 늘어뜨리고 돌아온 레이건에게 아버지는 딕슨의 몽고메리 워드 백화점에서 신입사원을 구한다는 소식을 알려 주었다. 몽고메리 워드가 새로 스포츠용품 코너를 개설하는데 그곳에서 일할 사원을 모집하고 있었던 것이다. 거기다 고등학교 때 운동한 경험이 있는 사람을 찾고 있었다. 임금은 주급 12.50달러로 당시로는 제법 좋은 자리였다.

몽고메리 워드의 사원모집 소식을 들은 레이건은 아나운서가 되는 것보다 고향이나 다름없는 딕슨에서 백화점 점원으로 취직하는 것도 좋겠다고 생각했다. 그는 백화점으로 달려가 원서를 제출하고 인터뷰까지 마쳤다. 그는 제일가는 스포츠용품 코너를 운영하는 것을 꿈꾸며 채용통보를 기다렸다. 결과는 낙방이었다. 백화점은 레이건 대신 딕슨 고등학교 농구부 선수 출신에게 일자리를 주었다. 레이건은 또 다시 깊은 좌절감을 맛보았다.

좌절한 레이건에게 도움을 준 사람은 어머니였다. 적갈색 머리카락의 몸집이 작은 레이건의 어머니는 신앙심이 깊었다. 어머니는 인생의 모든 일에는 하나님의 목적과 계획이 있다고 믿었다. 결국은 최선의 결과를 가져 올 것이므로 좌절하지 말고 어려움을 극복하라고 아들 레이건을 격려했다.

레이건은 일자리를 찾아 다시 딕슨을 떠났다. 이번에는 아버지가 가족용 차를 내어 주었다. 직장을 찾지 못해 마음 고생하는 아들을 옆에서 지켜보던 아버지는 레이건에게 아는 사람이 있는 방송국이 있냐고 물었다. 레이건이 몇 곳 방송국을 대자 직접 가보라고 가족들이 타던 낡은 오스모빌을 내어 준 것이다.

레이건은 자신이 아는 방송국은 모두 문을 두드려 볼 생각이었다. 먼저 일리노이 주에 있는 방송국을 찾았다. 일자리는 없었다. 딕슨에서 남서쪽으로 75마일 떨어진 아이오와 주 데브포트에 있는 WOC(World of Chiropractic) 라디오 방송국으로 차를 몰았다. WOC는 재력가인 팔머(B.J. Palmer)가 세운 사설 방송국이었다. 팔머전문학교(Palmer School of Chiropractic) 설립자이기도 한 팔머는 후에 디 모인(Des Moines)에 있는 WHO 방송국도 사들였다.

레이건은 직접 방송국 피디를 찾아갔다. 시카고에 있는

방송국에 취직하려고 노력하던 중 알게 된 것이 방송국에서 일자리를 구하려면 피디를 만나야 한다는 것이었다. 레이건은 피터 맥아더(Peter MacArthur)라는 피디를 만나 일자리가 있는지 물었다. 피디는 하루 전에 아나운서를 한 명 채용했다고 말했다. 실망한 레이건은 자리를 뜨면서 혼자말로 스포츠아나운서도 없는 방송국이 무슨 방송국이냐고 투덜댔다. 그런데 이 말을 들은 방송국 피디가 레이건을 다시 불렀다. 운동경기에 대해 아는 것이 있냐고 물었다.

레이건이 자신의 운동 경험을 털어놓자 피디는 그를 방송실로 데려가 미식축구 게임을 상상해 방송하라고 주문했다. 갑자기 방송실로 들어간 레이건은 막막했다. 상상으로 미식축구 게임을 중계하라는 것은 황당한 일이었다. 그러나 거절할 수 없는 기회였다. 레이건은 졸업하기 직전 직접 선수로 참가했던 유레카 대학의 미식축구 게임을 기억했다. 그리고 상상속의 미식축구 게임을 중계하기 시작했다. 그가 중계를 마치자 방송실로 들어서는 피디의 얼굴에는 환한 미소가 번지고 있었다. 취직이 결정되는 순간이었다. 레이건은 주급 5달러와 버스 요금을 추가로 받는 조건으로 1주일 후부터 일하게 되었다.

첫 출근하는 날까지 레이건은 신문에 난 모든 스포츠 소식을 읽고 미식축구에 대해 다시 공부했다. 첫 방송을 무사히 마치자 피디는 레이건의 급료를 주 10달러로 올려 주면서 빅텐(Big Ten) 미식축구 경기를 시즌이 끝날 때까지 계속 중계해 줄 것을 부탁했다. 레이건은 날아갈 것 같았다. 이제 막 대학을 졸업한 21살짜리 본인이 빅텐 경기를 중계한다는 것이 믿어지지 않았다. 그러나 기쁨도 잠시, 미식축구 시즌이 지나자 방송국은 레이건에게 다른 프로그램을 주지 않고 해고했다. 실망한 레이건은 다시 집으로 향했다.

어둡고 추운 겨울을 지나

1932년 11월 레이건은 태어나 처음으로 대통령 선거를 했다. 레이건의 아버지는 민주당 후보 프랭클린 루즈벨트(Franklin D. Roosevelt)의 열렬한 지지자였다. 그는 딕슨에서 제일 열심히 민주당 선거운동을 했다. 그 역시 아버지와 같이 루즈벨트의 열렬한 지지자였다. 첫 대선투표에서 루즈벨트에게 표를 던졌다. 레이건은 루즈벨트의 라디오 연설인 노변담화(fireside chat)를 무척 좋아했다. 루주벨트는 매주 정규 라디오 연설을 통하여 국민들에게 정부가 하는 일을 소개하고 설명했다. 국민들의 자발적인 참여를 끌어내고 있었다. 루즈벨트는 경제적 위기에 빠진 국가를 책임진 대통령으로서 국민들에게 확신을 주는 것이 필요하다는 것을 알고 있었다. 노변담화는 그와 국민을 연결해 준 소통의 통로였다.[4]

> [4] 레이건 역시 대통령이 된 후 라디오 연설을 한다. 클린턴 대통령이나 부시 대통령도 라디오 연설을 했다. 루즈벨트에서 시작된 것이나, 레이건에 의하여 부활한 소통 방식이다. 레이건은 매주 토요일 방송했는데 국민과의 소통 방식으로 매우 효과적이었다.

나중에 레이건은 지지정당을 공화당으로 바꾼다. 또한 공화당 후보로 대통령으로 당선되어 루즈벨트의 사회보장제도나 정부주도의 경기부양책에 대해 정 반대의 정책을 실시하게 된다. 그러나 루즈벨트에 대한 존경심은 변함이 없었다. 레이건은 루즈벨트도 사회복지제도가 방만하게 유지되는 것에는 반대하였을 것이라 생각했다. 뿐만 아니라 행정부의 비대화 역시 루즈벨트가 살아 있었다면 반대하였을 것이라 믿었다.

1932년 선거에 새로운 대통령이 선출되었지만 당장의 변화는 없었다. 실업률은 여전히 높았다. 불황의 늪은 깊기만 했다. 1932년 말과 1933년 초 레이건은 딕슨에서 겨울을 보냈다. 겨울 날씨 만큼이나 그의 몸과 마음이 얼어붙었다. 미국 최대의 명절인 크리스마스와 신년도 실업자의 상태로 보내야 했다. 남아있던 유일한 희망은 여름이 와서 로웰 공원에 있는 야외 수영장이 개장하고 다시 인명구조대로 일하는 것이었다. 어둡고 추운 겨울이었다.

스포츠아나운서의 꿈을 이루고

1933년 2월 갑자기 전화 한 통화가 걸려 왔다. 전에 일하던 방송국 피디인 맥아더였다. WOC에 두 명의 아나운서가 갑자기 그만 두었기 때문에 아나운서 자리가 비었다는 소식이었다. 피디는 월 100달러의 조건으로 취업하지 않겠냐고 제안했다. 레이건은 즉시 가겠다고 대답했다.

취업이 확정되자 레이건은 교회로 달려갔다. 어려서부터 수입의 십일조를 교회에 헌금하던 레이건이었다. 형 넬이 등록금을 마련할 수 없어 대학을 중도에 포기할 수밖에 없는 사정을 알고 있었다. 교회 담임목사를 만나 교회에 십일조를 헌금하는 대신 곤경에 처한 형을 위하여 한 달에 10달러씩 보내는 것이 가능한지를 물었다. 담임목사는 한참을 생각한 후 형을 돕기 위하여 내는 10달러는 십일조의 가치가 있다고 대답했다.[5] 레이건은 십일조도 내고 형도 돕는 방법을 허락 받은 셈이었다.[6]

1933년 2월 드디어 레이건은 희망하던 방송국 일자리를 얻었다. 얼마 후 WOC가 WHO 방송국에 합병되자 레이건은 WHO 소속이 되었다. WHO는 NBC의 자회사였다. WHO와 새로 계약을 하고 시카고 팀 야구게임을 중계 방송하는 업무를 맡았다. 22살의 나이에 레이건은 방송국 스포츠아나운

---

5) Reagan, *An American Life*, p. 70.

6) 나중에 형 넬 역시 대학을 졸업하고 방송국에 취직을 했다. 넬은 평생 방송과 방송광고계에서 일하였다.

서가 되는 꿈을 이루었다. 1937년까지 레이건이 아이와에서 아나운서로 신나게 일했다. 그는 미식축구, 자동차 경주, 육상, 수영 등 거의 모든 스포츠 게임을 중계했다.

방송국 아나운서 시절 (1933~1937)

당시 야구 중계는 오늘날과 전혀 달랐다. 시합이 열리는 운동장에서 게임을 직접 보면서 방송하는 것이 아니었다. 야구게임이 운동장에서 진행되는 동안 아나운서는 방송국

스튜디오에 앉아 방송을 했다. 스튜디오에 있는 아나운서에게는 게임이 진행되는 운동장에서 전해오는 전보문이 전부였다. 간단한 기록만 있는 전보문만 보고 아나운서가 경기 상황을 상상으로 구성해 방송하는 것이다.

레이건이 중계방송을 하던 중 문제가 발생한 적도 있었다. 전보문이 중간에 끊긴 것이다. 경기상황을 전혀 모르는 방송실에서 아나운서가 할 수 있는 일은 아무 것도 없었다. 레이건은 일단 위기를 넘길 요령으로 타자가 친 공이 파울이 되었다고 중계했다. 그런데 기다리는 전보문이 여전히 오지 않는 것이었다. 레이건은 다시 파울볼이 났다며 방송을 이어갔다. 전보문이 정상적으로 오기까지 레이건은 계속 파울로 게임을 끌고 갔다. 그날 야구게임을 들은 청취자들은 파울이 많이 난 게임으로 기억했다.[7] 오늘날은 상상하기 어려운 일이다.

레이건이 방송을 하면서 터득한 방송비결이 있었다. 그는 많은 청취자들을 생각하고 방송하지 않았다. 응접실에 둘러앉은 몇 명의 친구들에게 이야기하듯 방송했다. 편안한 목소리로 이야기하듯 방송하는 습관은 나중에 정치인이 되어서도 변하지 않았다. 그의 대중 연설은 쉽고 편안하다. 큰 소리로 웅변을 하는 것이 아니다. 부드럽게 친구에게 이야기하듯 했다. 레이건은 국민들과 소통을 잘한 대통령으로

---

[7] Reagan, *An American Life*, p. 73.

평가받는다. 루즈벨트를 통하여 라디오 연설의 힘을 알았고 아나운서를 하면서 연설의 기법을 익힌 덕택이었다.

다시 영화배우의 꿈을 향해

1937년 캘리포니아 주 카타리나 아일랜드에서 전지훈련 중인 시카고 팀을 취재하는 업무가 주어졌다. 1935년부터 레이건은 겨울이면 캘리포니아 남부에서 전지 훈련하는 야구팀을 취재하는 일을 하고 있었다. 캘리포니아에 온 레이건은 여유 시간이 많았다. 어느 날 레이건은 조이 하지스(Joy Hodges)라는 무명의 여배우와 저녁 식사를 했다. 그는 전에 WHO에서 일하다 배우가 될 꿈을 갖고 캘리포니아로 이주했다. 레이건은 그에게 자신도 영화배우가 되고 싶다고 말했다. 그는 레이건에게 배우가 되려면 안경을 벗으라고 충고했다. 그리고 영화 일을 하는 사람들을 소개해 주었다.

레이건은 하지스의 소개로 영화배우 에이전트 일을 하는 빌 마이클존(Bill Meiklejohn)을 알게 되었다. 다시 마이클존의 소개로 워너 브라더스(Warner Brothers)의 캐스팅 감독 맥스 아크노우(Max Arknow)를 만나 배우 오디션을 받았다. 디모인으로 돌아오자 영화사로부터 출연계약을 하자는 제의가 왔다. 레이건은 방송국을 떠나기로 결심했다. 한 달간 라디오 방송국 일을 마무리한 후에 새로 구입한 컨버터블(convertible) 차에 짐을 실었다. 캘리포니아로 달려가는 가슴에는 성공에 대한 기대로 벅찼다. 그의 나이 26살이었다.

레이건에게 영화는 처음이었다. 하지만 연기 자체는 처음이 아니었다. 어려서 교회에서 연극을 한 적이 있었다. 때로는 어머니를 따라 다니며 어머니 친구들 앞에서 연기를 뽐내기도 했다. 아직 텔레비전이 없던 시절이라 사람들은 모여서 취미 겸 오락으로 연극놀이를 많이 즐겼다. 딕슨에서도 사람들이 모여 좋아하는 시를 낭송하거나, 연극의 몇 장면 대사를 외워 주위 사람들이나 교회에서 보여주는 일이 많았다. 레이건의 어머니는 유명한 연극의 대사를 외워 연기하는 것을 좋아했다. 레이건은 어머니의 권유로 사람들 앞에서 연극대사를 외우는 간단한 연기를 자주 했다.

레이건은 평소 부끄러움을 많이 탔다. 그러나 사람들 앞에서 연극을 할 때 어른들이 칭찬해 주는 것을 좋아했다. 칭찬은 어린 레이건이 물리칠 수 없는 유혹이었다. 눈이 좋지 않아 친구들을 잘 어울리지 못하고 또 여러 곳을 이사한 탓에 절친한 친구도 없던 시절이었다. 레이건에게 어머니는 좋은 친구였다. 별로 박수를 받을 일이 없던 레이건에게 연극은 어른들의 박수를 받을 수 있는 유일한 기회였다. 어른들

의 박수는 레이건에게 묘약 같은 위력을 가지고 있었다.[8]

    사람들의 박수를 맛 본 레이건은 자신의 연극에 대한 재능을 믿게 되었다. 그 후 레이건은 고등학교와 대학교에서도 연극반에 참가하게 되었다. 레이건이 연극에 깊이 빠지게 되었던 것은 고등학교 때 만난 영어교사의 영향이 컸다. 영어를 가르치던 플레이저(B. J. Frazer) 선생님이 열정적으로 학생들에게 연극을 지도했다. 플레이저 선생님의 영향은 레이건이 연극과 뗄 수 없는 인연을 갖게 만들어 주었다.

[8] Reagan, *An American Life*, p. 35.

배우 레이건

    캘리포니아에 도착한 레이건은 곧 바로 영화를 찍었다. 그런데 '더취' 라는 이름이 문제가 되었다. 영화사에서 어릴 때부터 사용해 오던 '더취 레이건' 이라는 이름(사실상은 별명)대신 대중에게 어필할 수 있는 있는 다른 이름을 쓸 것을 요청했다. 레이건은 이름에 대해 별로 생각한 적이 없었다. 본명인 '로널드' 라는 이름을 쓰면 어떨지 물었다. 영화사에서는 '더취' 대신 '로널드' 라는 이름을 쓰는 것에 동의해주었다.[9] 이후 레이건은 '더취' 가 아닌 본래 이름

[9] Reagan, *An American Life*, p. 83.

인 '로널드'로 불리게 되었다.

"기퍼를 위하여"

배우 레이건은 영화 찍는 일에 최선을 다했다. 출연한 영화는 53편에 달했다. 무명의 배우 레이건이 이름을 얻었던 영화는 1940년에 제작된 『누트 라크네-올 아메리칸(Knute Rockne - All American)』이었다. 영화 『누트 라크네』는 미식 축구선수를 주인공으로 한 전기 영화였다. 라크네는 1920년대에 활동한 노틀담 대학교의 미식축구팀 코치의 이름이다. 지금도 미국대학 미식축구 역사상 가장 유명한 코치로 꼽히는 전설적인 인물이다. 그는 1888년 노르웨이에서 태어나서 5살 때 미국으로 이민을 왔다. 노틀담 대학교에서 화학을 공부했다. 졸업 후 노틀담 대학교 화학 실험실 조교로 일하다가 미식축구부 코치로 임명되었다. 그는 노틀담 대학 미식축구부를 전국 최고의 팀으로 만들었다. 1918년부터 1930년까지 노틀담 대학 미식축구부의 승률은 88퍼센트가 넘었다. 그런데 명성이 절정에 이른 1931년 봄, 라크네는 갑자기 비행기 추락사고로 사망했다.

영화 『누트 라크네』에서 레이건이 맡은 역할은 코치 라

영화 배우 레이건 (기퍼로 분장 1940년)

크네가 아니라 또 다른 비운의 축구선수 조지 기프(George Gipp)였다. 기프는 라크네가 코치로 있을 당시 노틀담 대학의 미식축구 선수였다. 그는 당시 최강팀 노틀담 대학 최고의 선수였고 노틀담 출신선수로는 처음으로 미국대학 최우수선수로 선발되기도 했다. 그는 미식축구의 쿼터백과 하프백을 모두 소화할 수 있었던 일종의 멀티플 플레이어였다. 그런데 1920년 12월 라이벌 대학인 노스웨스턴대학을 이긴 며칠 후 기프가 급성 인후염으로 갑자기 사망했다. 당시 그는 25살의 4학년생이었다. 기프를 더욱 유명하게 만든 것은 그가 병상에서 남긴 마지막 유언 이었다. 병상을 찾은 코치 라크네에게 그는 "기퍼(Gipper)를 위하여 한번 이겨달라고" 부탁했다. 기퍼(Gipper)는 기프의 애칭이었다.

영화『누트 라크네』에서 "기퍼를 위하여 이겨 달라"는 레이건의 대사는 최고의 대사로 꼽혔다. 레이건은 그 후 일생 동안 기퍼라는 별명을 갖게 되었다. 1980년 레이건이 공화당 대통령 후보로 출마하였을 때도 레이건은 런닝 메이트 조지 부시(George W. H. Bush)에게 "조지, 나가서 기퍼를 위하여 이겨주시오"라고 말했다. 이 말은 1980년 선거 때 미국 정치판에 유행어가 되었다.

나머지 나는 어디 있나(Where's the rest of me)?

배우 레이건이 최고의 인기를 얻은 영화는 1942년에 제작된 『킹스 로우(Kings Row)』였다. 『킹스 로우』는 킹스 로우라고 불리는 작은 시골 마을에 살고 있는 5명의 젊은이들의 삶에 관한 영화이다. 이 영화는 20세기 초 급격하게 변화하는 사회환경에 노출된 젊은이들의 방황을 묘사하고 있다. 레이건은 다섯 젊은이 중 부자 청년 드레이크 맥휴(Drake McHugh)의 역할을 했다. 맥휴는 고아 출신이나 성공한 인물로 바람둥이였다.

마을의 의사 고든은 맥휴를 몹시 싫어했다. 다리를 다친 맥휴가 병원에 오자 고든은 그의 두 다리를 절단했다. 자를 정도로 다친 상태가 아니었다. 그러나 염세적인 성격의 고든은 맥휴가 사악하다고 판단했다. 그에 대한 벌로 그의 다리를 자른 것이다. 마취에서 깨어난 맥휴는 "나의 나머지 부분은 어디에 있어?"(Where's the rest of me?)라고 부르짖는다. 나중에 맥휴는 고든이 자신의 다리를 일부러 자른 것을 알게 된다. 하지만 충격을 잘 극복하게 된다는 내용의 영화였다. 레이건 자신은 물론 모든 비평가들이 그의 대표작으로 평가하는 영화이다.

1965년 레이건이 최초로 자신의 자서전을 출판하였을 때

자서전 제목을 이 대사(나머지 나는 어디에- Where is the rest of me?)에서 따왔다.

레이건은 출연한 영화에서 대부분 선한 주인공의 역할을 맡았다. 예외적인 경우도 있었다. 영화 『살인자(The Killers)』에서 레이건은 악당 역할을 맡았다. 어니스트 헤밍웨이의 소설을 바탕으로 한 『살인자』는 당시 기준으로 지나치게 폭력적이었다. 원래 텔레비전으로 방영될 목적으로 만든 영화였다. 그러나 폭력성 때문에 텔레비전으로 방송되지 못하고 대신 영화관에서 개봉되었다. 『살인자』에서 맡았던 악한 역할에 대해 레이건은 훗날 후회했다.

첫 번째 결혼

방송국 아나운서에서 영화배우로 화려하게 변신한 레이건은 돈과 명예를 얻기 시작했다. 성공이 보이기 시작한 것이다. 『누트 라크네』를 찍던 1940년 레이건은 여배우 제인 와이맨(Jane Wyman)과 결혼했다.[10] 와이맨은 레이건보다 훨씬 인기가 높던 유명 배우였다. 레이건은 첫 번째 결혼이었다. 와이맨은 세 번째였다.

원래 레이건은 클리버와 결혼할 계획이었다. 대학을 졸

---

10) 레이건은 회고록에서 와이맨과의 결혼에 대해 단 3줄만 기록하였다. (Reagan, An American Life, p. 92.)

업하고 직장을 찾고 있을 때 클리버는 교사 자리를 얻어 일리노이 주 어느 시골로 떠났었다. 그리고 레이건은 아나운서가 되어 아이와로 갔다. 떨어져 살게 된 두 사람은 2년 동안 열심히 편지를 주고받았다. 그런데 어느 날 레이건은 클리버로부터 편지를 받았다. 편지에는 약혼반지가 동봉되어 있었다. 유럽 여행을 갔다가 외국에 근무하는 어떤 군인을 만나 사랑에 빠졌다는 내용이 쓰여 있었다.[11] | 11) Reagan, *An American Life*, pp. 75~76.

파혼 편지는 충격적이었다. 레이건은 어머니에게 알렸다. 어머니는 전화로 인간에게 일어나는 모든 일에는 하나님의 목적이 있다고 말했다. 그리고 모든 것은 최선의 결과를 가져다 줄 것이라며 위로해 주었다. 형 넬은 동생의 충격을 몹시 걱정했다. 그는 고등학교 은사를 찾아가 동생을 위해 위로의 편지를 써 달라고 부탁하기도 했다. 레이건은 정말 가슴이 쓰렸다. 하지만 극복하고자 노력했다. 여자 친구가 자신을 사랑하지 않는다는 사실 때문에 자신이 다른 사람을 더 이상 사랑할 수 없는 것은 아니라고 생각했다. 시간이 흐르면서 상처는 아물어 갔다. 레이건은 클리버와의 사랑을 좋은 추억으로 간직 할 수 있었다.

와이맨과의 결혼생활은 순탄하고 행복했다. 레이건은 아내와 함께 『브라더 랫과 베이비(Brother Rat and a Baby)』라는 영화에 출연하기도 했다.

결혼 다음 해에 딸 머린이 태어났다. 이어 아들 마이클도 입양했다. 마이클은 성장할 때까지 입양 사실을 모르고 자랐다. 아이들과의 관계도 좋았다. 그런데 두 사람의 관계를 차츰 멀어지게 만드는 일이 생겼다. 레이건의 영화인 노조활동이었다.[12]

12) Jackman, *Ronald Reagan*, p. 20.

영화인 노조활동

영화인 노동조합(Screen Actors Guild)에 가입한 레이건은 노조활동에 적극 참여했다. 당대 유명 배우들과 노조활동을 같이 하며 노조의 이사로 선출되기도 했다. 2차 세계대전이 발발하기 전까지 레이건은 영화를 찍는 일만큼이나 노조활동에 열성적이었다.

1941년 12월 일본의 진주만 기습공격으로 미국이 2차 대전에 참전하자, 레이건은 군대에 입대했다. 그는 시력이 나쁜 탓에 전투병 대신 보충병에 입대하라는 판정을 받았다. 비행사훈련용 영화를 찍는 부대에 배속되어 약 400편 정도의 훈련용 영화를 찍었다. 1945년 8월에 전쟁이 끝나자 레이건은 12월에 대위로 제대하였다.

헐리우드로 돌아온 레이건은 영화출연보다는 노조활동

군복무 시절 어머니와 함께 (1941~1945)

에 더 많은 시간을 보냈다. 1947년 레이건은 노조위원장으로 선출되었다. 당시 냉전이 시작되면서 미국사회 전체에 이념논쟁이 가열되기 시작했다. 할리우드도 이념논쟁에 휩싸였고 영화인들 중에 공산주의자가 많다는 설이 나돌았다. 마침내 하원에 설치된 반미행위위원회(The Hous Un-American Activities Committee)는 영화인들을 조사하기 시작했다. 이념문제가 불거지자 레이건은 반공주의자의 입장을 취했고

하원 청문회에서 증언하는 레이건 (1947년)

이후 확고한 반공주의자가 되었다.

레이건이 노조활동에 깊이 관여할수록 상대적으로 가족들과 지내는 시간이 줄어들었다. 와이맨과의 결혼 생활에 이상 기류가 생기기 시작했다. 별거를 시작하더니 마침내 1948년 부인 와이맨이 이혼을 거론했다. 레이건은 이혼을 생각해 본 적이 없었기 때문에 와이맨의 이혼요구는 충격 이상이었다. 그러나 와이맨과의 관계는 회복할 수 없는 단계에 와 있었다. 아이 둘은 모두 와이맨이 맡았다. 이혼의

아픔은 컸다.13)

| 13) Jackman, *Ronald Reagan*, p. 20.

낸시를 만나다

이혼 후 레이건은 더욱 노조활동에 매달렸다. 동시에 일반정치에 대한 관심도 커지기 시작했다. 1948년 레이건은 캘리포니아에서 연방 상원의원으로 출마한 민주당 후보 헬렌 더글러스(Helen Grahan Douglas)의 선거운동에 적극 가담했다. 더글러스 후보의 상대는 리처드 닉슨(Richard Nixon)이었다. 레이건은 대학시절부터 민주당을 지지했다. 루즈벨트 대통령의 열성적인 지지자였다. 트루먼 대통령 시절에도 계속 민주당을 지지했다. 레이건이 지지한 헬렌 더글러스 후보는 공화당 후보 닉슨에게 졌다.

노조 활동가 레이건은 차츰 반공투사로 변해갔다. 공산주의자들이 영화계에 많다고 믿었다. 공산주의자들이 영화계를 장악하면 영화를 선전도구로 사용할 수 있다고 생각했다.14) 레이건은 하원반미위원회의 청문회에 출석하여 반공을 외쳤다. 이렇게 레이건이 노조위원장으로 활동하던 때에 장래 부인이 될 영화배우 낸시 데이비스(Nancy Davis)를 만났다. 낸시는 헐리우드 공산주의자 명단에 올라

| 14) Reagan, *An American Life*, pp. 118~119.

결혼 전 낸시 (1949~1950년경)

있었다. 그러나 그는 공산주의자가 아니었다. 같은 이름을 가진 다른 배우가 있어서 생긴 오해였다. 낸시는 노조 위원장 레이건을 찾아와 도움을 청했다.

레이건을 만날 때 낸시는 아직 미혼이었다. 낸시의 모친 에디스 루케트(Edith Lucket)는 젊어서 연극 활동을 했다. 낸시의 양아버지 로열 데이비스(Royal Davis)는 의사였다. 이혼 후 혼자 자유롭게 살고 있던 레이건은 미혼의 여배우 낸시와 사랑에 빠졌다. 1952년 두 사람은 기자들의 눈을 피해 몰래 조촐한 결혼식을 올렸다. 참석한 사람은 주례 목사와 신랑 신부를 포함해 모두 다섯 사람이었다. 증인으로 신부와 신랑측 친구 한 명씩만 참석하였다. 결혼 후 레이건은 심리적 안정을 얻었다. 결혼 이듬 해 딸 패티, 이어서 론이 태어났다. 첫 번 결혼까지 더하면 레이건은 모두 3명의 친자녀와 1명의 양자를 두게 된 셈이다.

낸시와 결혼한 후 레이건의 수입은 매우 불안했다. 영화배우로서의 인기가 하락하고 있었다. 1911년생인 그는 이미 40세가 넘어 있었다. 배우로서의 황금기를 넘긴 상태였다. 수입을 위하여 레이건은 라스배가스로 가서 쇼 무대의 사회를 맡기도 했다.

낸시와 결혼 (1952년)

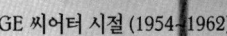

GE 씨어터 시절 (1954-1962)

GE의 위대한 소통자

1954년 배우 레이건에게 새로운 기회가 왔다. 제너럴 일렉트릭(General Electric:GE) 회사가 지원하는 텔레비전 단막극 시리즈를 맡게 된 것이다. 그가 맡은 역할은 단막극이 시작되기 전 극을 소개하는 일이었다. 극의 내용은 소설이나 연극, 영화, 잡지 등의 이야기를 바탕으로 매주 다르게 만들었다. 그러자 연속성이 떨어지는 문제가 있었다. 이것을 보완하기 위하여 레이건을 해설가로 고정 출연시킨 것이다. 이 시리즈는 제너럴 일렉트릭 씨어터(General Electric Theater)라는 이름으로 매주 일요일 저녁 9시에 CBS를 통하여 방송되었다. 시청자들에게 매우 인기가 있어서 1954년부터 1962년까지 8년 동안 209회에 걸쳐 방송되었다.

레이건의 인기가 급상승했다. 레이건은 또한 GE의 홍보 대변인 역할도 맡았다. 전국에 흩어져 있는 GE 생산공장을 순회하며 직원들에게 회사를 위한 홍보강연을 하는 것이었다. GE는 미국 전역에 139개 공장을 가지고 있었다. 고용된 직원은 25만 명에 달했다.[15] 레이건은 최선을 다해 강연을 준비했다. 청중을 고려해 내용을 다듬고 그들의 반응을 살피며 다시 고쳤다. 강연 경험이 없던 초기에는 할리우드 이야기를 들려주며 청

15) Thomas W. Evans, *The Education of Ronald Reagan: The General Electric Years and the Untold Story of His Conversion to Conservatism*, New York: Columbia University Press, 2006, p. 3.

중들의 관심을 사려고 노력했다. 강연의 경험이 늘어나면서 내용뿐 아니라 스타일도 세련되어갔다.

GE 직원들에게 이야기하는 레이건 (1954~1962)

레이건의 연설은 상반된 입장인 기업가와 근로자를 모두 만족시키는 내용이어야 했다. 그가 찾은 최상의 조합은 기업가를 위한 정부규제 반대와 근로 소득자를 위한 중과세 반대였다. 강연의 핵심은 미국적 자유라는 전통적 가치에 바탕을 두었다. "점증하는 정부통제" 혹은 "침식되는 우리의 자유"와 같은 연설은 레이건을 인기 있는 연사로 만들었다. 레이건의 정치사상은 민주당 이념에서 서서히 공화당 이념으로 변해갔다. 레이건은 GE시절 공장들을 순회한 경험이 '정치학 대학원 과정'에 해당한다고 회고록에서 술회했다.16)

| 16) Reagan, *An American Life*, p. 129.

레이건의 반규제와 반중과세 연설은 미국의 굴지 회사인 GE의 경영진이나 미국 최고 회사에서 일하고 있는 근로자들에게 모두 솔깃한 내용이었다. 청중들은 그의 연설에 환호했다. 레이건은 보람을 느꼈다. 점차 레이건은 규제와 세금문제의 밑바탕에 복지문제가 연결되어있음을 발견했다. 그는 복지정책과 정부의 공공투자에 반대하기 시작했다.

그런데 공공투자를 비난하는 레이건의 연설은 회사의 이익과 배치되었다. GE는 전기생산과 관련하여 정부로부터 막대한 공공사업(TVA사업)을 수주하는 입장이었기 때문이다. 레이건의 강연 내용은 이제 회사의 부담이 되었다.

거기다 그가 맡고 있던 GE의 단막극 시리즈가 점차 인기를 잃어가고 있었다. 막대한 제작비에 비해 시청율이 너무 저조했다. 1962년 GE는 마침내 단막극 시리즈를 종결하기로 결정했다. 레이건과의 관계에도 종지부가 찍혔다. 레이건에게 다시 위기가 찾아왔다. 영화계로 돌아갈 수도 없는 나이였다. 마땅한 일자리도 없는 상태였다.

그러나 GE시절 레이건은 많은 것을 얻었다. 무엇보다 그는 비즈니스계 사람들이 무엇을 듣기 원하는지 알게 되었다. GE는 레이건의 친기업적 이념이 탄생하게 된 모태였다. 그리고 GE의 홍보대변인으로 일한 8년 동안 레이건은 대중연설 전문가로 성장해 갔다. 무엇보다 소중한 것은 청중과 소통하는 기법을 익힌 것이다.[17] '위대한 소통자'의 능력이 이 시절에 완성되었다.

[17] Reagan, *An American Life*, p. 129.

다시 배우로

레이건은 일단 배우로 돌아갔다. 1963년 리브 프로덕션(Revue Production)에서 어니스트 헤밍웨이의 소설을 영화한 『살인자(The Killers)』에 출연했다. 1964년 영화관에서 개봉되었으나 흥행에는 성공하지 못했다. 마땅한 일자리를 찾지 못하고 있던 레이건에게 새로운 기회가 다가오고 있었다. 전혀 생각지도 않던 정치인의 삶이 그를 기다리고 있었던 것이다.

부인 낸시와 함께 (1964년)

3장 정치인 레이건의 등장

정치인 레이건의 등장

공화당으로

레이건은 대학 때부터 민주당을 지지했다. 그러나 1952년과 1956년 대통령 선거에서는 공화당 후보 드와이트 아이젠하워를 지지했다. 1960년 대통령 선거 때는 민주당 존 케네디 후보의 아버지가 직접 레이건을 찾아 와 케네디 후보를 지지해 줄 것을 요청한 적도 있었다.[1] 그러나 레이건은 공화당 후보 닉슨을 지지했다.

1962년 캘리포니아 주지사 선거에 투표하면서 민주당에서 공화당으로 지지 정당을 옮겼다. 공식적으로 공화당 지지자가 된 것이다. 레이건은 자신이 민주당을 떠난 것이 아니라 민주당이 자신을 떠났다고 변명했다. 가난한 구두 세일즈맨의 아들로 태어나 어렵게 대학을 마친 레이건, 한 때 방송국 아나운서였던 그는 더 이상 가난한 서민이 아니었다. 그는 이제 성공한 배우이자 상류층의 반열에 합류한 신

---

1) Reagan, *An American Life*, p. 134.

분이었다. 특히 GE 홍보대변인으로 일하면서 레이건은 보수주의자로 완전히 변해 있었다.

골드워터 선거운동에 뛰어들어

1964년 대통령 선거에서 레이건은 공화당 후보 배리 골드워터(Barry Goldwater)를 위한 선거운동에 적극 뛰어들었다. 레이건은 캘리포니아 공화당 골드워터 지원본부(California Republicans for Goldwater)의 공동의장을 맡았다. 레이건은 골드워터의 정치철학에 매료되었다. 레이건은 골드워터의 『어느 보수주의자의 양심』을 읽고 그의 정치이념에 전적으로 동의하게 되었다. 레이건은 케네디와 존슨 정부의 방만한 복지정책을 바꿀 사람은 골드워터뿐이라고 믿었다. 골드워터를 당선시킬 수만 있다면 무엇이든 할 생각이었다. 공동의장인 다른 한명은 주로 선거관련 사무를 관장했고, 레이건은 캘리포니아 각 지역을 순회하며 선거 지원연설을 했다. 골드워터를 위한 선거자금을 모금하는 것이 레이건의 주 업무였다.[2]

2) 이후 정치인 레이건은 반대당이 부러워할 정도의 정치 자금 모금에 탁월한 능력을 보인다.

레이건이 지지하는 골드워터는 19세기 초 폴란드에서 이민 온 유태인의 후손으로 애리조나 출신 연방 상원의원이었다. 그의 부친은 애리조나 피닉스에서 성공한 사업가였다. 애리조나 주가 아직 연방으로 편입되기 전 1909년에 출생한 골드워터는 일반학교에 잘 적응하지 못했다. 대신 버지니아 주에 있는 스톤튼 군사 학교(Staunton Military Academy)를 졸업했다. 이후 애리조나 대학을 졸업한 다음 그의 집안이 운영하던 백화점 사업을 맡아 번창시켰다.

1952년 골드워터는 공화당 후보로 연방 상원의원에 당선되었다. 그는 철저한 반공주의노선을 취했다. 또한 연방정부의 방만한 예산과 비대한 권한에 반대했다. 지나친 과세와 정부의 규제 법안에 반대했다. 1958년 재선에 성공한 그는 『어느 보수주의자의 양심』이라는 저서를 냈다. 그의 저서는 3백 5십 만권이나 팔렸다. 덕분에 공화당의 정치스타가 되었다. 1960년 대통령 선거 때 골드워터는 공화당 후보 닉슨을 지지했다. 전국을 순회하며 닉슨을 위한 선거 운동을 전개했다. 닉슨은 케네디에게 패배했다. 하지만 골드워터는 활동 범위를 전국적으로 확대할 수 있었다. 4년 후 골드워터는 공화당 후보가 될 수 있는 정치적 자산을 마련했던 것이다.

1964년 골드월터의 상대 후보는 현직 대통령 린든 존슨이었다. 1963년 11월 존슨은 케네디 대통령이 달라스에서 암살되자 대통령직을 승계했다. 존슨은 텍사스 주 출신의 첫 대통령이었다. 그는 케네디의 정책들을 그대로 추진했다. 존슨이 무엇보다 강조한 것은 민권정책이었다. 그의 최대 업적인 민권법(Civil Rights Act)이 바로 선거가 있는 1964년에 나왔다. 민권법은 차별을 해결할 수 있는 제도적 장치였다. 인종과 성과 종교의 차별을 비롯한 인간에 대한 모든 차별대우를 철폐한 것이다. 존슨의 민권정책에 대해 공화당 내 여론이 갈렸다. 온건파는 민권정책을 시대의 흐름으로 보고 수용하는 입장을 취했다. 뉴욕 주지사 넬슨 록펠러가 온건파의 대표적인 인물이었다. 골드워터는 민권정책에 비판적인 강경파였다.

골드워터는 록펠러를 눌러야 공화당 후보가 될 수 있었다. 1964년 공화당 예비선거에서 가장 유력한 후보는 사실 닉슨이었다. 그러나 닉슨이 불출마를 선언했다. 닉슨을 대체할 대통령 후보로 떠오른 선두 주자는 뉴욕 주지사 록펠러였다. 1959년 뉴욕 주지사로 당선된 이후 정계 거물로 부상한 그는 이미 1960년 대선 때 공화당 후보 경쟁에 뛰어든 경력이 있었다. 미국의 전설적인 갑부 존 록펠러의 손자인 그의 가장 강력한 무기는 재력이었다. 그런데 예비선거 직전인 1963년 록펠러의 사생활 문제가 불거졌다. 그는 자신보다 15살 연하의 마가리타 머피와 재혼을 했는데, 이 여성은 4명의 아이를 전남편에게 모두 맡기고 바로 록펠러와 결혼을 한 것이다. 게다가 예비선거가 한창 진행 중이던 1964년 여름

재혼한지 채 1년도 되지 않은 상태에서 아들이 태어남으로써 혼전 부정행위를 저질렀다는 의심을 불러 일으켰다.

록펠러의 대안으로 골드워터가 떠 올랐다. 그러나 두 사람은 이념적으로 대안이 될 수 없는 사이였다. 록펠러 진영에서 골드워터를 수용하기 어려웠다. 그는 동부 온건주의자들이 공화당을 민주당의 아류로 만들면서 당의 정체성을 퇴락시켰다고 비판했다. 심지어 아이젠하워 행정부를 '뉴딜정책의 구멍가게' 라고 평가절하 했다.

골드워터의 예비선거 초반성적은 시원하지 않았다. 뉴햄프셔 예비선거에서 그는 헨리 카봇 롯지 2세(Henry Cabot Lodge, Jr)에게 패배했다. 롯지는 정식으로 출마한 후보도 아니었다. 주민들이 투표용지에 이름을 적어 넣은 소위 기명후보(a write-in candidate)였다. 오레건에서는 록펠러에게 패배했고, 일리노이, 인디애나, 네브라스카에서는 근소한 차이로 이겼다. 그러나 캘리포니아에서 록펠러에게 승리하면서 후보지명의 가능성을 높였다. 록펠러는 캘리포니아에서 패배하자 스스로 후보경쟁에서 사퇴하고 말았다.

1964년 공화당 전당대회는 캘리포니아 주 샌프란시스코에서 개최되었다. 보수와 온건세력의 관계가 극도로 악화되어 있었다. 골드워터의 승리가 예상되고 있었다. 전당대회 중 골드워터와 록펠러의 지지자들은 서로 상대 후보의 연설을 방해하고자 야유를 보냈다. 같은 공화당원이라고 보기 어려울 정도였다. 1차 지명 투표에서 골드워터가 무난히 공화당 대선 후보로 지명되었다. 그러나 패배한 온건파는 지명전 승자에 대한 지지선언을 하지 않았다. 분당은 면했지만 내적으로 공화당은 둘로 분열되었다. 골드워터는 지명 수락연설에서 온건주의자들을 공격했다. 그는 "자유를 방어하기 위한 극단주의는 악이 아니며…… 정의를 추구하는데 온건한 것은 미덕이 아니다"라고 했다. 그는 지명전 패배로 마음이 상한 온건주의자들을 더욱 궁지로 몰아넣었다.

골드워터의 선거전은 처음부터 곤경에 봉착했다. 온건파들은 공화당 후보 대신 민주당 후보 존슨을 지지하는 편이 차라리 낫다는 입장이었다. 골드워터는 일관되게 민주당의 정책적 핵심기반이 되고 있는 뉴딜정책을 반대했다. 복지정책 자체를 비미국적인 것으로 공격했다. 외교정책에 있어서도 베트남에 대해 핵폭탄 사용도 불사하는 힘의 외교를 주장했다. 유권자들에게 호전적인 인상을 주었다. 전직 대통령 아이젠하워와의 관계도 좋지 않았다. 1964년 민권법에 반대표를 던짐으로써 골드워터는 대부분의 흑인이 공화당을 버리는 결정적인 이유를 제공했다. 그러나 보수주의를 주장하는 그의 정치 철학은 색깔이 분명하다는 장점을 가지고 있었다. 복지정책에 반대하고 작은 정부와 감세를 주장하면서 동시에 힘을 통한 외교를 주장하는 그의 정치노선은 공화당 보수주의자들의 열정적인 지지를 얻어냈다. 이런 골드워터를 레이건이 적극적으로 지원하고 나선 것이다.

1964 남부 민주당의 반란

골드워터가 맞서고 있던 민주당은 집권 여당이었다. 1964년 예비선거에서 현직 대통령 존슨을 위협할만한 반대후보가 없었다. 존슨의 사회복지 정책은 폭넓은 지지층을 확보하고 있었다. 그러나 존슨에게도 반대자는 있었다. 예비선거가 시작되자 앨라배마 주지사 조지 월러스(George Wallace)가 민주당 정책에 강력한 비판세력으로 떠올랐다. 그는 민주당의 친 흑인정책에 강력하게 반발하는 남부의 여론을 등에 업고 있었다.

남부는 남북전쟁 이후 재건기(1865~1877년)를 제외하고 민주당의 텃밭이었다.[3] 그런데 민주당이 루즈벨트 대통령 이후 친 흑인정책을 취하자 남부는 거센 반발을 보였다. 1948년 대통령 선거에서 남부 민주당은 스트롬 써몬드(James Strom Thurmond) 사우스캐롤라이나 주지사를 후보로 내세웠다. 같은 민주당 후보인

3) 남북전쟁(1861~1865)에 패배한 남부를 개혁하여 연방에 다시 복귀시키는 작업이 추진된 시기를 남부재건기라고 한다. 1877년은 남북전쟁 중 남부에 진주하였던 연방군이 남부에서 모두 철수한 해였다.

대통령 트루먼에 맞선 것이다. 이후 민권정책은 남부가 민주당을 떠나는 원인이 되고 있었다.

월러스는 남부 중심부(Deep South)에서 절대적 인기를 누리고 있었다. 그러나 월러스의 한계는 그의 인기가 남부 중심지 일부 지역에 국한되어 있다는 점이었다. 전국적으로 민주당 주류 세력의 지지를 얻고 있는 존슨의 지명을 저지하기에는 역부족이었다. 1964년 여름에 열린 민주당 전당대회에서 존슨은 별 무리없이 다시 민주당 대통령 후보로 지명되었다. 존슨은 러닝 메이트로 민권정책의 강력한 지지자인 미네소타 출신 상원의원 휴버트 험프리(Hubert Humphrey)를 선택했다. 민권정책은 자연스럽게 당의 핵심전략정책으로 채택되었다. 대선이 있는 1964년 존슨 행정부는 민권법을 통과시켰다. 또 선거 다음 해인 1965년에는 선거법과 이민법을 차례로 통과시켰다. 소수자를 위한 민권정책을 역동적으로 추진한 것이다. 그러나 민주당정책에 반발하는 남부 지역과 공화당 강경파의 세력도 커져가고 있었다.

1964 선거지원연설

레이건은 골드워터 후보 지원유세에서 연방정부의 과도

한 팽창과 정부 관료제의 확대를 비판했다. 민주당 정부가 미국을 사회주의로 끌고 가고 있다고 주장했다. 그는 GE 홍보대변인으로 수년 동안 이야기해 온 자신의 철학을 이야기하고 있었다. 그는 정부의 간섭과 잘못으로 피해를 입은 사람들의 예를 구체적으로 들어가며 연설했다. 정부에서 운영하는 직업훈련에 사용되는 비용이 하버드대학에 다니는 비용보다 더 많이 든다는 사례도 소개했다. 미국은 어떤 길을 가야할지 선택해야 하는 교차로에 서 있다고 역설했다.

그러나 레이건의 골드워터를 위한 선거운동은 선거 결과에 별 영향을 주지 못하고 있었다. 민주당은 골드워터를 극도의 보수주의자며 전쟁광으로 부각시켰다. 민주당은 1964년 선거광고로 가장 강력한 인상을 남긴 소위 '데이지 소녀(Daisy Girl)' 광고를 방영했다. 천진난만한 어린 소녀가 데이지 꽃잎을 떼며 10까지 세고 있는 모습과 핵폭탄을 쏘기 위해 10부터 거꾸로 세는 굵은 남자의 목소리가 숫자 10과 1에서 겹치면서 핵이 터지는 장면을 연출한 선거광고였다. 골드워터가 대통령이 되면 핵전쟁이 일어날 수 있다는 암시였다. 대선은 전체적으로 공화당 후보 골드워터에게 불리하게 돌아가고 있었다. 그런 상황에서 레이건이 정치 스타로 뜨는 일이 발생했다.

골드워터 후보 지지 선거유세 (1964년)

텔레비전 방송연설

1964년 여름 어느 저녁 로스앤젤리스 엠베세더 호텔에서 골드워터 지지자들이 식사를 하면서 후보를 위한 모금을 하고 있었다. 약 800여 명의 청중들이 모였다. 레이건이 연사로 나서 골드워터 지원연설을 했다. 식사가 끝나자 5~6명의 골드워터 지지자들이 그에게 다가와 이야기 좀 하자고 제의했다. 이미 대부분의 참석자들이 자리를 뜬 후였다. 웨이터들이 자리를 정돈하느라 커다란 홀은 그릇 부딪치는 소리로 가득 찼다.

그들은 레이건에게 그날 저녁에 한 연설을 텔레비전 방송에서 다시 한번 해 줄 수 없겠냐고 요청했다. 이들 골드워터 지지자들은 캘리포니아 공화당 재력가들이었다. 레이건의 연설을 선거 광고방송으로 내 보내자는 제안이었다. 아직 광고방송을 위한 자금도 마련되지 않은 상태였다. 레이건은 즉각 응락했다.

그러나 레이건은 텔레비전 카메라 앞에서 혼자 연설을 하는 것보다 실제 청중 앞에서 연설할 수 있도록 해 달라는 조건을 붙였다. 양측이 쉽게 합의했다. 즉시 모금운동이 전개되었다. 모금은 금방 이루어졌다. NBC 텔레비전을 통하여 30분 동안 방송하기로 방송국과의 교섭도 이루어졌다.

그리고 수백 명의 공화당 사람들을 NBC 스튜디오에 모아놓고 레이건은 방송용 연설을 할 모든 준비가 잘 진행되고 있었다.

그런데 방송이 예정된 며칠 전에 골드워터로부터 레이건에게 전화가 왔다. 레이건의 연설 대신 골드워터 자신과 아이젠하워와의 대담을 내보자는 제의였다. 골드워터 참모 몇 명이 레이건 연설에 문제점을 제기한 것이다. 선거를 코앞에 둔 시점에서 레이건이 사회보장제도를 비판하는 것은 역효과를 가져 올 것이라는 반대가 제기되었다. 표를 의식한 골드워터는 민주당의 방만한 복지행정에는 반대하지만 사회보장제도 자체에 대해서는 반대하지 않는다는 입장을 취하고 있었다. 국민적 합의가 된 사회보장제도를 반대한다는 것은 처음부터 무리였다. 골드워터의 사회보장제 반대에 대한 비판 여론이 거셌다. 결국 골드워터는 사회보장제에 제한적으로 찬성한다는 입장을 여러 번 발표한 바 있었다.

레이건은 골드워터의 방송 취소 제의에 즉각 반대했다. 그는 자신의 연설에 포함된 사회보장에 반대하는 내용은 이미 여러 곳에서 연설하면서 지지자들의 검증을 받았다고 주장했다. 레이건은 실제로 사회보장의 기본개념에 대해서는 반대하지 않았다. 정부의 운영상 문제를 개혁하자는 것이었다. 레이건은 방송을 취소할 수 있는 권한은 방송을 위해 모금을 한 사람들에게 있다고 했다. 레이건의 반대에 봉착한 골드워터는 레이건의 연설 내용을 검토하고 다시 결정하자고 했다.

골드워터가 녹화테이프를 직접 본 후에 레이건 연설을 방송하는 것에 동의했다. 그러자 레이건은 고민에 빠졌다. 무명 정치인에 불과한 자신의 연설에 갑자기 자신감이 없어졌다. 자신의 연설방송이 과연 골드워터와 아이젠하워의 면담보다 더 효과적일지 의문스러웠다. 골드워터의 참모들은 경험 많은 전문가였다. 결과가 좋지 않으면 모든 책임은 레이건에게 돌아 올 것이 분명했다. 레이건은 며칠 동안 잠을 설쳤다.

1964년 10월 27일 레이건의 연설은 텔레비전과 라디오로 전국에 방송되었다.[4]

4) A Time for Choosing, October 27, 1964. (http://www.reagan.utexas.edu/archives/reference/timechoosing.htem.)

레이건은 연설 초반에서 본 내용이 공화당의 당론이나 골드워터 후보 진영으로부터 받은 원고가 아니라 자신의 생각이라는 점을 밝혔다. 결과가 나쁠 것에 대비한 포석이었다. 레이건은 자신이 처음에는 민주당을 지지하였으나 공화당으로 옮긴 사실을 고백했다. 그리고 골드워터의 공화당을 왜 지지하게 되었는지 부드럽고 안정된 목소리로 말했다. 그는 부드러운 표정을 지으며 설득력 있게 연설을 이어갔다.

레이건은 먼저 미국의 번영과 평화를 위해서는 재정문

제를 개혁해야 한다고 주장했다. 미국인은 지나치게 세금을 많이 부담하고 있다. 그는 "미국 납세자들이 버는 1달러 중에서 37센트가 세금"이며 "정부는 하루 동안 국가 세수보다 무려 1천7백만 달러씩 초과 지출하고 있다"고 비판했다.

레이건은 민주당 정부의 농업정책도 강도 높게 비판했다. 그는 민주당 정부가 뉴딜정책이래 실시하고 있는 정부주도형 농업정책 때문에 자유농민의 경작지가 줄면서 자유로운 영농마저 금지당하는 상태에 이르렀다고 개탄했다. 농업에 대한 국가의 개입은 결국 농민의 자유를 박탈하는 결과를 가져온 비미국적인 조치라는 주장이었다.

레이건은 농업에 대한 정부의 개입을 근본적으로 반대했다. 그는 농민에 대한 규제나 개입을 없애고 농민에게 자유롭게 농사지을 수 있도록 허락하는 자유농업을 주장하였다. 농민이 농민의 문제를 가장 잘 알 수 있다는 주장이었다. 정부의 개입으로 농산물 가격은 떨어지고 오히려 식량 값은 올라가는 기이한 현상이 벌어지고 있다고 지적했다.

레이건은 정부의 의도적인 경제개입정책이 근본적으로 잘못 되어서 농업뿐 아니라 도시의 주택문제에 이르기까지 총체적 문제가 되었다고 비판했다. 국가가 모든 문제를 해결하는 방식을 버리고 개인의 자유활동에 맡겨야 한다고 거듭 강조했다. 복지가 답이 아니라 자유를 주는 것이 정답이라고 주장했다.

레이건은 민주당 정부의 복지정책은 국민들의 근로의욕을 감퇴시킬 뿐 아니라 도덕적 해이도 초래하고 있다고 주장했다. 그는 정부의 저소득층을 위한 복지비를 타기 위해 이혼을 하는 경우도 있음을 지적했다.

레이건은 복지정책에 대해서는 비판적이었지만 노령자에 대한 사회보장제도에는 찬성하고 있었다. 그는 사회보장제도 이외에 일반 보험사의 보험을 통해 노후 수입을 보장하는 방법도 채택하자고 제안했다. 노령자가 돈이 없어 치료를 받지 못하는 일은 없어야 하지만 정부가 모든 국민을 의무적으로 정부의 의료보험에 가입시키는 것은 반대했다.

미국의 대외정책에 관련하여 레이건은 국제평화를 모색하고자 애쓰는 국제조직에 반대하지는 않았지만 미국의 일방주의를 옹호했다. 그는 미국의 국익이 국제사회의 여론에 흔들려서는 안 된다고 보았다. 몇몇 국가들이 수를 내세워 국제여론을 좌우하는 것에 반대했고 소련에 대해서는 보다 강경한 입장을 취해야 한다고 했다.

레이건이 경제와 대외정책 다음으로 지적한 것은 정부의 효율성 문제였다. 그는 정부조직이 한번 생겨나면 결코 없어지거나 축소되는 법이 없으며 비대한 관료 조직은 국민의 헌법적 권리조차 침해하는 초법적 기관으로 변하고 있다고 비판했다.

레이건은 복지정책에 집중하고 있는 민주당은 미국의 정치적 전통을 망각한 것이라고 비판했다. 민주주의를 표방하고 있지만 실질적으로는 맑스와 레닌 그리고 스탈린의 공산주의를 모방하는 것이며 영국의 노동 사회주의정당과 같다고 했다. 레이건은 1936년 대통령 선거 때 민주당 알 스미스(Al Smith)가 민주당은 제퍼슨, 잭슨, 그리고 클리블랜드의 정치적 철학을 기만하고 있다는 비판을 상기시켰다.

스미스는 1928년 대통령 선거 때 민주당 대통령 후보였다. 그는 공화당 후보 허버트 후버(Herbert Hoover)에게 패배했다. 그리고 1932년 선거에서 다시 후버와 맞붙길 원했다. 그러나 민주당 지명전에서 루즈벨트에게 패배함으로써 대통령의 꿈을 접어야 했던 인물이었다. 1932년까지 스미스와 루즈벨트는 끊을 수 없는 정치적 동반자 관계였다. 특히 1924년 전당대회 때 루즈벨트는 스미스를 지지하는 유명한 "행복한 전사(happy warrior)"라는 연설을 함으로써 그 후 스미스는 '행복한 전사' 라는 별명으로 불리기도 했다. 또한 1928년 선거 때 루즈벨트는 스미스의 대통령 후보직을 지지해 주었고 대신 스미스는 루즈벨트에게 뉴욕 주지사 선거를 적극 지원하는 관계였다. 그러나 1932년 민주당 전당대회 이후 두 사람은 정치적 적대관계가 되어 스미스는 루즈벨트의 뉴딜정책을 강력하게 비판하기에 이르렀다. 레이건이 민주당 정책을 비판하면서 스미스를 다시 거론한 것이다.

레이건은 계속해서 정부의 간섭으로 국민의 재산권이 함부로 침해되고 있다는 점을 상기시켰다. 그는 국가가 개인의 재산을 마음대로 몰수할 수 있는 상항에서 개인이 가지고 있는 재산이나 사업상의 등기권이 무슨 소용이 있냐고 반문했다. "국민의 천부적이고 양도할 수 없는 권리는 이제 정부의 처분에 좌우되게 되었으며 자유는 지금 이 순간 유약한 상태가 됨으로써 우리의 손에서 빠져 나갈 수 있는 상황이 되었다"고 주장했다.

연설의 끝부분에서 레이건은 민주당의 외교정책은 나약한 유화정책이며 궁극적으로 전쟁을 초래할 것이라고 비판했다. 그는 강경한 대소정책을 주장하며 골드워터의 '힘을 통한 평화(Peace through Strength)'를 지지한다고 밝혔다.[5]

5) A Time for Choosing, October 27, 1964.

레이건의 연설은 골드워터를 지원하는 유세연설이었지만 골드워터의 이름을 거명한 경우는 극히 제한적이었다. 대부분 자신의 정치적 소신을 밝히고 그런 원칙을 위해 일하는 골드워터를 지지하는 것임을 강조했다.

레이건의 골드워터 지지 연설 속에는 그의 정치 철학이 잘 나타나 있었다. 개인책임의 원칙, 감세, 작고 효율적인 정

부, 경쟁원리가 그것이다. 이것은 이후 꾸준하게 레이건의 정치철학으로 발전되어 갔다. 레이건 자신도 회고록에서 골드워터 지지연설 이후 자신의 정치 철학은 변한 것이 없었다고 적고 있다.[6] 레이거니즘의 원판인 셈이다. |6) Reagan, *An American Life*, p. 139.

연설 방송이 나오던 날 레이건은 친구 집에서 함께 연설 방송을 시청했다. 친구의 반응은 좋았다. 하지만 레이건은 방송 결과에 자신이 없었다. 집으로 돌아와 침대에 누웠지만 여전히 불안감을 떨쳐 버릴 수 없었다. 제발 골드워터에게 해를 끼치지 않기만을 바랬다. 그런데 자정 무렵 워싱턴의 골드워터 선거 진영에서 전화가 왔다. 연설 방송이 나간 직후 골드워터 선거사무실로 헌금을 내겠다는 사람들의 전화가 그치지 않고 있다는 것이다. 레이건 부부는 다시 편안한 잠을 청할 수 있었다.

레이거니즘의 씨앗이 뿌려지고

1964년 11월 골드워터는 대패했다. 그는 미국 남부의 일부지역을 제외하고 전역에서 패배했다. 그의 정치적 고향인 애리조나에서도 겨우 승리할 정도였다. 존슨은 일반투표에서 61퍼센트 이상의 지지를 얻었다. 선거인단 표에서는 486

표를 얻었다. 골드워터는 애리조나를 포함하여 6개 주에서 겨우 이겼다. 총 선거인단 득표수도 52표에 불과했다. 대선 참패로 골드워터는 정치적으로 사망한 것으로 보였다. 그러나 4년 후인 1968년 애리조나에서 연방 상원의원으로 다시 당선된다. 그는 1986년 은퇴하기까지 세 번 더 상원의원에 재선되었다. 그는 1998년 89세로 사망했다.

1964년 골드워터의 참패는 의미 있는 패배였다. 전통적인 민주당 표밭이던 남부 중심지역이 공화당 후보 골드워터를 지지한 것이다. 장차 남부가 공화당의 표밭으로 변하는 신호탄이었다. 특히 앨라배마 주는 남북전쟁 이후 공화당 대통령 후보를 한번도 지지한 적이 없었다. 골드워터가 처음이었다. 골드워터가 중도 온건주의자들이 주도하던 공화당에 보수주의 색을 입힌 결과였다. 남부가 공화당을 지지할 수 있는 분명한 정치적 이념과 색깔을 제공한 것이다. 남부에서 레이건 보수주의가 자리 잡을 수 있는 씨앗이 뿌려졌다는 점에서 레이건에게는 무엇보다 중요한 선거였다.[7]

---

7) 1981년 대통령 레이건이 경제개혁을 추진할 때 여소야대의 하원에서 민주당 남부 출신 하원의원들의 지지가 절대적인 역할을 하였다. 이들 남부 민주당 하원의원들이 민주당 당론을 어기고 레이건을 지지한 덕에 레이건의 개혁이 가능했다. 이 책의 뒤부분을 참조하기 바람.

주지사 레이건 4장

| 주지사 레이건 |

공화당의 새로운 정치스타

1964년 대선은 레이건에게 정치입문의 길을 활짝 열어주었다. 골드워터 후보 지지연설은 전국 여러 방송국에서 반복하여 방송되었다. 배우 레이건이 공화당의 새로운 정치스타로 탄생했다. 레이건은 회고록에서 골드워터 지원연설이 "나의 인생에 있어서 가장 중요한 이정표의 하나"였다고 술회했다.[1] 공화당의 인기가 최저점에 있을 때 공화당이 미래를 투자할 새로운 인물을 발견한 것이다.

1965년 정치스타로 부상한 레이건은 곧 정치 후원자들을 얻었다. 캘리포니아 공화당 보수주의자들이 레이건을 찾았다. 1966년 주지사가 선거가 다가오고 있었다. 공화당은 캘리포니아 주지사 후보가 필요한 상태였다. 당시 캘리포니아 주지사는 민주당 출신 '패트' 브라운(Edmund Gerald 'Pat' Brown)이었다. 공화당은 브라운에 대항할 공화당 후보를

---

1) Reagan, *An American Life*, p. 143.

찾는 일이 필요했다.

　1960년대 캘리포니아는 사회적 홍역을 치르고 있었다. 대학생들의 반전데모와 기성세대에 대한 거친 반항으로 들끓고 있었다. 민주당 주지사 브라운은 이런 청년들의 반항에 대처할 능력이 없었다. 특히 로스앤젤레스에서 발생한 와트폭동(Watt Riot)은 캘리포니아를 인종갈등의 화약고로 만들었다. 흑백갈등은 언제 터질지 모르는 시한폭탄이었다. 무질서와 저항운동이 캘리포니아를 깊은 침체의 늪으로 몰아넣고 있었다.

　캘리포니아의 사회적 불안은 보수주의자들을 결집시켰다. 권력과 재력을 가진 기득권 세력은 보수적 가치의 재건을 갈망했다. 이미 주지사 선거에서 공화당은 민주당 후보 브라운에게 1958년과 1962년에 거듭 패배했다. 전통적으로 캘리포니아를 공화당 지지지역으로 생각하던 공화당에게는 충격이었다. 무너지는 전통을 보수하고 진보세력과 과감하게 맞설 수 있는 보수정치가가 필요했다.

　캘리포니아 공화당 지지자들은 레이건에게 주지사 출마를 권유했다. 그를 지지한 핵심인물은 홈스 터틀(Homles Turttle)이었다. 그는 로스 엔젤리스에 자동차 판매회사를 가지고 있었다. 그는 레이건이 골드워터 지원연설을 할 수 있도록 후원금을 모금한 장본인이기도 했다. 레이건 출마를 위해 지지자들을 결집시키는 일을 담당했다. 터틀이 중심이 되어 레이건을 위한 정치자금을 모았다. 선거 전문가도 채용했다. 스투어트 스펜서와 빌 로버트가 선거참모로 고용되었다. 레이건을 위한 본격적인 선거 운동이 시작된 것이다. 레이건을 돕는 각 분야의 교수들이 캘리포니아 주 문제에 대한 전문적인 정보를 제공했다. 레이건의 선거 공약이 만들어졌다.[2] 레이건은 이미 GE 시리즈물을 통해 전국적으로 얼굴이 잘 알려진 상태였다. 대중에게 어필할 수 있는 공약만 있으면 당선 가능성은 있었다.

2) Tygiel, *Ronald Reagan*, pp. 111~113.

캘리포니아 주지사 선거전

1966년 캘리포니아 주지사 선거에서 레이건의 상대는 현직 지사 브라운이었다. 그는 1962년 주지사 선거에서 공화당 거물 닉슨을 꺾은 경력이 있었다.[3] 닉슨을 이긴 브라운은 민주당 내 거물 정치인으로 떠올랐다. 1964년 대선 때는 민주당 대통령 후보 존슨의 러닝메이트로 거론되었다.

3) 닉슨은 1960년 대선에서 케네디에게 패배한 이후 1962년 캘리포니아 주 지사 선거에서 브라운에게 또 패배함으로써 정치적 영향력이 떨어졌다. 그러나 그는 1968년 대선 후보가 되고 마침내 대통령으로 당선된다. 닉슨은 정치적 불사조였다.

그러나 주지사 브라운의 인기는 하락하고 있었다. 와트 폭동과 버클리에 있는 캘리포니아 대학에서 발생한 반전데모들이 주요 원인이었다.[4] 거기다 브라운은 3선에 [4] Tygiel, *Ronald Reagan*, p. 117.
출마하지 않겠다던 자신의 공약을 어겼다. 그가 3선 출마를
선언하자 인기는 급락했다. 민주당 내에서 조차 거부 반응
이 심했다. 민주당 예비선거에서 얻은 지지표는 과반수를
겨우 넘는 51.9퍼센트에 불과했다. 현직 후보가 얻은 지지
표로는 바닥인 셈이었다.

상대적으로 레이건은 유리한 입장에 섰다. 레이건이 공
화당 예비선거에서 얻은 지지율은 64퍼센트가 넘었다. 가장
강력한 경쟁 상대는 샌프란시스코 전 시장 조지 크리스토퍼
(George Christopher)였다. 그러나 크리스토퍼의 지지율은
30퍼센트로 레이건의 반에도 미치지 못했다. 나머지 3명의
후보가 더 있었으나 그들의 지지율은 한자리 수를 넘지 못
했다.

공화당 주지사 후보 레이건은 예상외의 지지자를 얻었
다. 닉슨이었다. 닉슨은 브라운에게 당한 패배를 레이건이
설욕해 주길 원했다. 닉슨은 전면에 나서는 대신 뒤에서 레
이건을 위해 헌신적으로 지원해 주었다.

선거 초반 브라운은 레이건 후보를 만만하게 판단했다.
전직 배우인 정치 초년생을 두려워할 이유가 없었다. 미국
역사에 배우가 정치인으로 전환한 예가 거의 없었던 관계로
브라운은 레이건의 경쟁력을 눈치채지 못했다. 배우는 주어

진 대본을 외우는 수동적인 존재로만 파악했다. 브라운은 선거운동보다는 주지사 업무에 충실하겠다고 말하기도 했다. 브라운의 착각이었다. 레이건의 인기가 수직 상승하자 브라운은 황급히 선거운동의 강도를 높였다.

브라운은 레이건이 배우였다는 점을 이용하여 반격을 시도했다. 브라운은 자신의 선거 광고방송에서 어린 아이들에게 '배우'가 주지사 선거에 출마하였다며 비아냥거렸다. 그는 광고방송에서 어린 아이들에게 "나는 배우에 대항해 선거운동을 하고 있습니다"라고 말하면서 이어서 "그리고 여러분도 아시지요, 누가 링컨을 암살했는지?"라는 대사를 넣었다.[5] 레이건이 '배우'이고 또 링컨을 죽인 사람도 '배우'였다는 점을 강조하기 위한 광고였다. 그러나 레이건을 링컨의 암살범인 존 부스에 비교한 것은 지나친 비약이었다. 부적절한 선거 광고는 오히려 그의 인기를 더욱 떨어뜨리는 역할을 했다.

레이건은 브라운의 흑색선전을 흑색선전으로 맞받아치지 않았다. 대신 자신의 정치철학을 반복해서 강조했다. 평소의 주장대로 정부가 지나치게 비대하다는 점과 세금이 너무 높고 규제가 사업을 시들게 한다고 역설했다. 연설 마지막에는 종종 'Ya basta!'라는 스페인어로 마무리 짓곤 했다. '이제 충분하다 혹은 이제 그만'이라는 뜻이다. 이제 바꾸

5) Jackman, *Ronald Reagan*, p. 25.

자는 의미가 포함되어 있었다. 선거결과는 예상대로 레이건의 승리였다. 레이건이 얻은 표는 3,742912표로 2,749174표의 브라운 보다 거의 1백만 표나 많았다. 압승이었다. 공화당에 확실한 정치신인이 탄생한 것이다.

캘리포니아 주지사에 당선되고 (1966년)

주지사가 되다

6) 자정에 취임한 배경에는 자정에 취임해야 운이 트인다는 점성가의 조언 때문이었다. 낸시는 점성술을 믿은 것으로 알려져 있다.

1967년 1월 2일 자정에 레이건은 캘리포니아 33대 주지사로 간단한 취임식을 가졌다. 모두 잠든 자정에 취임식을 하는 것은 매우 이례적인 일이었다.6) 취임사에서 레이건은 주 정부의 규모를 축소하고 적자예산을 줄이는 일을 가장 핵심적인 정책으로 선언했다. 그는 "필요한 정부사업의 효율적인 집행에 적합한 규모로 행정부처를 축소하는 것이 바로 저의 의도"라고 언급했다. 그는 캘리포니아 주가 1961년부터 채택한 일종의 외주 형태인 대리정책(agency plan)을 보다 적극적으로 실시할 것을 천명하였다. 주정부 부처 간의 효율적인 통합과 협력을 통하여 보다 효율적인 주 정책을 집행할 것도 선언했다. 그는 주지사실에 예산담당관(Director of the Budget)을 두고 정책과 예산 및 지출에 대한 전반적인 통제를 실시하겠다고 발표했다.7)

7) Inaugural Address, Ronald Reagan, 33rd Governor of California, Republican(1967~1975), January 2, 1967. (http://www.reagan.utexas.edu/archives/speeches/govspeech/01021967a.htm.)

주지사 취임 선서 (1967년 1월 2일)

1월 5일 레이건은 공식적인 취임식을 한 번 더 가졌다. 그는 두 번째 연설에서 복지문제를 캘리포니아 주의 핵심문제로 지적하며 그에 대한 전반적인 개혁을 언급했다. 사회적 약자에 대한 지원은 필요하지만 일을 하지 않는 사람들에게 대한 지원은 문제라고 비판했다. 캘리포니아 주 슬로건으로 "창조적 사회(Creative Society)"를 내걸었다. 자아존중, 자립 그리고 품위를 강조했다.[8]

8) Inaugural Address, January 5, 1967. (http://www.reagan.utexas.edu/archives/speeches/govshpeech/01051967a.htm.)

　레이건은 주지사로 취임하던 첫 해에 정부 예산을 10퍼센트 줄일 것을 공약했다. 그러나 실제로 집행되는 예산은 인플레이션의 영향으로 오히려 불어나기만 했다. 그의 임기 첫 해 예산이 46억 달러였다. 임기가 끝나는 시점의 예산은 102억 달러에 이르렀다. 그는 미국 역사에서 세금을 가장 많이 인상한 주지사가 되었다. 임기 첫 해에 8억 4천 4백만 달러를 인상했다. 두 번째 해에는 10억 1천만 달러를 인상했다.[9]

9) Jackman, *Ronald Reagan*, p. 26.

　공약은 공약으로 끝나고 말았다. 그는 계속해서 정부예산의 삭감을 외쳤다. 정부규모를 축소하고 세금을 줄이며 규제를 푸는 것에 집중했다. 그러나 이것은 쉬운 일이 아니었다. 정부를 운영하는 주체가 자신의 규모를 축소하는 족쇄를 스스로 차는 일을 할 조직은 어디에도 없었다. 이루지 못한 개혁은 차기로 넘기는 수밖에 없었다.

캘리포니아 주지사 재임

1970년 레이건은 캘리포니아 주지사 재선에 도전했다. 선거 기간 중 작은 정부와 복지정책의 개혁을 다시 주장했다. 지지율 53퍼센트로 재선에 성공했다. 그러나 1966년 선거 때보다 지지율은 낮은 수치였다. 1971년 1월 4일, 레이건은 2차 취임사에서 복지정책의 개혁을 핵심정책으로 내세웠다. 그는 4년 전부터 "창조적 사회"라는 슬로건을 내걸고 주 복지정책의 개혁을 꾸준히 추진하여 왔다. 복지정책의 개혁이 어려운 과정이지만 바른 선택이라고 주장했다. 그는 국민들을 정부에 의존시키는 대신 국민의 상식을 회복시키고자 노력했다.

레이건은 과세를 줄이기 위한 정책도 실시했다. 그는 "1967년 세금이 늘어난 이후 주민들의 과세 부담을 줄여 주기 위한 40건 이상의 정책이 법으로 제정되었고" 또한 "연간 예산 중 5퍼센트 이상이 주택소유자들에게 환급되었다"고 설명했다. '창조적 사회'는 정부규모를 줄일 수 있음을 보여 주었다. 실제로 4년 전과 비교할 때 공무원 숫자가 줄었다. 주 정부 역사상 처음으로 정부 문서의 분량이 대폭적으로 감소했다.

두 번째 주지사 취임사에서도 레이건이 가장 힘주어 강조한 것은 복지정책의 개혁이었다. 복지비용이 정부 수입보다 3배 이상 빠르게 증가하고 있었다. 복지정책은 비극적일 정도로 실패했다. 복지정책의 목적이 빈곤의 해결이었다. 복지정책이 실시되는 만큼 빈곤층이 줄어야 정상이었다. 그러나 복지비에 의존하는 사람들을 감소하지 않고 오히려 증가하고 있었다. 복지비에 의존하는 사람들이 대폭 늘고 있었다. 그는 복지비에 영원히 의존하도록 만드는 것은 진정한 복지가 아니라고 강조했다. 복지비에 의존하는 사람들이 확대됨에 따라 정작 필요한 사람에게는 상대적으로 적은 지원금이 지급되는 상황이었다.

레이건은 복지비를 받으면서도 일을 할 수 있도록 하는 인센티브 정책을 실시하는 것이 더 좋은 결과를 가져 올 거라고 생각했다. 캘리포니아 주의 몬트레이, 로스 엔젤리스 그리고 샌 디아고 카운티에 거주하는 복지비 수급자들을 표본 조사했다. 복지비 수급자 중 48퍼센트가 일을 하면서 받는 수입이 평균 346달러였다. 여기에 복지비 186달러를 합치면 모두 532달러에 달했다. 그러나 완전히 복지비에만 의존하는 사람들은 기본 복지비 186달러에 추가 21달러를 합해 207달러에 불과했다.

레이건 주지사 시절 미국 복지제도는 거대한 괴물로 성장해 있었다. 1960년대 존슨 행정부가 '빈곤에 대한 전쟁(war against poverty)' 정책을 실시하면서 복지비가 급속히 확대되었다. 복지비는 세금을 높였다. 그러나 세금으로 모두 감당할 수 없었다. 당연히 재정 적자를 낳았다. 복지비로 인한 재정적자는 통제 불가한 수준으로 늘어나고 있었다. 1971년 캘리포니아 주에서 복지비를 신청하는 사람들이 매달 40,000명씩 늘어갔다.

레이건은 세금으로 복지문제를 해결할 수 없다고 보았다. 근본적인 구조조정이 필요했다. 2차 취임 8일 후 "꼭 필요하지도 않은 욕심 많은 사람들에게 지급하는 복시비의 닝비와 부적절한 운영을 제거하기 위해 복지정책의 구조 조정안을 제출 하겠다"고 발표했다. 그는 캘리포니아의 복지정책을 폐기하는 것이 아니라 인간의 존엄성을 높이고 어려운 사람을 구하는 방향으로 나아가겠다고 약속했다.

1971년 캘리포니아는 정치와 사회, 경제적으로 곤경에 빠져 있었다. 베트남 전쟁이 미국사회 전반에 짙은 그림자를 드리웠고 경제까지 침체되어 극도로 비관적인 분위기였다. 무엇인가 변화가 필요했다. 재정 지출의 개혁 없이는 주정부의 재정적 파국은 피할 수 없는 형편이었다. 커지는 위기의식이 정부 관계자들을 긴장시키고 있었다. 레이건은 복지정책을 변화의 대상으로 선택한 것이다.

레이건은 로버트 칼슨(Robert Carlson)을 사회복지국장(Social Welfare Director)으로 임명했다. 칼슨은 사회복지분야에 대한 경험이 전혀 없는 사람이었다. 그는 해군 장교 출신으로 서던 캘리포니아 대학을 졸업했다. 샌 디아고 시 총무국장을 역임했다. 캘리포니아 주 공공사업국 부국장으로 근무하고 있던 사람이었다.

칼슨은 개혁을 시작했다. 그는 자기 부서에 사회복지 분야에서 일해 보지 않은 사람들만 모았다.[10] 그는 복지 개혁의 실천지침을 두 가지 제시했다. 일하지 않고 복지비만 받는 사람들에게 주는 복지비는 삭감하라. 근로능력이 있는 사람에게 대한 복지비는 없애라. 그러나 근로 능력이 없는 사람에 대한 복지비는 손대지 말라고 지시했다. 개혁의 결과는 놀라웠다. 복지개혁 3년 후 1974년 캘리포니아에서 복지비 수혜자의 숫자가 무려 850,000명이나 줄었다. 가족복지비(Aid for Families With Dependent Children-AFDC)의 수혜자도 300,000명 이상 줄었다.[11] 미국 역사상 복지비 분야에 지출이 줄어든 것은 이것이 처음이었다.

그러나 레이건의 1차와 2차 임기동안 실제 캘리포니아

10) 개혁을 단행할 때 해당 분야와 관련이 있는 사람은 개혁에 성공하지 못한다. 개혁보다는 자기가 몸담았던 집단의 이익을 보호하는 행동을 하기 쉽기 때문이다.

11) 레이건은 대통령 당선 후 칼슨을 백악관으로 데려가 참모로 임명했다. 칼슨은 레이건 복지개혁안을 마련하는데 주된 역할을 담당했다. 자세한 내용은 그의 회고록을 참조하기 바람. Robert Carlson, *Government is the Problem: Memoirs of Ronald Reagan's Welfare Reform*, American Civil Rights Union, 2010.

총 예산은 팽창했다. 그의 공약과 배치된 결과가 또 다시 되풀이 된 것이다. 레이건의 주장과 배치된 결정은 예산만이 아니었다. 당시 민주당이 지배하는 캘리포니아 주 의회가 낙태법안을 통과시켰다. 그러나 레이건은 거부권을 행사하지 않았다. 나중에 레이건은 낙태문제가 중요한 정치적 이슈로 떠오르자 자신은 낙태반대주의자임을 강조했다. 이런 레이건에 대해 캘리포니아 주 의회 의장 제시 운러(Jesse M,. Unruh)는 레이건을 "공화당이 생각하는 것같이 그렇게 좋지도 않고 민주당이 생각하는 것같이 그렇게 나쁘지도 않은" 사람이라고 평가했다.[12] 레이건은 보수주의자였으나 타협할 줄도 아는 현실 정치인이었다.

---

12) Jackman, *Ronald Reagan*, p. 27.

1976년 가족과 함께 (왼쪽부터 패티, 낸시, 레이건, 마이클, 모린, 론)

5장 대통령 후보 레이건

대통령 후보 레이건

대통령의 꿈

레이건이 대통령에 대한 꿈을 드러내기 시작한 것은 주지사로 당선된 직후부터였다. 그러나 배우였던 레이건이 대통령이 될 것이라 믿는 사람은 적었다. 그는 거듭 고배를 마셨다. 첫 번째는 1968년 공화당 예비선거에 나섰으나 예선 초반에 포기했다. 레이건은 일단 대통령의 꿈을 뒤로 미루고 캘리포니아 주지사 일에 몰두했다. 닉슨이 두 번의 임기를 마치고 퇴임하는 1976년을 대통령 출마의 절호의 기회로 보았다. 마침 그의 주지사 임기도 1975년에 끝 날 예정이었다. 레이건이 예측한대로 역사가 흘러갔다면 1976년 대선에서 레이건은 공화당 후보가 되었을 것이다.

그러나 역사는 레이건의 기대와 다르게 펼쳐졌다. 닉슨 대통령이 워터게이트 사건으로 1975년 사임한 것이다. 부통령이던 제럴드 포드(Gerald Ford)가 대통령직을 승계했다.

1976년 대선 후보는 현직 대통령 포드가 지명될 확률이 높아진 것이다. 그러나 레이건은 포드의 존재에 대해 신경 쓰지 않았다. 1975년부터 대통령 선거 운동을 적극 추진하기 시작했다.

코커스와 프라이머리

미국 대통령 선거의 바람은 아이와주와 뉴햄프셔주에서 시작된다. 아이와주에서는 각 당 대의원들만 후보를 선출하기 위한 당 대의원대회(코커스)에 참여한다. 비록 당 대의원대회라는 한계가 있지만 후보자들이 최초로 여론의 심판을 받는다는 면에서 관심이 높을 수밖에 없다. 잠재적 후보자들이 과연 실제로 폭발력을 가진 후보자가 될 수 있을지 알아 볼 수 있는 기회이다.

아이와주 코커스에 이어 열리는 뉴햄프셔 예비선거(프라이머리)는 아이와주 코커스와는 성격이 다르다. 뉴햄프셔 주민으로 선거권을 가지고 있는 사람이면 누구나 예비선거에 참여할 수 있다. 그러나 특정 정당의 예비선거에 참여하겠다고 등록해야 한다. 정당을 미리 선택하지 않은 사람은 선거 당일에 등록할 수 있다. 미국의 대다수의 주에서 이와 같은 예비선거제도를 실시하고 있다. 예비선거는 대통령 후보를 정당이 공천이란 밀실 정치를 통하여 결정하는 것이 아니라 국민들이 직접 선택하는 제도이다. 대통령 후보뿐 아니라 상원의원이나 하원의원 후보 또 주지사 후보를 비롯한 대부분의 선거직은 예비선거로 후보자를 결정한다.[1]

아이와나 뉴햄프셔는 모두 규모가 작은 주들이다. 그런데 예비선거로 인해 이들 주에 대한 국민적 관심이 지대하다. 다른 주들도 예비선거를 앞당겨 실시하고자 경쟁하고 있을 정도이다. 그러자 뉴햄프셔는 주 헌법에 아예 대통령 예비선거를 전국에서 가장 먼저 실시한다고 규정해 놓았다. 예비선거를 둘러 싼 각 주의 치열한 경쟁의 열기를 잘 보여준다.

아이와 주와 뉴햄프셔 두 주의 예비선거는 대선 가도의 풍향계와 같다. 대선 후보로 지명될 가능성이 두 주의 예비선거 결과에 많이 좌우된다. 후보들은 미국 동부와 중서부의 작은 주 뉴햄프셔와 아아와로 몰려온다. 후보들은 유권자들을 만나서 한 표 한 표를 호소한다. 이것을 일명 "소매정치(retail politics)"라고 부른다. 후보들은 도시뿐 아니라 작은 마을까지 일일이 유권자를 찾아다닌다.

대선 후보들이 직접 유권자들과 만난다. 대중식당에서 혹은 눈썰매장에서 만난다. 스노우보드를 함께 타기도 하고

---

1) 우리 정치문화의 맹점은 밀실 공천이다. 공천제도가 있는 한 보스 정치의 병폐는 없어질 수 없다.

때로는 건초더미 옆에서, 또는 가정집에 초대되어 이야기를 나눈다. 대화의 내용은 꼭 정치만은 아니다. 후보가 좋아하는 음식이나 후보자의 애완동물에 대해 묻기도 한다. 가정살림살이에 대해서도 이야기를 나눈다. 이웃집에 대해 이야기 하듯 작은 문제도 서로 묻고 이야기 한다. 미국정치에 거대한 미디어가 미치는 힘이 대단하다. 그러나 예비후보자들이 작은 주 뉴햄프셔의 평범한 가정의 작은 식탁에 둘러앉은 유권자들과 이야기 하는 것도 예비선거의 결과에 막대한 영향을 주고 있다. 소위 풀뿌리정치이다.

대선 후보를 알리는 방식은 피켓과 광고방송이다. 텔레비전 광고에 선거 자금을 쏟아 붓는다. 후원금을 많이 받은 후보가 유리하다. 그러나 돈이 전부는 아니다. 마을의 입구마다 어김없이 후보자의 이름이 써진 피켓이 꽂힌다. 선거는 전쟁이다. 하지만 나란히 줄지어 선 피켓들의 모습은 다정하고 평화스럽기까지 하다. 우리 선거와 달리 거대한 현수막은 등장하지 않는다. 작은 피켓으로 후보를 알린다. 서로 피켓을 크게 만들려고 경쟁하지도 않는다. 게임의 룰을 지킨다. 피켓 모양도 비슷하고 크기도 별 차이가 없다. 우리의 정치가 현수막 정치라면 미국의 정치는 피켓 정치라고 하겠다.

뉴햄프셔에서 시작되는 예비선거는 미국의 50개 주를 차례차례 거친 후 마침내 각 당의 전당대회에서 최종적인 후보지명으로 막을 내린다. 보통 각 당의 전당대회는 7월이나 8월에 개최된다. 앞의 선거에서 진 정당이 먼저 전당대회를 여는 것이 관례이다. 전당대회 이전에 자신이 없는 후보들은 일찍이 사퇴한다.

대통령 후보가 되기 위한 첫 도전

1975년 여름부터 레이건은 공개적으로 포드를 비판하기 시작했다. 가을이 되자 대통령 후보로 출마할 것을 선언했다. 레이건의 인기는 아직 검증되지 않은 상태였다. 공화당 대선 후보는 레이건을 포함하여 여럿 있었다. 그중 현직 대통령 포드가 가장 강력한 후보였다. 보통 현직 대통령을 후보 경쟁에서 이긴다는 것은 거의 불가능하다. 현직 대통령의 정치적 프리미엄이 워낙 크다. 지명도에서 월등하고 무엇보다 대통령직을 수행해 본 경험이 중시된다. 당내 어떤 경쟁 후보보다 월등한 위치에 있을 수밖에 없다.

그러나 1976년 현직 대통령 포드의 인기는 워낙 낮았다. 포드는 미국 역대 대통령 중에서 가장 특이한 과정으로 대통령이 되었다. 1972년 선거에서 부통령 포드는 닉슨의 러닝메이트가 아니었다. 닉슨의 러닝메이트는 메릴랜드 주지사였던 스피로 애그뉴(Spiro Agnew)였다. 그런데 1973년 10월 10일 애그뉴 부통령이 지사 시절의 탈세와 뇌물 수수혐의로 사임했다. 미국 헌법 수정 조항 25조에 의하여 새 부통령을 대통령이 지명한 후 상원과 하원의 인준을 받아야 했다. 1973년 10월 12일 대통령 닉슨이 하원의 공화당 원내 대표이며 동료 의원들의 신망이 두터웠던 포드를 부통령으로 지명한 것이다. 상원과 하원은 모두 절대적 다수로 포드의 부통령 지명을 인준했다. 12월 6일 포드는 부통령으로 취임했다.

1974년 8월 9일 대통령 닉슨이 사임하자 포드는 다시 대통령으로 취임했던 것이다. 대통령 취임선서를 마친 후 포드는 국민들에게 "저는 여러분이 투표를 통하여 저를 대통령으로 선출하지 않았다는 것을 잘 인식하고 있습니다. 그래서 저는 여러분에게 기도로 저를 여러분의 대통령으로 인준하여 주실 것을" 요청했다. 그는 이어서 "의로움뿐 아니라 사랑" 그리고 "정의 뿐 아니라 자비"로 미국의 정치를 회복하고 형제의 사랑으로 의심과 증오를 마음속에서 추방하자고 호소했다.

8월 20일 포드는 비어 있는 부통령 자리에 넬슨 록펠러를 지명했다. 공화당 온건파인 록펠러는 1964년 공화당 대선 후보 지명전에서 골드워터에게 패배한 이후에도 꾸준히 공화당 대선 후보가 되기 위하여 노력하고 있었다. 록펠러의 부통령 인준은 상원과 하원을 무사히 통과했다. 흥미로운 것은 1964년 공화당 예비선거에서 격돌한 후 다시 상원의원 활동을 하고 있던 골드워터는 록펠러의 인준에 거부표를 던졌다.

대통령으로서 포드는 인기가 없었다. 국내적으로 경제 불황은 계속되었다. 물가는 치솟았다. 대외정책에 있어서도 어렵기는 마찬가지였다. 베트남 전쟁에서 완전히 패배했다. 헬싱키 협정이나 파나마 운하 협상에서도 지나치게 양보를 많이 했다는 비판을 받았다. 특히 베트남의 몰락은 미국인들의 자신감과 자부심을 바닥으로 떨어뜨렸다. 포드 이전에 발생한 문제들이었지만 패배의 쓴 열매는 포드가 거둘 수밖에 없었다.

포드의 인기를 떨어뜨린 최악의 사건은 닉슨에 대한 사면권 행사였다. 포드는 취임 한 달 후 1974년 9월 8일 닉슨을 사면했다. 워터게이트의 멍에를 벗겨 준 것이다. 국익에 합치된다는 이유였다. 그러나 닉슨을 사면하자 포드에 대한 국민들의 신뢰도는 추락했다.[2]

---

2) 세월이 흐른 2001년 케네디 재단은 포드의 닉슨 사면을 용감하고 옳은 국정운영이었다며 상을 수여했다. 상을 건네 준 사람은 아이러니컬하게도 1974년 당시 포드의 사면권 행사를 앞서서 비판하였던 민주당 상원의원 에드워드 케네디였다.

자신감 넘치는 패자

마침내 1976년 초에 아이와주 코커스와 뉴햄프셔 예비선거가 실시되었다. 레이건은 인기 없는 포드에 대한 대안 후보로 떠 올랐다. 그러나 결과는 레이건의 패배였다. 두 후보자의 득표 차이는 미미했다. 아이와에서 레이건은 43퍼센트를 획득했다. 포드의 45퍼센트 득표보다 2퍼센트 모자랐다. 다시 뉴햄프셔에서 레이건은 48퍼센트를 획득했다. 포드는 49퍼센트를 얻었다. 포드보다 1퍼센트 적었다. 3월에 있었던 메사추세츠, 버몬트, 플로리다, 일리노이, 노스 캘롤라이나에서도 레이건은 계속 패배했다.[3] 그러나 여전히 두 사람 간의 득표 차이는 적었다.

|3) Tygiel, *Ronald Reagan*, p. 132.

1976년 4월 27일에 실시된 위스콘신과 펜실베이니아 예선부터 레이건은 포드와 격차가 벌어졌다. 특히 펜실베니아에서 레이건은 참패했다. 포드가 93퍼센트의 득표율을 기록했다. 그러나 5월에 들어서면서 상황은 다시 바뀌었다. 레이건이 텍사스, 조지아, 인디애나, 네브라스카 주에서 연거푸 포드를 눌렀다. 예선전은 혼전 속으로 빠져들어 갔다. 6월 8일 오하이오를 끝으로 예선전이 모두 끝났으나 레이건과 포드는 누구도 승리를 장담할 수 없는 형국이었다.

1976년 공화당 전당대회는 미주리 주 캔사스시에서 개최되었다. 레이건은 포드보다 대의원 수에서 약간 약세였다. 그러나 레이건에게도 희망은 있었다. 레이건은 결정을 미루고 있는 중도파 주 대표 대의원들을 확보하기 위하여 과감한 승부수를 띄웠다. 만약 후보로 지명되면 러닝메이트로 펜실베니아주 출신 연방 상원의원 리처드 스웨커를 지명하겠다고 선언한 것이다. 온건파로 분류되던 스웨커를 지명하겠다는 레이건의 선언은 온건파를 끌어안는 작전이었다. 그러나 온건파의 지지보다는 보수층의 반발이 거셌다. 전략적 실책이었다. 마침내 후보지명을 위한 투표가 실시되자 포드의 승리로 나타났다. 포드는 1차 대의원 투표에서 1,187표를 얻었다. 레이건은 1,070표를 얻었다. 차이는 적었으나 레이건은 후보 지명전에 졌다.[4]

4) Reagan, *An American Life*, pp. 201~202.

포드가 후보 지명수락 연설을 마친 후 레이건에게 발언의 기회를 주었다. 레이건은 패자였으나 장내 분위기를 완전히 장악했다. 아름다운 패자의 모습이 아니라 오히려 자신에 찬 승자의 모습이었다. 그는 즉흥 연설에서 100년 후도 미국이 자유와 경제적 풍요를 누릴 수 있는 나라로 남을 수 있을 것인지 의문을 제기했다. 민주당 정부가 유산으로 넘겨준 사회와 정치제도 아래서는 미국의 장래가 어둡다는 것이다. 레이건은 민주당의 복지정책과 거대정부를 비난했다. 공화당의 새로운 통치이념 아래 공화당이 뭉쳐야 한다고 역설했다.

그리고 "승리에 대안은 없다"며 말을 마쳤다.[5]

레이건의 연설이 끝나자 참석한 많은 사람들은 후보를 잘못 지명하였음을 직감했다. 그러나 주사위는 던져진 상태였다. 레이건을 후보로 만드는 것은 4년 후로 미룰 수밖에 없었다. 보수파의 거센 물결을 경험한 포드는 러닝메이트로 부통령 록펠러 카드를 포기했다. 대신 밥 돌(Bob Dole) 캔사스 상원의원을 지명했다. 공화당 내 온건파가 쇠락하고 보수파의 득세가 시작된 것이다. 레이건 시대가 오고 있었다.

[5] 레이건이 인용한 '승리에 대안은 없다'는 말은 더글러스 맥아더가 퇴임하면서 의회에서 한 말이었다.

대통령 선거전 6장

대통령 선거전

기다림의 시간

1976년 11월 대선에서 포드는 패배했다. 민주당 후보 지미 카터에게 대통령 자리를 내주었다. 카터가 재임한 4년은 레이건에게는 목마른 기다림의 시간이었다. 카터가 어려움에 처할수록 레이건의 가능성은 점점 커져갔다. 국내적으로 경제는 극도의 불황을 겪고 있었다. 대외적으로 미국의 위상은 줄어만 갔다. 중남미에서 미국의 영토로 인식되던 파나마 운하가 미국의 손을 완전히 떠났다. 1960년대 초 쿠바가 공산화된 후 중남미는 지속적으로 공산혁명의 위험을 안고 있었다. 미국의 뒷마당이 벌거벗은 모습으로 세상에 드러났다. 거친 반미주의가 중남미 국가들 사이에 번져갔다. 니카라과에서는 수십 년 간 지속된 친미독재 정부가 붕괴하고 친공정부가 들어섰다. 명치를 비수에 찔린 것만큼이나 미국에게는 아픈 사건이었다.

카터는 인권외교를 내세웠다. 그러나 카터의 인권외교는 부메랑이 되어 미국으로 돌아왔다. 미국의 우방국들이 인권외교의 비판 대상이 된 것이다. 특히 정치적 독재자가 지배하던 필리핀과 한국에서 독재정권이 타도되는 배경이 되었다. 우방국 민주주의 역량은 강화되었으나 정치적 안정은 흔들렸다. 주한미군 철수를 둘러싼 한국과의 의견대립은 상원 청문회를 개최하는 문제로까지 번졌다.

카터는 유럽에서도 어려움을 겪었다. 유럽은 소련의 강력한 냉전정책 아래 핵전쟁의 공포에 시달렸다. 전쟁이냐 타협이냐의 갈림길에 선 카터는 타협을 선택했다. 미소의 타협은 헬싱키 협정으로 구체화되었다. 보수세력의 거센 항의가 뒤따랐다. 중동에서도 사정은 마찬가지였다. 이스라엘과 이집트가 협상으로 관계를 개선하기도 하였으나 이란의 친미정권이 붕괴했다. 대신 이슬람 근본주의자들이 정권을 차지했다. 카터 재임기간은 미국이 침체의 깊은 수렁을 헤맨 기간이었다. 무엇보다 카터는 미국 국민들에게 장래에 대한 비전을 제시하지 못했다.

대통령 출마선언

카터의 어려움은 레이건의 기회였다. 1979년 11월 13일 레이건은 뉴욕 힐튼호텔에서 대통령 출마를 선언했다. 레이건은 피폐한 경제를 살리고, 불안한 국가안보를 확보하며, 비효율적인 국가조직과 운영을 개혁하고, 추락한 국민적 자신감을 회복시키고자 출마한다고 밝혔다.

레이건은 이렇게 경기가 후퇴하고 생활비가 증가하여 국민이 경제적 고통을 당하고 있는 것은 국민 개인의 잘못이 아니라 정부의 경제정책이 잘못된 탓이라며 민주당 정부를 공격했다. 민주당 실정의 핵심으로 세금과 정부운영의 비효율성을 지적했다:

국민들이 경제의 이런 재난을 만들어내지 않았습니다. 바로 연방 정부가 그랬습니다. 연방 정부는 지나치게 많이 지출하였으며, 지나치게 많이 배정하였으며 그리고 지나치게 많이 규제하고 있습니다. 연방 정부는 정부재정 능력 안에서 국가 업무를 수행하는데 실패함으로써 세금을 올리지 않을 수 없게 만들었습니다. 2차 대전이 종전된 후 지난 34년 동안 연방 정부는 세금으로 거둘 수 있는 것보다 4천4백8십억 달러를 더 지출하였으며, 이 4천 4백 80억 달러를 모두 지폐로 발행하였으며, 그 결과 여러분이 벌고 있는 달러의 가치를 하락시켰던 것입니다……

경제의 건전성을 회복하는 열쇠는 세금을 줄이는데 있습니다. 동시에 우리는 연방 지출에서 불필요한 것은 제거해야 합니다. 이것은 연방 정부 업무를 줄이겠다는 것이나 혹은 가난한 사람이나 노인, 아픈 사람들과 장애인들에 대한 혜택을 줄여야 한다는 것이 아닙니다. 우리는 스스로 돌볼 수 없는 사람들을 도와주는 일에 오랫동안 노력한 국민입니다. 그러나 연방 정부는 우리가 할 수 있는 도움을 주는 역할자로서 지나치게 비용이 많이 들며 또한 비효율적이라는 것이 입증되었습니다……1)

1) Ronald Reagan's announcement for Presidential Candidacy, 1979.11.13. (http://www.reagan.utexas.edu./archives/reference/11.13.79.htm.)

레이건은 연방 정부의 규모를 축소하기 위하여 연방 정부의 업무에 대한 정확한 조사를 실시할 것이며 또한 연방 규모를 줄이는 방안으로 각 주에 연방 업무를 이관할 것임을 밝혔다. 연방 헌법 수정조항 10조에 연방의 업무는 헌법에서 명백하게 규정한 내용의 업무만 할 수 있다. 다른 업무는 반드시 주나 혹은 각 지역 자치 정부에 이관해야 한다는 주장이었다.

정부 규모를 줄이면 효율성은 증가하고 관료주의는 감소할 것이라 예상했다. 정부 규모가 축소되면 세금이 감소함으로써 그 자체가 경제적 인센티브가 되기 때문에 경제성장이 일어날 것이라고 주장했다.

레이건은 대외문제에 대해서는 매우 간단히 언급했다. 소련과의 관계에 대해 평화적인 방법이 아닌 것은 거절해야 하겠지만 소련과의 협상이 유화적이어서는 안 된다고 주장했다. 진정한 '친구'가 될 수 있는 동맹국을 필요로 한다고 강조하여 미국의 대소정책에 동참할 나라에 대한 선별적 동맹관계를 유지할 것임을 밝혔다. 지리적으로 북미대륙에 같이 위치하고 있는 캐나다와 멕시코와의 통합을 강조했다. 그는 가장 가까운 이웃나라 캐나다와 멕시코를 '외국'으로 보는 것을 중단할 때가 되었다고 판단했다. 북미통합에 대한 강력한 의지를 보였다.[2]

2) 결국 북미대륙을 하나로 통합하는 북미자유무역협정(NAFTA)이 나오게 된 것은 부시행정부 때였다. 처음에는 캐나다와 자유무역협정을 맺으나 나중에 멕시코도 포함시켜 북미자유무역협정이 되었다. 북미자유무역협정에 대한 의회 인준은 클린턴 행정부 때 마친다.

끝으로 그는 국민들이 스스로에 대하여 확신이 없는 점을 지적하며 미국 국민의 자신감 회복을 강조했다. 미국의 경제적 지위가 하락하였고 자신감을 잃었다. 하지만 미국은 여전히 "스스로 새롭게 태어날 수 있는 저력을 가지고 있다"는 미국 독립혁명기의 토마스 페인의 말을 인용했다. 그리고 존 윈스럽의 '언덕 위의 도시(city upon a hill)'를 인용하며 미국의 예외주의를 강조했다. 그는 미국인들의 자존심과 자신감에 대한 믿음을 표현했다:

나는 이 나라가 영적인 부흥에 목말라 있다고 믿습니다. 정치적 편파주의를 초월하여 명예를 더 높게 보는데 목말라 있으며, 정부가 선물이나 특혜를 베푸는 위치가 아니라 자유의 보호자라는 사실을 다시 보고자 원한다고 믿고 있습니다. 정부는 문명이 세워져 있는 근본적인 가치들인 종교, 교육, 그리고 무엇보다도 가족의 보호자인 이런 제도들을 세우는 것이지 파괴하는 것이 아닙니다. 정부는 성직자, 교사 혹은 부모가 될 수 없습니다. 정부는 우리의 하인이며, 우리에게 매여 있는 것입니다. 우리는 존 윈스럽이 메사추세츠 해안에 도착하여 작은 아르벨라 호 배의 갑판 위에 서서 작은 무리의 신앙 이민자들에게 "우리는 이 언덕에 도시가 될 것입니다. 그래서 모든 사람들의 눈이 우리를 보게 될 것입니다. 만약 이 일을 함에 있어서 우리가 하나님께 거짓을 행한다면 그것은 그분을 노하게 만들어 우리에게서 그분의 은혜를 거두어 가실 것입니다. 우리는 역사를 이룰 것이고 이 세상 전체의 본보기가 될 것"을 말한 이후 미국인들은 역사적 사명이란 특권을 가진 국민들입니다.[3]

[3] Ronald Reagan's Announcement for Presidential Candidacy, 1979.11.13.

레이건의 주장은 한결 같다. 1964년 골드워터 지지연설에서 주장하였던 내용들이 그대로 반복되고 있다. 15년이라는 긴 세월이 갔지만 레이건은 정부 규모의 축소, 감세, 힘을 통한 외교를 변함없이 외치고 있었다. 과연 1980년 미국인들은 같은 주장을 되풀이 하는 레이건의 주장을 어떻게 받아들일 것인가?

경쟁자 부시를 넘고

1980년 공화당 예비선거에 뛰어든 사람은 레이건 외에도 여러 명 있었다. 닉슨 행정부에서 중앙정보원장을 한 조지 부시, 테네시 출신 상원의원 하워드 베이커, 일리노이 하원의원 필 크레인, 텍사스 주지사 출신 존 코넬리, 미네소타 전 지사 하롤드 스타센, 캔사스 상원의원 밥 돌, 코네티커트 상원의원 로웰 웨이커 등이었다. 이들 중 초반에 레이건의 경쟁자로 떠오른 사람은 조지 부시였다.

예비선거 후보자 토론에 참석한 레이건 (1980년)

부시는 텍사스에서 석유사업을 하여 재산을 모았고 1966년 텍사스에서 하원의원으로 중앙정치에 진출했다. 1960년

대 텍사스는 민주당의 표밭이었다. 민주당 표밭에서 승리한 것이다. 부시는 고등학교를 졸업하는 해에 군대에 입대했다. 일본이 진주만을 공격한 직후였다. 대학 진학을 연기하고 비행사로 출전한 것이다. 종전이 되자 제대하고 코네티커트 주 뉴 헤이븐에 있는 예일대에 진학했다.[4] 대학 졸업 후 텍사스 휴스턴으로 내려가 석유 사업으로 갑부가 되었다.

4) 부시 아버지 프레스코 부시(Prescott Bush)는 월스트리트에서 돈을 벌었다. 1952년부터 1963년까지 코네티커트 주의 연방 상원의원을 지냈다. 그의 아들(George H. W. Bush)과 손자(George W Bush)가 모두 대통령이 되었다. 정치적 명문 가정이다.

부시는 닉슨 행정부에서 유엔대사와 베이징주재 미국연락사무소의 미국대표를 지냈다. 아직 정식으로 중국과 외교관계가 수립되지 않아 대사가 파견되지 않고 있었으나 대사급의 직책이었다. 포드 행정부에서 중앙정보원장을 비롯해 여러 가지 국정 경험을 쌓은 부시는 마침내 대통령 출마를 선언한 것이다. 부시는 내적으로 강인하나 겉으로 부드러운 외유내강한 인상을 가지고 있다. 부시는 주변에 사람이 많았다. 보수적인 정치이념을 가지고 있었으나 레이건보다 온건한 쪽에 속했다. 부시는 국정 경험을 강조하면서 전략적으로 중도온건파를 겨냥한 선거운동을 펼쳤다.

1980년 1월 21일 아이와 코커스에서 레이건은 부시와 처음 격돌했다. 선두주자라고 믿고 있던 레이건은 아이와 보다는 전국을 대상으로 선거운동을 하고 있었다. 그러나 부시는 아이와 코커스에 집중했다. 예상을 뒤엎고 부시가 1등을 했다. 부시는 32퍼센트를 얻었으나 레이건은 30퍼센트에 머물렀다. 3등은 베이커, 돌 상원의원은 가장 적은 1퍼센트 득표에 그쳤다.

레이건 선거 진영에 비상이 걸렸다. 레이건은 1976년 선거 때 참모들을 거의 그대로 다시 고용하고 있었다. 폴 라쌀트(Paul Laxalt)가 선거대책위원장이었다. 마이크 디버(Mike Deaver)가 전략과 후원금 모금을 담당했다. 린 노프지거(Lyn Nofziger)가 홍보를 맡았다. 에드 미즈(Ed Meese)는 후보자에 대한 개인 고문으로 참여했다. 디버나 미즈 모두 캘리포니아 주지사 시절부터 인연을 맺어 온 사람들이었다.[5]

5) Reagan, *An American Life*, p. 208.

레이건 진영은 푸에토리코 예비선거를 포기했다. 대신 뉴햄프셔 주 선거운동에 힘을 쏟았다. 부시는 푸에토리코에서 60퍼센트를 얻어 대승했다. 부시는 '승기를 잡았다'며 자신감을 보였다. 그러나 2월 26일 뉴햄프셔 예비선거가 위기에 빠진 레이건을 건져냈다. 뉴햄프셔에서 레이건은 50퍼센트의 득표율을 보이며 23퍼센트의 부시를 압도했다.

부시는 이어 3월 4일 실시된 메사츠세츠 주 예선에서 다시 레이건보다 2퍼센트 앞 선 31퍼센트를 획득하면서 쉽게 물러설 상대가 아님을 보여주었다. 부시는 레이건이 주장하는 감세정책으로 경제를 부양시켜 국가 세수를 늘리겠다는 경제정책은 '주술 경제(voodoo economics)'라고 공격했다. 세금은 삭감하면서 동시에 정부 수입은 늘리겠다는 것은 현실적으로 불가능하다. 주술로나 가능한 엉터리 경제정책이라고 비판했다.

3월에 실시된 버몬트 주부터 레이건은 다시 승기를 잡았다. 그러나 부시는 예비선거 끝까지 후보를 사퇴하지 않았다. 뿐만 아니라 코네티커트, 펜실베니아, 워싱턴 그리고 미시간에서 레이건에게 이겼다. 다른 후보들은 3월 8일 사우스캐롤라이나 예비선거 이후 대부분 후보 경선을 사퇴하거나 경쟁상대가 될 수 없었다. 5월 20일이 되자 레이건의 가능성은 더욱 높아졌다. 오래건 예비선거 이후 레이건의 승리가 확실해지면서 부시의 지지율이 한자리 수로 줄어들고 말았다. 레이건의 후보지명은 시간문제만 남은 것이다. 6월 3일 끝이 난 예비선거에서 레이건은 59.79퍼센트를 얻었다. 부시는 23.81퍼센트에 그쳤다. 3등을 한 앤더슨은 12.19퍼센트 그리고 나머지 후보들은 한자리 수 미만이었다.

공화당의 대통령후보가 되어

1980년 7월 14일부터 17일까지 공화당 전당대회가 미시간 주 디트로이트에서 개최되었다. 레이건은 1차 투표에서 대의원 1,939표를 획득하여 득표율 97.44퍼센트로 공화당 후보로 확정되었다. 레이건은 미리 준비한 후보 지명수락 연설에서 미국이 직면한 경제, 국방 그리고 에너지문제를 지적했다. 경제문제의 핵심은 인플레이션, 높은 실업률, 불황, 높은 세율, 적자예산과 에너지 위기였다. 이런 경제문제의 근본에 정부의 지나친 과세와 방만한 지출이 있다. 따라서 그의 처방은 규제를 풀고, 세금을 줄이면서 정부지출의 개혁을 강조했다. 3년 안에 세금을 30퍼센트까지 줄일 수 있고, 감세가 결국 국가의 세수도 증가시킬 것이라고 주장했다:

> 제가 감세를 언급할 때면 생각나는 것이 있습니다. 그것은 이번 세기동안 주요한 감세정책이 실시될 때마다 경제를 증진시키고 생산력을 향상시켰으며, 새로운 투자, 새로운 일자리 그리고 사람들 사이에 더 많은 상거래가 이루어짐으로써 정부에 대해서는 새로운 세금수입이란 결과를 만들어 냈습니다.[6]

6) Republican National Convention Acceptance Speech, 1980.7.17. (http://www.reagan.utexas.edu/archives/reference/7.17.80.htm.)

레이건은 국방정책에 있어서 카터 행정부의 우유부단한 정책이 미국의 안보 위기를 초래했다고 비판했다. 단호한 국방력 강화를 통하여 국제평화와 미국의 안보를 유지할 것임을 거듭 밝혔다. 그는 카터 행정부의 국방정책은 마치 있지도 않은 것을 믿고자 하는 망상적인 정책이었다고 혹평했다.

레이건은 부통령 후보로 예선에서 최대 라이벌이었던 부시를 지명했다. 당내 화합을 도모한 결정이었다. 레이건은 전직 대통령 포드를 부통령으로 지명할 것을 잠시 고려하기도 했으나 결국 부시로 결정했다. 부시는 예선전에서 레이건의 최대 라이벌이었다는 점에서 장점과 단점을 모두 지니고 있었다. 약점으로는 경쟁자의 입장 때 공격한 내용이 상대방 후보의 공격대상으로 떠오를 수 있다. 실제로 부시가 레이건의 경제정책을 공격하면서 사용하였던 '주술 경제(voodoo economy)'라는 말이 나중에 카터에 의해 좋은 공격 거리로 등장한다. 그러나 경쟁자를 포용함으로 당내화합을 기한 것은 매우 적절한 정치적 결단이었다.

카터를 향한 도전

대선 후보 레이건에게는 이제 민주당 후보와 한판 승부를 겨루는 일만이 남아 있었다. 민주당 후보는 현직 대통령 카터로 결정되었다. 카터가 후보로 지명되는 과정에 진통이 있었다. 1980년 초 예선전이 시작되면서부터 카터를 교체해야 한다는 후보교체론이 달아올랐기 때문이다.

카터의 대타를 자임하고 나선 인물은 메사추세츠 상원의원 에드워드 케네디(Edward Kennedy)였다. 카터와 케네디는 예비선거가 모두 끝날 때까지 확실한 승자를 가려내지 못했다. 카터가 확보한 대의원 숫자가 더 많았다. 하지만 지명을 보장할 수 있는 수준의 안정적인 수를 확보하지는 못했다. 전당대회가 개최될 때까지 케네디는 패배를 인정하지 않았다. 전당대회에서 역전시킬 기회를 노렸다. 그러나 케네디에게 기회는 오지 않았다. 전당대회에서 후보자 지명획득에 실패한 케네디는 카터에 대한 지지를 선언하지 않았다. 민주당은 대선을 앞두고 분열이라는 부담을 안았다. 어려운 싸움이 기다리고 있었다.

"몽유병에서 깨어날 때" - 힘을 통한 평화유지

예선전이 끝난 직후 여론 조사에 의하면 레이건의 지지율이 58퍼센트로 카터보다 훨씬 앞서는 것으로 나타났다. 호의적인 여론에 힘을 얻은 레이건은 카터에 대한 공격을 시작했다. 공화당 후보로 지명된 지 4주가 되던 8월 18일 레이건은 시카고에서 개최된 해외전쟁 참전자 회의에 참석해 카터의 대외정책을 비판했다. 그는 카터 정부의 대외정책은 유화적이고 애매모호한 정책이라고 공격했다.

레이건은 미국이 너무 오랫동안 "몽유병을 앓고 있다"고 하면서 이제 그 몽유병에서 깨어날 때라며 카터 행정부를 공격했다. 평화를 준비하는 자들에 의하여 전쟁의 참혹상이 주장되고 있지만 사실은 전쟁에 대비하는 사람이 평화를 얻는다는 것이다. 그는 평화는 기원이나 나약함으로 얻을 수 없으며 방어능력을 유지할 때에야 가능한 것이라고 주장했다. 그런데 카터 행정부 아래에서는 최소한의 미국의 방위력조차 소멸하고 있다고 비판했다.

레이건은 국방력을 강화하여 다른 나라가 평화를 깨뜨릴 엄두조차 내지 못하게 하겠다고 선언했다. 이것은 힘의 우위를 의미하는 것이며 다른 어떤 것도 의미가 없는 것이라고 못 박았다. 군사력을 증강하면 군비경쟁을 촉발시키는 위험이 있다는 민주당 머스키(Edmund Muskie) 국무장관의 우려는 전적으로 잘못된 사고라고 비판했다. 미국의 군사력이 약화되는 반면 소련의 군사력은 계속 증강되어 힘의 불균형을 가져왔다. 그는 어떤 대가라도 치르겠다는 카터의 평화정책은 굴종과 항복을 의미할 뿐이라고 말했다.

레이건에게는 미국식 자유가 보장될 때만 평화가 가능한 것이지 다른 평화는 의미가 없었다. 미국이 베트남 후유

증으로 오래 시달리고 있는 것은 미국이 잘못된 전쟁에 참여하였기 때문이 아니다. 침략자 북베트남의 선전에 휘말린 탓이라고 판단했다. 베트남 전쟁에서 전사한 5만의 미군은 정당한 전쟁에 참전하여 자신을 희생했다. 레이건은 무조건적 참전은 반대했다. 미국이 압도적으로 우세한 위치에 개입해야 한다는 입장이었다. 군사력 강화가 필요한 이유이기도 했다.

레이건은 세계가 2차 대전에 휘말리게 된 것은 도발자들에게 유약하였기 때문이라고 말했다. 강력한 국방력은 절대로 전쟁을 유발시키지 않으며 제국주의자들의 야심은 끝이 없기 때문에 유약함이 전쟁을 불러온다고 했다. 힘을 통한 평화유지가 유일한 방안이며, 이것이 2차대전 이후 미국이 취하고 있는 외교적 전통이라고 주장했다.

레이건은 민주당의 데탕트 정책도 비판했다. 데탕트는 양측이 공히 긴장을 완화시키는 긍정적인 행동을 취할 때만 의미를 갖는 것인데 소련이 군사력 증강에 노력하는 상황에서 아무 의미가 없다는 주장이었다. 그는 소련과 맺은 전략무기감축조약(SALT II)에 대해 반대했다. 일방적으로 소련의 무력 증강만 도와주고 있다는 판단이었다.

소련은 전혀 변하지 않고 있다고 보았다. 소련의 가장 중요한 목표는 나토동맹의 분쇄와 아라비아 만과 동남아에 대한 소련의 영향력을 확대 그리고 중국을 포위하여 무력화 시키는 것이라고 주장했다. 특히 캐리비안 지역에 대한 소련의 공세가 문제인데, 쿠바에서 훈련된 게릴라들이 자메이카, 온두라스, 엘살바도르 그리고 과테말라에서 반란을 부추기고 있다는 것이다. 이미 니카라과와 그라나다에는 좌익 정부가 수립된 점을 지적했다.

평화를 유지하는 최선의 방법은 상대방이 전쟁에서 이길 수 없다는 확신을 들게 하는 것이라며 국방력 증강을 주장했다. 미국은 결코 전쟁을 좋아하는 나라가 아니며 다만 방어를 위한 군사력 증강이 필요하다는 입장이었다:

> 평화롭게 살자고 그들을 설득할 수 있는 최선의 희망적인 일은 그들이 전쟁에서 이길 수 없다는 것을 확신시키는 것입니다. 우리와 같은 나라에게 군사력이라는 것은 그들이 우리 혹은 우리의 동맹국을 정복할 수 없도록 한다는 것이 중요합니다. 우리의 목적은 전쟁을 준비하자는 것이나 혹은 다른 나라를 해치자는 것이 아닙니다. 2차 대전 이후 수년 동안 우리가 거대한 군사력을 가지고 있을 때 우리는 그 힘을 해외의 영토를 얻는데 쓰지 않고 다만 다른 국가를 지켜주는데 사용했습니다.[7]

---

[7] Veterans of Foreign Wars Convention, Chicago, Illinois. Peace: Restoring the Margin of Safety, 1980.8.18. (http://www.reagan.utexas.edu/archives/reference/8.18.80.htm.)

레이건은 미국적인 사상과 원칙을 다른 나라에 널리 전파하자고 역설했다. 미국의 정신(Americanism)을 더 수출하자고 했다. 그는 다른 나라 사람들도 자유를 누릴 수 있다는 것을 보여주는 것은 바로 미국의 "예정된 운명"이라고 주장했다. 그의 연설은 마치 19세기 초 명백한 운명을 주장하던 미국 팽창주의자들의 연설과 같이 들렸다.

경제를 말하다

9월 1일 노동절 레이건은 카터의 경제정책에 대해서도 공격의 포문을 열었다. 뉴저지시에서 행한 유세 연설에서 레이건은 노동절임을 감안하여 경제정책에 초점을 맞추었다. 그는 미국이 더 나은 삶을 꿈꾸며 이민 온 이민자들의 노력과 희생으로 만들어진 나라임을 강조했다.

카터 행정부는 미국인이 더 이상 꿈을 꾸지 못할 정도로 미국 경제를 피폐화시켰다고 혹평했다. 그는 "카터의 기록은 절망, 깨진 약속, 포기하고 잊혀진 신뢰의 연속"이라고 비판했다.

그는 구체적인 경제지표를 제시했다. 카터 행정부 아래 800만 명의 실업자가 늘었으며 특히 흑인들의 실업률은 더

뉴저지 시에서 선거유세 (1980년 9월 1일)

욱 높아 무려 14퍼센트에 이르고 있었다. 1980년 1분기에만 18퍼센트에 달하는 인플레이션이 발생하였다. 카터 행정부는 4년 연속 적자 예산을 기록하였다. 이뿐 아니라 대출이자는 남북전쟁 이후 가장 높은 20퍼센트를 기록했다. 이런 불경기에도 불구하고 카터는 30퍼센트의 세금을 더 거두어 들였다. 그러나 실제 소득 증가분은 20퍼센트에 불과했다.

레이건은 경제가 불황이면 닥치는 해임의 공포를 이제는 카터 자신이 경험할 순간이 왔다고 꼬집었다. 그는 "불경기는 여러분의 이웃이 일자리를 잃어버리는 것이고, 불황은 여러분 자신이 일자리를 잃는 것이고, 그리고 경기회복이란 지미카터 자신이 일자리를 잃는 것"이라며 비판을 유머러스하게 표현하였다.

레이건은 자신이 과거 영화배우노조(Screen Actors Union)의 노조원이었던 점을 부각시켰다. 자신이 노동자 편임을 강조했다. 그는 미국 역대 대통령 후보 중 유일한 노조위원장 출신이라고 자신을 소개했다. 그러나 노사관계에서 중요한 것은 모두를 위하여 먼저 경제 파이를 키우는 것에 우선순위를 두어야 한다고 주장했다. 분배보다는 생산에 우선순위를 두고 세금 부담을 줄여야 한다고 했다. 생산적인 경제를 위해서는 영적이고 도덕적인 가치들의 회복도 중요하며, 이런 도덕적 가치들이 미국을 건설한 원동력이었다고 주장했다.

1980년 10월 24일 텔레비전 유세 연설에서 레이건은 경제에 대해 매우 상세한 계획을 발표했다. 토마스 울프(Thomas Wolfe)의 "힘찬 노래"라는 표현을 인용하면서 과거 미국은 세계에서 가장 강력한 제조업 국가였음을 지적했다. 그러나 미국 경제는 쇠락하였으며 그런 쇠락의 주된 이유가 민주당 정부의 잘못된 경제정책이었다고 분석했다. 특히 카터의 실정으로 미국의 "힘찬 노래"는 모두 조용해졌다는 주장이었다.

레이건은 카터가 1976년 포드를 상대로 하였던 발언을 끄집어내어 경제정책에 대한 카터의 책임론을 주장했다. 카터가 포드의 경제적 실적을 "불행지수"라고 비판하였던 것을 카터에게 되돌려 공격하였다. 카터의 경제야 말로 "불행지수"이며 12.5퍼센트의 실업율은 국민들에게 재선시켜 달라고 말할 수조차 없는 자격 미달이라고 했다. 그는 카터 정부의 지출 증가를 경제 불황의 주된 원인으로 분석했다:

나는 그에게 왜 정부지출이 문제가 되지 않는지 질문하고 싶습니다. 그는 지난 4년 동안 정부 지출을 거의 60퍼센트까지 증가시켰습니다. 지출의 믿기지 않는 정도의 증가가 바로 인플레이션을 유발시킨 것이지 적은 세금 때문이 아니었습니다. 우리가 너무 잘 살기 때문에 인플레이션에 부딪치는 것이 아닙니다. 정부가 너무 잘 살기 때문에 우리가 인플레이션을 맞은 것입니다.[8]

8) Televised Campaign Address, A Vital Economy: Jobs, Growth, and Progress for Americans, 1980. 10.24. (http://www.reagan.utexas.edu/archives/reference/10.24.80.htm.)

10월 24일 연설에서 레이건은 구체적으로 자신의 경제정책을 발표했다. 그는 미국의 경제는 정책만 좋으면 다시 살아날 수 있다고 주장했다. 그는 자신의 정책을 8개 항목으로 요약하여 설명했다:

1. 우리는 정부 지출 증대의 비율을 합리적이고 신중한 수준에 묶어 둔다.
2. 우리는 개인소득세의 비율을 줄이고 사업체의 감가상각비를 체계적인 방법으로 증진시키고 또 단순화함으로써 사업, 예금, 투자, 그리고 생산성에 대한 인센티브를 제공한다.
3. 우리는 경제에 영향을 미치는 규제들을 심사하여 경제를 활성화시키기 위한 방향으로 바꾸거나 혹은 폐지한다.
4. 우리는 안정되고 건전하며 예측 가능한 금융정책을 수립한다.
5. 우리는 미국산 제품의 해외 수출을 증진한다.
6. 우리는 미국 산업을 부흥시킨다.
7. 우리는 우리 경제를 성장시킬 수 있고 우리의 삶의 수준이 높아질 수 있는 에너지 정책을 채택한다.
8. 우리는 달마다 바뀌지 않는 지속적인 국가경제정책을 취함으로써 신뢰감을 회복한다.[9]

9) Televised Campaign Address, A Vital Economy: Jobs, Growth, and Progress for Americans, 1980.10.24.

레이건은 위와 같은 경제정책의 목표를 성공시키기 위해 가장 중요한 조건은 정부지출을 통제하는 것이라고 보았다. 우선 정부의 방만한 예산 낭비를 줄이기 위하여 정부의 부패를 근절하는 것이 필요했다. 그는 1981년 예산 때 적어도 2퍼센트의 예산 절감이 가능하고 또한 다음해에 2퍼센트, 계속해서 1985년까지 7퍼센트에 이르는 절감이 가능하다고 주장했다.

레이건은 예산 절감이 사회보장비와 같은 국민들에게 필요한 부분에 대해서는 영향을 주지 않을 것임을 강조했다. 민주당 카터 후보가 레이건의 예산절감은 결국 약자에 대한 사회복지비의 축소로 나타날 것이라고 주장하는 것에 대한 대응이었다. 레이건은 선거 기간 중 사회보장비는 건드리지 않을 것임을 거듭 밝혔다.

정부지출 다음으로 레이건이 중시한 것은 개인소득세의 감세계획이었다. 그는 향후 3년동안 매년 개인소득세를 10퍼센트씩 줄일 것을 발표했다. 감세와 정부지출의 축소로 1983년이나 빠르면 1982년까지 균형예산을 달성할 수 있을 것으로 보았다. 그리고 레이건 후보는 불필요한 정부의 규제를 폐지하여 경제활동을 촉진시킬 것이며 아울러 안정되고 건전하고 또 예측 가능한 금융정책을 실시하기 위하여 연방준비금위원회를 계속적으로 독립시켜 운영하겠다고 했다.

카터와의 텔레비전 토론

 레이건 선거운동의 절정은 카터와의 텔레비전 토론이었다. 10월 28일 레이건은 카터와 역사적인 텔레비전 토론을 가졌다. 카터 후보에게 여러 차례 텔레비전 토론을 제안했지만 카터는 계속 거부해왔다. 레이건은 제3의 후보자 앤더슨도 토론에 포함시키길 원했다. 그러나 카터는 앤더슨이 참여하는 방식에 반대했다. 결국 선거를 일주일 앞두고 레이건측이 카터의 요구를 수용해 토론이 성사되었다.

 후보자 토론은 여성유권자협회의 주최로 오하이오 주 클리블랜드 시 컨벤션센터에서 이루어졌다. 사회자는 ABC 뉴스의 하워드 스미스였고 패널리스트로 참석한 사람들은 『유에스뉴스엔드월드리포트(U.S. News and World Report)』지 편집장 마빈 스톤, 크리스찬 사이언스지의 모니터 기자 해리 일리스, 포트랜드오래건니안지의 부편집장 윌리엄 힐러드, ABC 뉴스의 여기자 바바라 월터스였다.

 토론은 2부로 구성되어 진행되었다. 1부에서는 패널리스트들이 각 후보자들에게 같은 질문을 하면 후보자가 답변을 했다. 답변에 대하여 다시 보충질문이 있은 후에 후보들이 서로 상대방 후보에 대하여 반박하는 형식이었다. 시간을 초과할 경우 사회자가 제지할 수 있었다. 청중은 토론 중에 어떤 표현을 하거나 박수를 치는 것도 금지되었다. 답변 순서는 동전을 던져 정했다. 레이건이 먼저였다.

레이건에게 처음 질문을 던진 사람은 마빈 스톤이었다. 그는 카터는 유약하고 레이건은 군사력을 함부로 사용할 것이라는 비판에 대한 레이건의 의견을 물었다. 레이건은 자신은 모든 방법이 실패로 돌아간 다음에 최후의 수단으로 군사력을 사용할 것이다. 그것도 미국의 국가안보와 관련이 있을 경우에 한정할 것이라고 답변했다. 그는 미국은 세계 다른 나라에 대한 책임이 있다. 군사력을 적정 수준으로 유지해야 한다는 점을 강조했다. 이어서 스톤이 국방력 강화와 국가 예산의 절감을 어떻게 조화시킬 것이냐는 질문을 던졌다. 이에 대해서 레이건은 국가 예산의 절감은 예산의 증액을 줄이는 것이지 현재의 지출수준을 줄이는 것이 아니라는 점을 밝혔다.

스톤은 레이건에 이어 카터후보에게도 같은 질문을 던졌다. 카터는 국방비의 감소는 자신의 임기 이전에 이미 진행되어 온 것이다. 자신은 오히려 국방력을 증강시키고자 했다고 답변했다. 또한 군사력 이외의 방법으로 국가안보를 지킬 수 있다. 이집트와 이스라엘 사이의 합의는 자신의 업적이라고 내세웠다. 스톤은 카터에게 페르시아 만에 군대를 파견할 수 있냐고 물었다. 카터는 페르시아 만의 안정과 안보는 미국의 국가 이익에 직접 결부된다. 따라서 필요하면 군사력을 사용할 수 있다고 답변했다. 카터는 자신의 국방 외교정책이 유약하지 않다는 것을 증명하려는 듯 강력한 대처를 선언했다.

경제정책에 관련하여 일리스 기자의 질문이 있었다. 그는 카터 행정부의 경제정책이 대부분 실패한 것이라는 전제하에 여러 가지 경제지표를 제시했다. 카터가 당선된 1976년 소비자물가지표가 4.8퍼센트였다. 토론 당일 지표는 12퍼센트라는 점을 지적했다. 카터는 이에 대해 1979년 석유 파동을 경제 불황의 주요 요인으로 들었다. 동시에 1980년에 들어서 9백 만 개의 새로운 일자리가 창출되었다고 주장했다. 또한 카터는 레이건의 경제정책은 세금을 줄이면서 동시에 국가의 세수는 늘리겠다는 것은 무당처럼 주술을 부려야 가능한 "주술 경제"라고 꼬집었다.

미국이 심각한 경제 불황을 겪고 있는 상황이었다. 야당 후보인 레이건은 할 말이 더 많았다. 그는 정부의 지출을 축소하여 균형예산을 달성하게 되면 통화가 감축될 것이므로 인플레이션이 해결될 수 있다며 자신의 인플레이션 해결책을 소개했다. 이에 대해 일리스 기자는 정부지출 규모의 축소와 감세라는 조건에서 어떻게 국방비를 증액할 수 있냐고 질문했다.

레이건: 글쎄요. 대부분의 사람들은 정부지출을 줄인다고 생각할 때면 필요한 정책을 없애거나 정부가 반드시 해야 하는 어떤 서비스를 삭제하는 것으로 생각합니다. 저는 정부에 지나치게 낭비되고 또 비대한 부분이 있다고 믿습니다. 사실상, 카터 대통령 아래 보건복지부 장관을 역임한 한 분이 복지비와 그것과 연관된 의료복지비 부분에 700억 달러의 부정과 낭비가 있다고 생각한다는 증언을 했습니다. 우리는 정부회계감사원의 계산에 따르면 복지비 부정 한 가지 분야에서만 아마 수천 억 달러에 달하는 부정이 있는 것으로 알고 있습니다. 그리고 그런 수치에 낭비되는 것을 합한다면 훨씬 더 많을 것입니다.

우리는 이런 이론에 입각하여 정부의 지출을 단계적으로 축소하는 정책안을 가지고 있습니다. 그리고 저는 어디에서 그런 비용 절감을 할 수 있는지 전담반을 구성하여 지금 연구하도록 했습니다. 저는 이 일이 가능하다고 확신하고 있습니다. 그리고 그것은 인플레이션을 줄일 것입니다. 왜냐하면 저는 그것을 캘리포니아에서 해 냈습니다. 그리고 우리가 캘리포니아에서 주민들에게 돈을 돌려주고 정부의 지출을 줄였을 때 인플레이션은 전국의 평균 아래로 내려갔습니다.

카터는 레이건의 정책은 인플레이션을 조장하는 정책이

라고 비판하고 또한 캘리포니아에서 이룩한 업적 자체에 대해서도 사실과 다르다고 반격했다.

대통령: 레이건 지사의 제안, 즉 레이건-켐프-로스 제안은 지금까지 미국 국민들에게 제시되었던 인플레이션을 가장 높게 유발시킬 수 있는 생각입니다. 그는 이와 같은 웃기는 제안으로 예산의 균형을 맞추기 위하여 적어도 1,300억 달러의 정부 지출을 감축하겠다는 것입니다.

나는 그의 장래 정책들을 위해 연구하고 있는 전담반이 이번 주 월스트리트지에 공개한 자신들의 아이디어들을 읽어 보았습니다. 이런 아이디어 중 하나는 최소임금제를 폐지하는 것입니다. 그리고 올해 여러 차례 레이건 지사는 실업의 주된 이유가 최저임금제라고 언급했습니다. 이것은 우리나라의 직장을 가진 가족들에 대한 인정이 없는 냉혹한 접근 방식입니다. 그것은 과거에 공화당 지도자들이 그랬던 것과 같이 아주 전형적인 공화당 방식입니다. 그리고 그런 방식은 레이건 지사 아래 더욱 강화된 것이라고 생각합니다.

캘리포니아에서 - 나는 레이건 지사가 이 문제를 제기한 것을 기쁘게 생각합니다만 - 그의 재임기간 중에 캘리포니아 주 역사상 세 번씩이나 많은 세금 증액을 했습니다. 그는 주지사 재임시 주 지출을 두 배 이상 확대시켰습니다. - 122퍼센트 증액했습니다. - 그리고 주 공무원 숫자를 20퍼센트 그리고 30퍼센트 늘렸습니다.

카터의 날선 공격에 대해 레이건도 방어에 나섰다. 그는 카터가 제시한 수치는 왜곡된 것이라며 사실을 부인했다. 그는 카터가 주지사로 있었던 시절 조지아 주의 상태에 대해 반격했다. 두 후보의 공방이 치열했던 부분이었다.

레이건: 대통령이 방금 캘리포니아 주에 대해 제시한 수치는 그곳 상황에 대한 왜곡입니다. 왜냐하면 제가 캘리포니아 주지사로 재직할 당시 캘리포니아 주의 지출은 카터씨가 같은 4년 동안 조지아 주지사로 재직할 당시 조지아의 지출보다 주민 개인당 지출 비율이 더 적은 것입니다. 조지아주 정부의 규모는 캘리포니아 주의 6분의 1에 불과합니다. 조지아 인구와 비율을 넘어서는 증가입니다.

그리고 제 감세안이 인플레이션을 유발할 것이라는 생각입니다. 저는 대통령께 국민들에게 국민의 돈을 갖도록 하고 국민들이 좋아하는 방식으로 쓰게 하는 것이 어째서 인플레이션을 유발시킨다는 것인지 묻고 싶습니다. 그리고 대통령이 그 국민의 돈을 빼앗아 그가 원하는 방식으로 쓰는 것은 인플레이션을 유발하지 않는지 묻고 싶습니다.

사회문제는 도심지의 빈곤문제, 범죄문제 그리고 인종문제에 대한 질문과 답변이 있었다. 카터는 민주당이 빈곤층에 대한 복지정책을 핵심정책으로 추진하는 정당임을 부각시키려고 노력했다. 카터는 실업수당, 최저임금제, 복지제도, 전국민 건강보험제도와 같은 제도는 모두 민주당의 업적임을 내세웠다. 사실 복지제도를 개혁해야 한다는 레이건에게는 상대적으로 취약한 부분이었다.

카터는 레이건이 복지정책을 대폭 축소할 것임을 부각시키고자 노력했다. 레이건은 사회보장과 같은 핵심적인 복지정책은 계속 실시할 것임을 밝히며 약점을 최대한 방어하고자 애썼다. 인종문제에 대하여 레이건의 인식은 미국 사회의 인종문제는 큰 문제가 없다고 했다. 카터는 남부 주 출신으로 인종문제를 잘 인식하고 있다면서 인종 통합정책의 중요성을 강조했다.

사회문제 다음으로 토론한 것은 국제테러문제였다. 바바라 월터스는 카터의 가장 아픈 부분인 이란에 억류된 미국인들을 언급했다. 그는 이란사태와 같은 문제에 어떻게 대처할 것이냐고 질문했다. 카터는 테러에 대하여 단호하게 대처할 것이라고 대답했다. 가장 심각한 문제는 테러분자들이 핵무기를 소유할 수 있는 점이라고 지적했다. 카터는 이란 억류자들이 풀려나면 이란에 대한 규제를 완화할 것을 암시하기도 했다. 레이건은 같은 질문에 대해 직답을 피해갔다.

2부에서는 패널리스트들이 질문을 하고 후보자가 답변을 한 후에 후보자들이 서로에게 묻고 답변하는 방식을 취했다. 첫 질문은 전략무기제한에 관한 것이었다. 레이건은 미소간에 이미 협상이 끝난 SALT II는 지나치게 소련에 유리하고 미국에 불리한 조약이므로 미국이 국방력을 강화하여 소련을 압박하여 협상을 다시 해야 한다고 주장했다. 카터는 레이건의 아이디어는 매우 위험한 발상이며 미소간 군비경쟁을 가져올 뿐이라고 비판했다. 그러자 레이건은 카터야말로 진짜 의사가 나타나 병을 치료하는 것을 시기하는 사이비의사와 같다고 공격했다. 레이건의 공격의 직격탄을 맞은 카터는 딸 에미와의 대화를 소개하며 핵문제의 심각성을 부각시키려고 노력했다:

레이건: 저는 대통령께서 제 질문에 답변하고 있다고 알고 있습니다. 그렇지만 때때로 저는 그가 내가 말했다고 하는 것을 그가 말하는 것과 저의 입장이라고 말하는 것을 연결시키는데 어려움이 있습니다. 저는 때때로 그는 병을 치료할 수 있는 치료법을 가지고 좋은 의사가 왔을 때 화를 내는

사이비 의사와 같다고 생각합니다.

대통령: 이 토론을 종결짓기 위해 나는 우리가 이야기하는 것을 좀 더 일상적인 인식의 테두리 안에 넣어보는 것이 좋겠다고 생각합니다.

저는 여기에 오기 얼마 전 제 딸 에미와 토론을 한 적이 있습니다. 저는 딸에게 무엇이 가장 중요한 문제냐고 물어보았습니다. 딸애는 핵무기와 핵무기 통제라고 답했습니다.

이것은 매우 가공할 힘을 가지고 있습니다. 이런 무기들은 10메가톤의 폭발력을 가지고 있습니다. 만약 여러분이 열차의 각 차량에 TNT 50톤씩을 싣고 있다면 TNT를 실은 열차의 길이는 우리나라를 끝에서 끝까지 연결할 수 있을 것입니다. 그것은 바로 하나의 폭탄에 탑재되어 폭발시킬 수 있는 단 한발의 핵의 폭발력인 것입니다. 우리는 메가톤급 혹은 백 만 톤급의 TNT 뇌관만한 크기의 수 천 개의 핵무기를 가지고 있습니다. 이런 무기들의 통제는 대통령의 가장 중요한 책무인 것입니다.……

카터가 강조하려던 것은 핵무기의 가공할 위험성이었다. 그런 가공할 무기를 가지고 군비경쟁을 한다는 것은 어린 아이도 다 아는 위험한 일이라는 것을 증명하기 위하여 어린 딸 에미와의 대화를 인용했다. 그러나 결과는 엄청난 역효과를 가져왔다. 토론이 끝난 후 언론은 국정을 초등학생 딸에게 물어보는 아버지 카터를 희극적인 인물로 묘사했다. 내용보다 답변의 스타일이나 얼굴 표정 혹은 제스처와 같은 이미지가 더 중요한 미디어시대의 정치토론에서 핵무기와 같은 심각한 문제에 대한 답을 딸과의 대화에서 끌어내려고 한 카터의 발언은 심각한 감점 요인이 되었다.[10]

10) 당시 하원의장이던 메사추세츠 출신 민주당 하원의원 팁 오닐(Tip O'Neill) 역시 카터가 에미를 대통령 후보자 토론 중에 언급한 것은 매우 적절치 못한 것으로 평가했다. Tip O'Neill, *Man of the House: The Life and Political Memoirs of Speaker Tip O'Neill with William Novak*, New York: Random House, 1987, p. 337.

전체적으로 카터는 토론에서 지나치게 공격적인 자세로 일관했다. 유머도 없었다. 긴장한 모습으로 현직 대통령의 여유를 보이지 못했다. 카터 자신은 민주당 주류를 대표하는 후보이고 대통령으로서 경험을 가지고 있다는 점을 내세웠다. 상대적으로 레이건은 경험이 없었다. 급진적인 개혁을 단행하여 미국을 혼란에 빠뜨릴 수 있음을 드러내고자 노력했다. 카터는 그 만큼 자신의 계획과 정책보다는 상대방의 위험성에 초점을 맞춘 탓에 공격적일 수밖에 없었다.

레이건은 편안하고 여유가 있었다. 카터의 핵심적인 공격에 직접적으로 답변하지 않았다. 유머로 공격의 예봉을 무디게 함으로써 토론을 유리하게 이끌 수 있었다. 그는 카터가 레이건의 약점이라고 할 수 있는 복지정책에 대해 질문을 하면, "다시 그 문제를 반복하시는군요"라며 청중의 웃음을 유도했다. 카터는 아무 것도 모르는 철부지 대통령이란 인상을 주었다. 토론의 마지막 결론에서 레이건은 쉬운 표현으로 청중을 설득했다. 만약 4년 전보다 살림살이가 좋아졌다고 생각한다면 카터를 선택하고 그렇지 않다면 자신을 지지해 달라고 호소했다:

> 다음 화요일은 선거일입니다. 다음 화요일 여러분 모두 투표장에 나가실 것입니다. 투표소에 서서 결정을 하셔야 할 것입니다. 여러분이 그 결정을 하실 때 여러분은 스스로에게 질문해 보십시오. 4년 전보다 여러분의 살림이 나아졌는가? 4년전보다 가게에 가고 물건을 사는 것이 쉬워졌는가? 4년 전보다 이 나라에 실업이 줄었는가? 미국은 지금 과거에 그랬던 것처럼 전세계적으로 존경을 받고 있는가? 우리 국가가 안전하다고 느끼는가? 우리는 4년 전만큼 강한 나라인가? 만약 여러분이 이런 질문에 대해 모두 예라고 답할 수 있다면 그렇다면 여러분이 누구에게 투표를 해야할지 선택하는 것은 아주 분명할 것입니다. 그러나 여러분이 이 질문에 동의할 수 없다면, 만약 여러분이 지난 4년 동안 우리가 걸어 온 이 길을 앞으로 오는 4년 동안에도 우리가 따라 가는 것을 보고 싶다는 것에 동의할 수 없다면, 그 때는 저는 여러분이 다른 선택을 할

---

11) 1980 Ronald Reagan/Jimmy Carter Presidential Debate, October 28, 1980. (http://www.reagan.utexas.edu/archives/reference/10.28.80.htm.)

것을 권하고 싶습니다.[11]

토론이 끝난 후 양 후보의 토론은 레이건의 승리로 나타났다. 선거가 불과 1주일 남아 있었다. 레이건의 토론 승리는 그의 당선을 완전히 굳힌 결과가 되었다. 토론 전까지 레이건이 약간 우세한 정도였던 선거판세가 완전히 레이건 쪽으로 넘어갔던 것이다.

드디어 대통령이 되다!

1980년 11월 4일 드디어 투표 결과가 나왔다. 레이건은 일반 투표에서 50.7퍼센트를 얻었다. 카터가 획득한 41퍼센트보다 거의 10퍼센트 이상 앞섰다. 선거인단 투표에서는 더욱 큰 차이가 났다. 레이건은 489표를 획득하였고 카터는 49표에 그쳤다. 카터가 선거인단에서 이긴 곳은 고향인 조지아(12표)를 비롯하여 하와이(4표), 메릴랜드(10표), 미네소타(10표), 로드아일랜드(4표), 웨스트버지니아(6표) 주와 워싱턴시(3표)에 불과했다. 나머지 44주에서 레이건이 선거인단 표를 휩쓴 것이다. 투표 개시 초반인 9시 15분에 카터는 패배를 인정했다.

카터는 1932년 허버트 후버 대통령 이후 현직 대통령이 야당 후보에게 패배한 첫 대통령이 되었다. 1980년 대선에서는 카터와 레이건 외에 존 앤더슨 후보와 다른 군소정당 후보가 더 있었다. 제 3후보는 양당 구조의 미국 정치판에 영향을 줄 수 있는 존재는 아니다. 보통 1퍼센트 득표율도 기록하지 못한다. 그러나 1980년 대선에서 3위를 한 앤더슨은 일반 투표에서 6.6퍼센트를 획득했다. 이변이었다. 제 3후보가 6.6퍼센트를 얻은 것은 미국 대선에서 획기적인 일이었다.

앤더슨이 많은 표를 얻었던 것은 민주당 이탈표 때문이었다. 카터에 실망한 민주당 지지자들은 레이건을 찍느니 차라리 제 3후보를 택했던 것이다. 이런 점에서 1980년 선거는 보수의 승리였다고 평가하는 것보다 진보의 실패로 평가하는 것이 더 옳을 것이다. 보수에 대한 평가는 레이건 집권 이후가 될 것이기 때문이다. 보수 정치인 레이건은 어떻게 미국을 통치할 것인가?

대통령 취임 7장

대통령 취임

꿈은 이루어지고!

1981년 1월 20일, 겨울의 한 가운데서 대통령 취임식이 열렸다. 취임식은 추위와의 전쟁이었다. 그러나 취임식장 위로 부는 겨울바람도 새 대통령에게는 차갑게 느껴지지 않았다. 새로운 역사에 대한 기대로 흥분한 대통령에게는 겨울바람이 오히려 제격이었다. 연미복을 입은 대통령 레이건은 선서를 위해 자리에 섰다.

스포츠아나운서에서 배우로 그리고 주지사에서 새로 대통령이 된 레이건은 대법원장 웨렌 버거(Warren Burger)와 얼굴을 마주했다. 성경에 손을 얹고 대법원장의 말을 따라 "나는 미국 대통령의 직무를 성실히 수행할 것과 최선을 다하여 미국의 헌법을 보존하고 수호할 것을 엄숙히 서약합니다"라고 취임 선서를 했다.

취임 선서에 마지막으로 덧붙여 하는 말이 있다. 하나님

대통령 취임 연설 (1981년 1월 20일)

께 도와 달라는 말이다. 선서문에는 없지만 반드시 빠지지 않고 한다. 하나님 도와 달라는 말은 대통령이 되는 사람에게는 솔직한 심정일 수 있다. 대통령의 자리는 영광의 자리이지만 외로운 고난의 자리이기도 하다. 1945년 4월 루즈벨트 대통령이 사망하자 부통령 자리에서 갑자기 대통령 자리에 오르게 된 트루먼은 하늘의 모든 달과 별이 모두 자신의 어깨에 내려앉는 것 같은 중압감을 느꼈다고 고백하기도 했다. 최고 높은 자리이지만 최고 힘든 자리인 것이다.

취임 선서식이 끝나자 참석자들의 관심은 새 대통령의 취임사에 쏠렸다. 어떤 내용을 발표할 것인가? 레이건은 정치를 시작한 이래 줄기차게 자신의 정치철학을 되풀이 해 말하고 있었다. 그의 취임사 역시 예상되는 바가 있었다. 작은 정부, 시장경제주의, 감세 그리고 애국심 등. 그러나 이런 일들을 어떻게 수행할 것인지 그에 대한 실행 계획은 아직 없었다.

대통령 레이건 보수개혁을 주장하다

취임사를 위해 레이건은 무대 정면으로 나섰다. 레이건은 연단 위에서 자연스러웠다. 다른 때와 달리 약간 상기된 모습이었다. 레이건은 하트필드 상원의원 이름을 시작으로 대법원장, 전직 대통령, 두 부통령, 오닐 하원의장, 무묘 목사까지 언급했다. 연설의 첫머리에 캘리포니아에서 시무하고 있는 목사 이름을 언급한 것은 예외적이었다.

취임사에서 레이건은 먼저 미국이 경제적으로 어려움을 겪고 있음을 지적했다. 경기가 침체되고 인플레이션으로 고통을 받고 있는 현실의 원인으로 과세의 부담과 정부의 방만한 지출에 따른 고질적인 적자 예산을 지목했다. 그는 미국의 문제는 다른 곳에 있는 것이 아니라 바로 연방 정부 자체에 있다고 강조했다. 그가 항상 외치던 내용이었다:

이와 같은 현재의 위기 속에서 정부는 우리의 문제에 대한 해답이 아닙니다; 정부가 바로 문제입니다. 때때로 우리는 사회가 너무나 복잡하기 때문에 자치적으로 운영될 수 없으며 엘리트 그룹에 의한 정부는 국민을 위한 국민에 의한 국민의 정부보다 우월하다고 믿어 왔습니다. 글쎄요, 우리 중 누구도 스스로를 관리할 수 없다면 그 때는 우리 가운데 누가 다른 사람을 관리할 수 있겠습니까? 정부 안에 있는 사람이나 정부 밖에 있는 사람이나 우리 모두 함께 짐을 나누어 져야 합니다. 우리가 찾고 있는 해결책은 공평하게 감당하는 것입니다. 누구도 더 큰 대가를 치르도록 해서는 안 됩니다.

연방정부가 해답이 아니라고 단정지은 대통령 레이건은 미국의 경제문제를 해결하기 위한 방안으로 연방정부의 규모 축소와 연방정부의 업무를 각 주와 지방정부에 이관할 것임을 천명하였다. 그는 연방이 먼저가 아니라 주가 먼저라는 주 우선주의 원칙을 주장했다:

우리가 시작하는 것처럼 우리가 가진 것을 알아봅시다. 국민인 우리가 정부를 가지고 있는 국가이지, 그 반대가 아니라는 것입니다. 그리고 이것은 우리를 지구상의 많은 나라들 중에서 특별한 나라로 만들어 주는 것입니다. 우리 정부는 국민들에 의하여 수여된 권한 이외의 권한은 가지지 못합니다. 이제 정부의 비대화를 중단하고 반대로 돌려놓아야 할 때입니다. 비대한 정부는 지배받는 국민의 승인을 넘어서서 비대해졌다는 표시인 것입니다.

연방정부의 크기와 영향을 줄이고 연방정부에 부여된 권한과 주와 국민들에게 존속된 권한 들을 잘 구별하겠다는 것이 제가 하고자 하는 것입니다. 우리 모두 연방정부가 주를 만들어낸 것이 아니라는 사실을 기억해야합니다; 주들이 연방정부를 창조해 냈던 것입니다.[1]

1) Inaugural Address, January 20, 1981. (http://www.reagan.utexas.edu/archives/speeches/1981/12081a.htm.6.)

취임사 후반에서 레이건은 연방정부의 규모가 커짐으로서 국가가 개인의 생활에 지나치게 개입하고 간섭하는 일이 생겼다는 점을 지적했다. 그는 자유로운 삶에 대한 향수를 자극하며 미국의 전통적 가치관을 되살려 냄으로서 보수개혁을 추진하길 원했다. 그는 전통과 애국심을 자극하는 내용으로 취임사 후반부를 채웠다. 자유민들의 의지와 용기가 미국이 가진 최고의 무기라고 주장했다. 특히 미국은 하나님을 믿는 국가이며 대통령 취임식 날을 국가기도의 날로 지정해야 할 것이라 주장했다.

8장 레이건 혁명

레이건 혁명

봉사할 마음을 가진 사람을 부르다

취임식을 마치자 대통령 레이건은 직무를 시작했다. 레이건이 사인한 첫 번째 국정 업무는 연방정부의 공무원 수를 동결하는 조치였다.[1] 또한 연방 행정부의 민간인 고용도 동결했다. 아직 함께 일할 행정부 책임자도 다 임명하기 전이었다. 정부의 비대화를 막고 공공부문으로 지출되는 예산을 절감하겠다는 자신의 공약에 대한 첫 조치였다.

레이건은 각 부 장관들을 임명했다. 미국 헌법은 대통령에게 장관 임명권을 부여하고 있다. 그러나 권력분립의 원칙에서 대통령이 임명한 장관후보들은 상원이 인준하도록 해놓고 있다. 각 해당 분과 위원회에서 청문회를 통하여 임명된 장관의 자질과 능력을 철저하게 검증한다. 최종적으로 상원 본회의에서 인준을 결의한다. 인물에 대한 검증이 제

---

[1] Remarks on Signing the Federal Employee Hiring Freeze Memorandum and the Cabinet Member Nominations, January 20, 1981. (http://www.reagan.utexas.edu/archives/speeches/1981/12081b.htm.)

대로 이루어지고 있다.

임명된 장관은 보통 대통령과 임기를 같이 하는 경우가 많다. 행정부처 장관이 수시로 바뀌는 우리의 현실과 크게 다른 점이다. 해당부서의 말단직원이 저지른 작은 실수를 장관이 책임지는 일은 미국에는 없다. 말단 행정부서의 작은 행정 실수로도 수시로 장관이 바뀐다면 안정되고 책임 있는 행정을 기대한다는 것은 처음부터 불가능할 것이다.

대통령 레이건과 부통령 부시 그리고 각 부처 장관들 (1981년 1월 임명 직후)

레이건 대통령이 임명한 장관들은 다음과 같다. 알렉산더 헤이그 국무장관, 도널드 리건 재무장관, 캐스퍼 와인버거 국방장관, 윌리엄 스미스 법무장관, 제임스 와트 국토부장관, 존 블록 농무장관, 말콤 발드리지 상무장관, 레이몬드 도노반 노동부장관, 리처드 쉬웨커 보건복지부장관, 사무엘 피어스 2세 주택도시개발부장관, 앤드류 루이스 교통부장관, 제임스 에드워즈 자원부장관, 테벨 벨 교육부 장관.[2]

2) Remarks on Signing the Federal Employee Hiring Freeze Memorandum and the Cabinet Member Nominations, January 20, 1981.

레이건은 장관을 임명하면서 능력을 임명의 기준으로 삼았다. 임명된 각 부처 장관이 모두 해당 분야에서 오랜 경험을 쌓은 전문가들이었다. 그러나 출신 지역도 배려했다. 장관으로 임명된 인사들의 출신 지역이 전국적으로 고루 분포되어 있었다.

레이건은 장관들을 임명하면서 장관의 출신 지역을 일일이 소개했다. 헤이그 국무장관은 코네티커트, 리건 재무장관은 뉴저지, 와인버거 국방장관은 캘리포니아, 스미스 법무장관은 캘리포니아, 와트 국토부장관은 콜로라도, 발드리지 상무장관은 코네티커트, 도노반 노동부장관은 뉴저지, 쉬웨이커 보건복지부장관은 펜실베니아, 피어스 주택 및 도시개발부장관은 뉴욕, 루이스 교통부 장관은 펜실베니아, 에드워즈 자원부 장관은 사우스캐롤라이나 그리고 벨 교육부 장관은 유타주 출신이었다.

장관 임명중 가장 관심을 끄는 것은 국무장관 임명이다. 미국 헌법상 대통령 유고시 부통령, 하원의장 그리고 국무장관의 순서로 대통령직을 승계하게 되어있다. 승계 서열 3위인 셈이다. 미국 대통령들 중 국무장관 출신이 많았다. 특히 건국 초기에는 더욱 그랬다. 토마스 제퍼슨, 제임스 매디슨, 제임스 먼로 대통령은 모두 국무장관 출신이다. 차기 대통령 후보자로서 국정 운영에 대한 실무 경험을 쌓는 자리였다. 그 만큼 정치적인 자리이기도 했다.

레이건이 국무장관으로 임명한 헤이그(Alexander Haig)는 육사를 졸업한 군 출신이었다. 하급 장교 시절에 한국전쟁에 참전했다. 인천상륙작전과 개마고원 전투에도 참여했다. 베트남 전쟁에 참전한 후 1969년 닉슨 대통령 시절 키신저 안보 보좌관의 군방보좌관으로 국가 안보 문제에 직접 참여하기 시작했다. 1973년 닉슨 대통령 임기 말기 백악관 비서실장을 맡기도 했다. 그 후 나토 사령관을 역임한 후 레이건 행정부에 참여한 것이다. 레이건과 인연은 길지 못했다. 행정부 내에서 레이건 측근 장관과 불협화음으로 1982년 사임하고 말았다.[3]

3) Reagan, *An American Life*, p. 361. 1988년 헤이그는 공화당 대통령 후보 예비선거에 나섰다. 부통령 부시에 대해 매우 비판적이었다. 지지 여론의 부진으로 초반에 사퇴하고 말았다.

국방장관에는 와인버거(Casper Weinberger)가 임명되었다.[4] 그는 캘리포니아 출신으로 1967년부터 레이건과 정치적 인연을 맺었다. 캘리포니아 주지사 시절 레이건은 와인버거를 주행정개혁위원회 위원장으로 임명했다. 1970년 와인버거는 캘리포니아 주를 떠났다. 닉슨 행정부에 참여하기 위해서였다. 1975년 보건부 장관(1973~1975)으로 퇴임할 때까지 연방정부에서 여러 부처를 거쳤다. 예산처장(1972~1973) 재임 시에는 '면도날 캐스퍼(Cap the Knife)'라는 별명을 얻었다. 불필요한 예산을 가차 없이 삭감한 탓이었다. 퇴임 후 벡텔사 회장으로 갔다가 레이건 행정부에 참여하며 다시 연방정부로 돌아 온 것이다. 와인버거는 레이건의 국방 정책에 전적으로 동의하는 인물이었다.[5]

제 1차 레이건 임기 중 무엇보다도 중요한 일은 경제개혁이었다. 레이건은 경제개혁을 총괄한 인물로 실물경제에 밝은 리건(Donald Regan)을 임명했다. 리건은 하버드 법대를 나와 군복무를 마친 후 증권회사 메릴린치(Merrill Rinch)에 입사했다. 1971년 사장이 될 때까지 줄곧 메밀린치에서 일했다. 뉴욕 증권가의 영향력 있는 인물이었다. 뉴욕증권거래소장을 맡은 적도 있었다. 정부 관리로 일하는 것이 레이건 행정부가 처음이었다. 리건은 레이건 경제개혁의 대리

---

4) 건국 초에는 국방부(Department of Defense)라는 부서가 없었다. 대신 육군부(Department of War – 전쟁부로 번역할 수 있으나 내용상 육군부가 맞다)가 있었다. 국방부가 생긴 것은 1947년 안보법(National Security Act)이 제정된 이후이다. 안보기관을 정비하면서 미국은 국방문제를 총괄하는 기관으로 국방부(Department of Defense)를 만들었다. 국방부 밑에 육군부(Department of Army), 해군부(Department of Navy), 공군부(Department of Air Force)를 배치해 놓았다. 중앙정보부(Central Intelligence Agency)도 1947년 안보법에 의해서 창설된 기관이다.

5) 와인버거는 레이건 대통령의 제 1차와 2차 임기 동안 충성스런 장관으로 일했다. 1987년 이란 콘트라 사건으로 사임했다.

인이었다.[6]

7개 주에서 장관이 나왔다. 서부 출신이 4명, 동부 출신이 6명 그리고 남부 출신이 1명이었다. 남부 출신이 한 명이라는 것은 공화당의 기반이 남부인 점을 고려할 때 적은 수였다. 동부 출신이 6명이나 된다는 것은 미국의 사회에 있어서 동부의 영향력이 여전히 높다는 증거였다. 하버드, 예일. 코넬 등 소위 아이비리그 대학 출신들이 많았다. 군복무도 대부분 현역으로 마친 사람들이었다. 자세한 것은 아래 표를 참조하기 바란다.

[6] 재무장관 리건은 레이건 제 1임기동안 재무장관을 한 후 1985년 레이건 제 2차 임기 때는 대통령 비서실장이 되었다. 당시 비서실장이던 제임스 베이커와 서로 자리를 맞바꾸었다. 베이커는 재무장관이 되었다. 리건은 비서실장으로 지나치게 월권행위를 한다는 비판이 많았다. 무엇보다 대통령 부인 낸시와 불화가 잦았다. 결국 1987년 이란 콘트라 사건으로 사임했다.

장관명 (부서명)	출생연도 (부서명)	출신주	출신대학	군복무 (제대시계급)	직업	중요직책 (임명 전)	결혼관계
헤이그 (국무부)	1921 (60세)	코네티 커트	육사	육군(대장)	군인	육군참모총장, 안보 보좌관, 유나이트 테 크놀러지 그룹 회장	이혼 (3자녀)
리건 (재무부)	1918 (63세)	뉴저지	하버드대	해병대 (중령)	기업 경영인	메릴린치회장	이혼 (4자녀)
와인버거 (국방부)	1917 (64세)	캘리포 니아	하버드대, 하버 드법학대학원	육군(대위)	변호사	장관, 베텔부회장	이혼 (2자녀)
스미스 (법무부)	1917 (64세)	캘리포 니아	캘리포니아대, 하버드법학 대학원	해군보충병 (대령)	변호사	대학총장, 법무법 변호사	이혼 (4자녀)
와트 (국토부)	1938 (43세)	콜로라도	와이오밍대, 와이오밍법학 대학원		변호사	국토부차관보	결혼 (2자녀)
블록 (농무부)	1935 (46세)	일리노이	육사	육군(보병장 교제대)	농장 경영인	국제농업통상위원회 위원장, 농장 경영인	결혼 (3자녀)
발드리지 (상무부)	1922 (59세)	코네티 커트	예일대	육군(대위)	기업 경영인	스코빌회장	이혼 (2자녀)

도노반 (노동부)	1930 (51세)	뉴저지	노틀담신학대 (뉴올리안즈)		보험회 사경영 인	쉬어본건설회사 경 영부사장	이혼 (2자녀)
쉬웨커 (보건 복지부)	1926 (55세)	펜실베 니아	펜실베니아 주립대	해군(2급전 기기사)	기업 경영인	연방상원의원	이혼 (5자녀)
피어스 (주택 및 도시 개발부)	1922 (59세)	뉴욕	코넬대, 코넬법 학대학원		변호사	노동부 차관보	이혼 (1자녀)
루이스 (교통부)	1931 (50세)	펜실베 니아	헤버포드대, 하버드경영 대학원		기업 경영인	헨켈 맥토이 사장, 공화당 전국위원회 부위원장	이혼 (3자녀)
에드워즈 (자원부)	1927 (54세)	사우드 캐롤라 이나	찰스톤 대학, 루이스빌치과대 학원	해병대 및 해군보충병 (대령)	치과 의사	주지사	이혼 (2자녀)
벨 (교육부))	1932 (49세)	유타	아이다호사범대, 유타대 (교육박사)		교육 행정가	연방교육담당관	결혼 (4자녀)

대통령의 관직 임명과 관련하여 빼놓을 수 없는 자리가 있다. 대통령 비서실장이다. 19세기 연방 정부의 규모가 작았던 시절에는 대통령을 돕던 백악관 비서는 1~2명이 고작이었다. 남북전쟁을 치르던 링컨에게도 비서는 존 니콜라이와 존 헤이 두 명이 전부였다. 20세기 초까지 거의 변화가 없었다. 그러다 경제공황이 닥치고 연방정부의 규모가 확대되면서 백악관 비서진이 급격히 늘어났다. 루즈벨트 대통령 시절 약 50명의 백악관 참모들이 생겨났다. 이런 백악관의 규모가 점차 자라나 지금은 수백 명으로 확대되었다.

백악관 규모가 엄청나게 커지자 총괄할 책임자가 필요해졌다. 이 백악관 업무를 총괄하는 자리가 대통령 비서실장이다. 헌법에 없는 자리이다. 하지만 대통령의 최측근에 있는 막강한 권력 실세이다. 대통령의 그림자로서 행정부의 모든 업무에 비공식적으로 관여하고 정치권과 소통한다. 의회의 협조가 필요한 업무 역시 비서실장이 맡아 챙긴다. 대통령의 정치권과의 소통은 비서실장의 능력에 달려 있다. 대통령의 정치적 매체 역할을 하는 것이다.

레이건은 대통령 비서실장에 제임스 베이커(James Addison Baker, III)를 임명했다. 베이커는 텍사스 휴스턴 출신이었고 프린스턴 대학을 졸업했다. 텍사스 대학교 법학대학원을 나온 다음 텍사스에서 변호사로 일했다. 1960년대 말 조지 부시를 만나 정치에 입문했다. 줄곧 부시와 정치적 관계를 유지했다. 1980년 대선 예비선거 때는 부시의 선거대책본부장 역할을 하였다. 그런데 레이건이 자신의 비서실장에 부시 사람인 베이커를 전격적으로 임명한 것이다. 그 후 베이커는 백악관 참모로 임명된 에드 미즈(Ed Meese)와 비서실차장 마이클 디버(Michael Deaver)와 함께 소위 백악관 3인방(Troika)을 구성하며 레이건 개혁의 실질적인 추진자 역할을 한다.[7]

[7] 베이커와 미즈 그리고 디버는 레이건 개혁을 성공으로 이끈 숨은 공로자였다. 이들은 야당인 민주당 출신 하원의장 오닐이 칭찬할 정도로 유능한 참모들이었다. 베이커는 1984년 대선을 총괄하였으며 제 2차 레이건 임기 때는 재무장관이 되었다. 뿐만 아니라 1988 대선을 총괄하여 부시의 대통령 당선에 기여한 후 국무장관과 비서실장을 역임한다.

국가감사의 날

취임식날 이란에서 기다리던 소식이 날아왔다. 이란에 억류되어 있던 53명의 미국인들이 풀려났다는 소식이었다. 백악관을 나서는 카터는 묵은 체증이 내려갔다. 새로 취임한 레이건은 가벼운 마음으로 백악관 생활을 시작할 수 있었다. 레이건은 취임식 저녁 기자들에게 인질석방소식을 알렸다. 억류자들을 위해 백악관 크리스마스트리에 불을 밝히고 환영식을 열겠다고 말했다.

1월 25일 풀려난 억류자와 가족들을 모두 백악관으로 초청하여 환영 리셉션을 마련했다. 간단한 환영사와 함께 다음과 같은 기도를 했다:

사랑하는 주님, 감사합니다. 당신이 하신 일로 당신께 감사를 드립니다. 하나님 이렇게 돌아와 함께 할 수 있게 하시니 감사합니다. 이분들에게 필요한 이해심과 인내심을 주옵소서. 아멘.

상원과 하원은 1981년 1월 26일을 국가감사의 날로 지정하는 결의안을 통과시켰다. 대통령이 사인을 함으로써 법으로 공표되었다. 미국이 기독교 국가의 전통을 가지고 있음을 보여주는 예라고 하겠다.

규제를 폐지하라

장관을 임명하고 행정부의 진용을 갖추자 레이건은 본격적으로 자신의 선거공약을 실천하기 시작했다. 1월 22일, 취임 3일째 되는 날, 레이건은 연방예산 지출을 줄이기 위한 조치를 발표했다. 그는 우선적으로 1)정부 출장비 2)정부 자문 및 고액 계약 연구 3)정부 조달비 4)연방정부 공무원 사무실 집기비의 감축을 명령했다. 동시에 레이건은 정부규제를 철폐하기 위해 백악관 직속으로 규제폐지전담반(테스크포스)을 구성한다고 발표했다. 기업 활동에 대한 정부의 규제는 생산성을 떨어뜨리고 경제침체의 주된 요인이라고 주장해 왔다. 규제폐지전담반은 모든 정부규제에 대해 조사하고 평가한 후에 적절한 대체 법안을 의회에 제출하기로 되어 있었다. 레이건은 그 위상과 중요성을 감안하여 부통령 조지 부시를 위원장으로 임명하여 테스크포스 팀의 전권을 부여했다.[8]

[8] Remarks Announcing the Establishment of the Presidential Task Force on Regulatory Relief, January 22, 1981.

레이건은 규제를 철폐하는 첫 번째 케이스로 석유를 택했다. 1973년 석유파동으로 연방정부가 원유와 정유에 대한 가격과 분배를 규제하는 법을 만들었다. 1981년 1월 28일 레이건은 석유 산업에 대한 정부 규제를 전격 철폐했다. 또한 레이건은 행정명령을 통하여 임금과 가격에 대한 모든 규제를 철폐했다.[9]

9) Executive Order 12287-- Decontrol of Crude Oil and Refined Petroleum Products. (http://www.reagan.utexas.edu/archives/speeches/1981/12881a.htm.)

임금과 가격에 대한 정부 규제법은 1904년과 1949년 두 번에 거쳐 수정되면서 지켜오던 법률이었다. 이어 29일 의회에 임금과 가격안정화를 위하여 지급되도록 편성된 예산 1백 50만 달러를 삭감해 달라는 메시지를 발표했다. 동시에 레이건은 각 부처에 계류 중인 각종 규제의 실시를 전면 중단하고 재검토하라는 명령을 내렸다.

레이건이 취임할 당시 미국 경제는 대공황이후 최악의 상태였다. 1981년 2월 5일 레이건은 미국 경제 현황에 대한 연설(Address to the Nation on the Economy)을 방송으로 내 보냈다.[10] 레이건은 연설 직전에 미국 경제상황에 대한 종합적인 회계 보고를 받았다. 그것을 바탕으로 미국 경제의 심각성을 알렸다.

10) Address to the Nation on the Economy, February 5, 1981. (http://www.reagan.utexas.edu/archives/speechs/1981/2058c.htm.)

미국 연방정부의 적자는 눈덩이처럼 커지고 있었다. 1980~1981년도 미국 예산의 적자폭은 1957년 미국 총예산보다 더 큰 규모였다. 1981년 당시 미국 정부 부채액은 9,340억 달러로 이자만도 연간 800억 달러에 달했다. 의회가 국가 부채의 총액을 4,000억 달러가 넘지 못하도록 동결하였었다. 아무 효과가 없었다.

거기다 높은 인플레이션이 미국 경제의 목을 조였다. 1979년에 13.3퍼센트, 1980년에 12.4퍼센트의 인플레이션을 기록했다. 이렇게 물가가 두 자리 숫자로 올라 간 경우는 1차 대전 이후 처음이었다. 대출이율도 15.4퍼센트로 1960년 6퍼센트에 비교하면 거의 공황수준이었다. 실업자는 7백만 명으로 한 줄로 세울 경우 미국 동부 메인에서 캘리포니아에 이를 수 있었다. 한 때 세계경제의 40퍼센트를 차지하던 미국의 경제적 위상은 1981년에는 19퍼센트로 줄었다.

경제가 어려운 것과 반대로 연방 정부의 규모는 확대되었다. 연방정부 소속 공무원에게 지불되는 임금이 1960년 1,300억 달러에서 1981년에는 7,500억 달러로 증가했다. 20년간 공무원의 수는 23.3퍼센트 증가했다. 임금 예산은 523퍼센트 증가했다. 정부의 규모가 커지는 만큼 정부규제나 세금도 늘었다. 한 예로 자동차 한 대에 붙는 정부세금이 666달러였다. 규제로 발생하는 경제적 부담은 연간 1,000억 달러였다. 그중 정부의 공문서 작성으로 생기는 경제적 부담이 200억 달러에 달했다.[11]

11) Address to the Nation on the Economy, February 5, 1981.

레이건에게 무엇보다 급한 것은 경제회복이었다. 선거유세 중 거듭하여 경제회복을 약속하였다. 국민들은 무엇인가 새로운 정부의 대책을 기대하고 있었다. 그러나 어떻게 경제를 회복시킬 것인가? 정부지출 감축과 감세 그리고 규제철폐라는 그의 처방이 통할 것인가?

레이거노믹스를 만들며

2월 18일 백악관은 경제회복정책에 대한 백악관 보고서 (White House Report on the Program for Economic Recovery)를 발표했다.[12] 미국경제의 최대 문제점은 인플레이션이었다. 그 원인은 정부의 적자예산이었다. 이 문제를 해결을 위하여 정부의 지출규모를 감축하는 것이 필요하다는 진단이 나왔다. 그동안 정부지출의 확대가 세금인상으로 이어졌고 이에 따라 실질소득과 신규투자가 줄었다. 따라서 일자리도 줄어드는 악순환이 거듭되었다는 내용이었다.

백악관 보고서는 해법을 내 놓았다. 정부지출을 줄여 적자 예산문제를 해결하고 동시에 감세정책으로 국민들의 실질소득을 보전해 줌으로써 소비와 투자를 촉진한다는 것이었다. 정부는 투자가 쉽게 이루어지도록 투자를 방해하는 모든 규제를 철폐하는 것이 필요했다. 유연한 금융시장을 위하여 금융정책에도 정부의 개입을 차단하라고 주문했다.

[12] White House Report on the Program for Economic Recovery, February 18, 1981, (http://www.reagan.utexas.edu/archives/speechs/1921/21881c.htm.)

핵심적인 원칙은 다음과 같다:

> 이 정책은 4가지로 구성되어 있다
> (1) 연방지출증가에 대한 상당한 감축
> (2) 연방세율의 중대한 감축
> (3) 연방 규제부담의 신중한 폐지
> (4) 이런 정책과 일치하는 독립된 연방 준비금 제도에 의한 금융정책13)

13) White House Report on the Program for Economic Recovery, February 18, 1981.

위와 같은 원칙을 세운 백악관은 인플레이션과 둔화된 성장을 해결하기 위하여 구체적인 방법을 내 놓았다.

1) 정부 지출을 줄이자

레이건은 미국사회 전체가 지출을 감축하는 정책에 협조해 줄 것을 요구했다. 보고서는 지출을 줄이기 위한 방안으로 세부적인 9개 항목을 제시했다:

> '사회안전망'은 유지할 것
> 부수적으로 발생한 혜택을 삭감하는 방법을 강구할 것
> 중산층과 상류층에 대한 지원금을 감축할 것

기타 국가 수익 정책에 대한 재정적 제약을 적용할 것

사용자에게 명백하게 귀속할 수 있는 비용을 회복시킬 것

공공부분 자본투자정책을 재조정할 것

연방정부의 초과비용과 인건비를 줄일 것

보상정책에 대한 적정한 경제적 기준을 적용할 것

항목별로 구분되어 있는 복지비 정책을 그룹지급방식으로 바꿀 것[14]

14) White House Report on the Program for Economic Recovery, February 18, 1981.

레이건 정부는 연도별 목표치도 발표했다.

	1962	1981	1984
국방비	46.8(43.8%)	157.9(24.1%)	249.8(32.4%)
사회안전망비	26.2(24.5%)	239.3(36.6%)	313.0(40.6%)
순이자	6.9(6.4%)	64.3(9.8%)	66.8(8.6%)
기타 비용	26.9(25.2%)	193.2(29.5%)	142.0(18.4%)
총액	106.8	654.7	771.6

(출처: White House Report on the Program for Economic Recovery, February 18, 1981)

레이건 정부는 정부지출이 전체 경제(GNP) 규모에 차지하는 비중을 점차적으로 줄일 계획이었다:

1981	23.0%
1982	21.0%

1983	20.4%
1984	19.3%
1985	19.2%
1986	19.0%

(출처: White House Report on the Program for Economic Recovery, February 18, 1981)

정부 적자 예산 감축 목표

회계년도	재정 수입	재정 지출	-적자 혹은 +흑자
1981	6,002억	6,547억	-545억
1982	6,505억	6,955억	-450억
1983	7,101억	7,331억	-230억
1984	7,721억	7,716억	+5억
1985	8,510억	8,440억	+70억
1986	9,421억	9,121억	+30억

(출처: White House Report on the Program for Economic Recovery, February 18, 1981)

연도	재정 수입	재정 지출	-적자
1970	1,937억	1,966억	28억
1971	1,884억	2,114억	230억
1972	2,086억	2,320억	234억
1973	2,322억	2,471억	148억
1974	2,649억	2,698억	47억
1975	2,810억	3,262억	452억

1976	3,000억	3,664억	664억
1977	3,578억	4,027억	449억
1978	4,020억	4,508억	488억
1979	4,659억	4,936억	277억
1980	5,200억	5,796억	596억

(출처: White House Report on the Program for Economic Recovery, February 18, 1981)

2) 세금을 줄이자

레이건 행정부는 감세에 대해서도 목표를 정했다. 개인 세금 부담이 1965년 9.2퍼센트였다. 1980년에는 11.6퍼센트로 증가했다. 개인의 세금부담은 인플레이션으로 상승한 물가 수준 이상이었다. 1965년에는 6퍼센트의 납세자가 25퍼센트 이상의 세금을 납부하는 고액 납세자 그룹에 속했다. 1980년에는 거의 3분1의 납세자가 25퍼센트 이상의 고율 납세자 그룹에 속했다. 세금부담이 커지면 그만큼 실질소득이 감소하기 때문에 저축이나 투자할 여력이 없어질 수밖에 없다. 미국인들의 저축율은 1970년 7~9퍼센트에서 1977~1980년 5~6퍼센트로 떨어졌다.

투자 없는 경제회복은 불가능하다. 1970년대 미국의 자본투자비율은 2퍼센트였다. 1960년대의 절반에 그쳤다. 투자를 유도하기 위한 인센티브를 강화시켜야 하는 것이 필요했다. 레이건 행정부는 이에 대한 방법을 감세정책과 함께 투자에 대한 인센티브를 보다 많이 제공하기로 결정했다. 장기간 사용한 설비와 시설을 교체할 때 10년간 면세조치를 실시하며, 설비시설 이외 기계와 장비에 대한 투자의 경우 5년간 면세조치, 자동차와 트럭 그리고 연구 개발비 투자에 대해 3년간 면세조치를 구상했다. 또한 기타 부동산의 감가상각비에 대해서도 회계증명회복기간을 설정하고 기타 비거주용 빌딩과 저소득자 주택에 대해 15년 면세, 그리고 기타 임대 주거 건축물에 대해 18년 면세를 실시한다는 것도 경제정책에 포함시켰다.

3) 금융정책을 바꾸자

경제개혁안을 발표하면서 마지막으로 강조한 것이 금융문제였다. 금융을 완전히 시장에 맡기는 금융자유화를 선언했다. 정부의 간섭을 최소화 하기 위하여 연방준비금위원회에 금융정책에 대한 전권을 주기로 했다. 다만 위원장의 임명은 대통령이 계속하기로 정했다.

레이건 취임 전까지 미국의 금융정책은 이자율을 조정하는 방식(interest rate management approach)에 집중했다.

그러나 금융이 제대로 통제되지 않았다. 경제전망에 대한 정부의 예측이 자주 빗나가면서 정부 금융정책에 대한 신뢰가 무너졌다. 1979년 10월 이후 연방준비금위원회는 필요한 통화량 확대와 조화를 이룰 수 있는 준비금의 확대에 정책을 집중했다. 이자율은 보다 장기적인 경기전망을 바탕으로 통화와 신용의 양을 조정할 수 있게 되었다. 장기적인 금융정책을 펼침으로써 경기가 단기적으로 요동치는 것에 따라 정부 정책도 함께 흔들리는 것을 방지하자는 뜻이었다. 동시에 장기적이고 점차적으로 통화량 증가를 둔화시켜 인플레이션을 잡자는 전략이었다. 인플레이션이 잡히고 이자율이 하락하면서 금융시장이 안정되면 투자심리에도 영향을 미칠 것으로 판단했다. 결국 투자심리를 안정시켜 투자를 유도하고 경제를 회복시키자는 의도였다.

레이건 금융정책의 가장 큰 특징은 경제를 움직이는 주체는 합리적으로 결정한다는 이성주의에 바탕을 두고 있었다. 노동자, 경영인, 예금주, 투자자, 구매자 그리고 판매자들은 자신의 경제 활동을 합리적이고 지능적으로 결정한다. 따라서 정부의 간섭을 필요로 하지 않는다. 레이건은 경제주체가 자유롭게 활동하도록 경제활동의 자유를 보장하는 것이 국가가 할 수 있는 최선의 정책이라고 믿었다. 안정된 경제 환경이 마련되면 경제활동은 당연히 정상적으로 이루어 질

수 있다고 본 것이다.

레이건 행정부의 신경제정책에서 핵심적으로 강조한 것은 경기에 대한 기대 전망이었다. 경제와 관련된 모든 활동은 미래 경기를 어떻게 전망하느냐에 따라 결정되는 것이다. 예금, 사업, 소비, 투자 행위는 모두 경기에 대한 전망을 핵심적인 결정요인으로 고려하는 것이다. 이 때 정부가 제시하는 금융정책은 경제활동이 일어나는 경제 환경을 조성하는 가장 중요한 요인이었다. 안정적인 금융정책이 무엇보다 필요했다:

> 전망은 경제 활동, 인플레이션 그리고 이자율을 결정하는데 중요한 역할을 한다는 인식이 신경제정책의 핵심이다. 노동, 저축, 소비 그리고 투자의 결정은 미래 정부정책에 대한 전망에 결정적으로 달려 있다. 현재와 미래의 노동, 저축 그리고 투자에 대한 효율적이고 안정적인 인센티브를 보장하는 환경을 조성하는 것이 경제회복정책의 주춧돌이다.

개인소득세감액은 사람들에게 자신이 획득한 소득을 더 많이 소유하여 노동과 저축에 대한 인센티브를 제공하게 된다. 사업세감액은 투자 자본 확대에 대한 더 큰 인센티브를 제공하고 결과적으로 노동자에 대한 증가된 생산성을 가져올 것이다. 소비감소와 불필요한 규제의 폐지는 자원에 대한 통제를 경제에 대한 인센티브가 가장 강력한 민간영역으로 넘기는 것이다. 증가된 생산능력과 조화를 이룰 수 있는 안정된 금융정책은 인플레이션 비율을 감소시킬 것이다.

인플레이션 통제는 통화량 증가비율을 제한하고 경제의 생산능력을 증가시키는 두 목적을 모두 충족시키도록 고안된 양날정책으로 가장 잘 성취될 수 있다. 동시에 공급자중심의 세금의 효과와 노동 인센티브에 대한 규제의 변동, 투자 자본의 확장과 개선 그리고 증가된 생산성은 생산량을 증가시키고 재화와 서비스에 대한 '구매 시장'을 만들어 낼 것이다.[15]

15) White House Report on the Program for Economic Recovery, February 18, 1981.

위와 같은 정책을 실시한다면 경제의 생산성이 급격히 향상될 것으로 전망했다. 그래서 1980~1981년에 경험하고 있는 경제불황을 탈피하고 1986년까지 적어도 연평균 4~5퍼센트의 경제성장이 가능하다고 판단했다. 1981년 당시 10퍼센트 이상 되는 인플레이션 비율도 1986년까지는 5퍼센트 이하로 떨어질 것으로 믿었다. 그 결과 미국의 국가 생산량은 1981년 29,200억 달러에서 1986년 49,180억 달러로 증가할 것으로 예상했다.

국민총생산	1981	1982	1983	1984	1985	1986
면목총생산액(NGNP)	29,200	32,930	37,000	40,980	45,000	49,180
전년도비 증가분%	11.1	12.8	12.4	10.8	9.8	9.3
실질총생산액 (RGNP: 1972 기준)	14,970	15,600	16,380	17,110	17,380	18,580
전년도비 증가분%	1.1	4.2	5.0	4.5	4.2	4.2
디플레이터 (Implicitprice deflator)	195.0	211.0	226.0	240.0	252.0	265.0
변화율%	9.9	8.3	7.0	6.0	5.4	4.9
소비자지표	274.0	297.0	315.0	333.0	348.0	363.0
변화율%	11.1	8.3	6.2	5.5	4.7	4.2
실업율%	7.8	7.2	6.6	6.4	6.0	5.6

(달러 단위: 억)

(출처: White House Report on the Program for Economic Recovery, February 18, 1981)

의회에 협조를 구하고

2월 18일 백악관 경제보고서가 발표되던 날 레이건은 상원과 하원 합동회의에 나가 경제개혁에 대해 연설했다.[16] 백악관 보고서에서 강조한 4가지 정책인 감세, 정부지출감축, 규제완화, 금융개혁정책을 집중적으로 설명했다. 레이건이 의회에서 자신의 경제개혁안을 공식적으로 설명한 첫 번째 기회였다.

레이건은 최근 60년 역사에서 처음으로 2년 연속 두 자

16) Address Before a Joint Session of the Congress on the Program for Economic Recovery, February 18, 1981. (http:www.reagan.utexas.edu/archives/speeches/1981/21881.a.htm.)

리 이상의 인플레이션을 경험하고 있는 미국 경제의 심각성을 경고했다. 이자율은 20~15퍼센트에 이르고 있었다. 높은 대출금리 때문에 집은 지어놓아도 팔리지 않았다. 8백만 명이 실직자였다. 국가 부채는 1조 달러에 육박하고 있었다.

의회 연설은 텔레비전과 라디오로 생중계되고 있었다. 레이건은 1조 달러가 얼마나 많은 액수인지 실감나게 설명하기 위하여 비유를 들었다. 만약 1천 달러짜리 지폐를 쌓아 1조 달러가 되려면 67마일이나 높이 쌓을 수 있었다. 1981 회계연도에만 정부가 안고 있는 1조 달러 부채에 대해 이자만 900억 달러를 지불해야 하는 부담을 안고 있었다. 위기에 빠진 미국경제를 회복하기 위하여 1981~1982 회계년도에 연방정부 지출을 414억 달러 줄일 계획이었다. 규제를 완화하고 안정적인 금융정책을 실시할 것임을 강조했다.

레이건은 긴축재정의 구체적인 방안으로 우주개발계획의 수정, 체신부개혁, 자원부경제규제청 폐지를 우선적으로 손꼽았다. 국방비에 대해서는 오히려 늘려야 한다고 주장했다. 그동안 국방보다 복지에 정부의 힘을 집중한 결과 국방능력이 소련에 비해 현저하게 떨어졌다. 1970년 이후 소련은 미국보다 3,000억 달러의 국방비를 더 지출하고 있었다. 미소 군사적 불균형을 바로 잡을 계획을 밝혔다.

경제를 살리겠다는 목표에 대하여 이의를 제기할 의원은

없었다. 그러나 방법이 문제였다. 경제를 살리기 위하여 재정 지출을 늘리는 것이 아니라 오히려 재정지출을 축소하겠다는 것은 기존의 재정원리와 정반대였다. 경제가 바닥을 친 상황에서 정부의 지출마저 줄인다면 경제가 어떻게 살아 날 것인가? 긴축 재정은 당장 국민의 생활에 영향을 줄 수 있었다. 긴축재정으로 공공사업이나 국책사업이 준다면 상원과 하원 의원들의 지역구에 당장 정부 자금이 줄어들 판이었다.

레이건 예산감축안에 대해 정치권이나 언론에서 가장 예민한 반응을 보이고 있는 분야는 복지였다. 레이건은 의회 연설에서 구체적으로 복지비의 축소를 언급하지는 않았다. 그러나 레이건은 후보시절부터 복지정책의 개혁을 외쳐왔다. 예산의 축소는 바로 복지비의 축소로 나타날 것이 분명했다. 복지개혁에 대한 반대 여론은 이미 뜨겁게 달아올라 있었다. 레이건은 복지정책개혁에 대한 반발을 충분히 인식하고 있었다.

의회 연설에서 그는 복지정책을 개혁하되 꼭 필요한 복지비는 개혁할 의사가 없다는 것을 거듭 밝혔다. 미국은 전통적으로 가난하고 어려운 이웃을 도왔다. 장애인이나 노인에 대한 복지비는 절대로 줄이지 않겠다고 약속했다. 3천 1백만 은퇴자들에게 지급되는 사회보장비-소셜시큐리티(연금)와 의료비인 메디케어(노인의료비)도 건드리지 않을 것을 약속했다.[17] 다만 과다하게 지급되는 복지비에 대해 과감한 수술을 할 것임을 밝혔다. 한 사람이 수 십 명의 이름으로 복지비를 타는 복지비 부정에 대한 구체적인 예도 언급하며 복지정책의 개혁을 주장했다.

정부 지출 축소보다 더 민감한 문제는 감세안이었다. 레이건은 향후 3년간 소득세 10퍼센트 감축을 발표했다. 그런데 레이건 개혁의 핵심의 하나인 감세문제는 기존의 경제원칙과 맞지 않았다. 통화량을 조절하기 위한 방법으로 시중 통화량이 넘치면 그 통화량을 줄이기 위하여 세금을 징수하는 것이 일반화된 이론이었다. 그런데 미국 경제가 심각한 인플레이션을 경험하고 있는 상태에서 세금조차 줄인다면 당연히 통화량의 증발로 인한 인플레이션이 악화될 것은 불을 보듯 분명한 문제로 보였다. 레이건은 감세문제에 대한 반대가 가장 심각할 것을 예상했다. 뉴딜정책 이후 상식이 된 경제이론을 뒤집어야 하는 난제였기 때문이다.

감세를 하면 소비와 저축이 늘어나고 또 결과적으로 투자가 증대할 것이다. 경제규모가 커져서 국민경제가 전체적으로 향상될 뿐 아니라 국가 세수도 늘어날 것이라고 레이

---

[17] 미국 정부가 부담하는 의료비는 두 가지가 있다. 은퇴자를 위해서 지급하는 것이 메디케어(Medicare)이고 빈곤계층을 위해 지급하는 것이 메디케이드(Medicaid)이다. 나이가 많거나 빈곤자인 경우 정부의 혜택이 있으나 그렇지 않으면 개인이 의료보험에 가입해야 한다. 직장에 다니면 직장에서 보험을 가입해 주기 때문에 별 문제가 없으나 실직자이거나 개인 사업을 하는 경우 의료보험에 가입하는 것이 경제적으로 부담이 많다. 많은 사람들이 의료보험에 가입하지 못하고 있다. 2010년 오바마 행정부에서 의료보험제도를 개혁하여 보다 많은 사람들이 의료보험에 가입할 수 있게 되었지만 여전히 많은 문제가 남아 있다. 공화당은 오바마 개혁을 원위치 시키길 원하고 있다.

건은 주장했다. 미국 경제의 파이를 키우자는 논리로 의원들을 설득하려고 노력했다. 마지막으로 레이건은 자신의 경제개혁 정책에 반대하는 사람들에게 단순히 반대만 하지 말고 대안을 내 놓으라고 요구했다. 자신의 개혁은 대통령 한 사람의 개혁이나 공화당의 개혁으로만 보지 말고 미국인 모두를 위한 우리의 개혁으로 생각하고 지지해 달라고 부탁했다.[18]

18) Address Before a Joint Session of the Congress on the Program for Economic Recovery, February 18, 1981.

레이건의 연설은 의회 의사당에서 밤 9시에 끝이 났다. 레이건의 경제 개혁안에 공화당의원들은 환호하였다. 그러나 민주당의 반응은 어정쩡했다. 개혁안이 통과되기 위해서는 진통이 불가피해 보였다.

기자들과 조찬을 들며

의회 연설 다음날, 2월 19일 레이건은 재무장관 리건과 예산처장 데이빗 스톡맨(David Stockman)과 함께 백악관에서 기자들과 만나 조찬 간담회를 가졌다.[19] 경제개혁을 추진하기 위하여 언론의 협조가 필요하다고 판단해 새로 만든 모임이었다. 아침 식사를 간단히 끝낸 후 대통령이 재무 장관을 소

19) Remarks and a Question-and-Answer Session on the Program for Economic Recovery at a Breakfast for Newspaper and Television News Editors, February 19, 1981. (http://www.reagan.utexas.edu/archives/speeches/1981/21981a.htm.)

개했다. 기자들의 질문에 재무장관과 참석자들이 답변하는 형식으로 진행되었다. 기자들로부터 솔직한 질문과 비판을 주문했다.

재무장관 리건이 레이건 행정부의 경제개혁은 "창의적이며, 새롭고, 과거와의 단절"이라며 레이건 경제개혁안의 성격을 설명했다. 예산처장 스톡맨은 대통령의 개혁안은 바로 국가가 시급하게 필요한 정책이라고 강조했다. 그는 젊은 나이에 예산처장으로 임명되어 센세이션을 일으켰었다.

그는 정부가 제시한 410억 달러를 삭감한다고 해도 총 예산증액이 원래 830억 달러였기 때문에 여전히 400억 달러의 증액은 불가피하다고 설명했다.

경제자문위원장(Chairman of the Council of Economic Advisors) 머래이 웨이든바운(Murray Weidenbaum)도 정부 경제개혁안에 대한 설명에 동참했다. 정책의 내용보다 정책이 가져 올 결과와 영향에 대해 주로 설명했다. 그는 경제개혁안이 실시되면 인플레이션은 반으로 줄고, 모든 납세자들의 세금이 줄 것이며, 1986년까지 3백만 개의 새로운 일자리가 만들어 질 것이라고 예상했다.

대통령 레이건도 합세했다. 그는 캘리포니아 주지사 시절에 실시하였던 복지개혁에 대해 길게 설명했다. 그는 "우리가 만든 모든 저축, 모든 경제는 복지에 의해 잡아 먹혔습니다. 이것은 호경기냐 불경기냐 하는 것과 관계가 없었습니다." 그가 주지사 재임 시 캘리포니아 경우 한 달에 40,000명 씩 복지비를 새로 신청했다고 밝혔다. 엄청난 재정 부담을 초래할 수밖에 없었다. 그는 캘리포니아의 복지정책에 수술을 단행했다.

그런데 연방정부 역시 비슷한 위기에 처했다는 것이 레이건의 설명이었다. 연방정부에서 일하는 사람 중 누구도 얼마나 많은 사람들이 복지비를 타고 있는지 모른다고 했다.

그는 시카고의 한 여인이 127개의 다른 이름으로 복지비를 탄 예와 캘리포니아 파세데나에 사는 큰 저택을 가진 여인이 복지비를 300,000달러나 불법으로 탄 사례를 증거로 제시하기도 했다. 또 레이건은 샌프란시스코의 한 신문기자가 복지비를 하루에도 4번이나 다른 이름으로 탈 수 있는 있었던 문제점을 지적했던 사례를 이야기했다.[20]

20) Remarks and a Question-and-Answer Session on the Program for Economic Recovery at a Breakfast for Newspaper and Television News Editors, February 19, 1981.

2월 19일 모임이 끝나자, 레이건은 캘리포니아 목장으로 날아갔다. 기자들도 비행기에 함께 태우고 갔다. 기자들은 기내에서도 계속 질문을 던졌다. 경제개혁안 중에서 의회를 통과하는데 가장 어려운 항목이 무엇이냐고 물었다. 레이건은 감세정책이라고 답변했다. 그도 감세안이 몰고 올 파장을 잘 알고 있었다. 그는 기존의 경제이론과 달리 세금을 줄이면서 동시에 국가 세수가 늘리겠다는 자신의 정책을 의회에서 쉽게 수용할 것이냐고 되물었다. 민주당의 반대를 의식한 듯 레이건은 자신의 경제정책을 개혁정책이라고 부르는 대신 경제회복정책이라는 말로 표현해 주길 주문했다.[21]

21) Exchange With Reporters on the Program for Economic Recovery, February 19, 1981. (http://www.utexas.edu/archives/speeches/1981/21981b.htm.)

여성의원들을 초청하다

레이건이 경제정책을 의회에서 통과시키기 위하여 할 수 있는 일은 반대하는 사람들과 소통하여 협조를 얻는 길 밖에 없었다. 3월 16일 그는 백악관으로 여성 상원의원과 하원의원을 모두 초청해 점심을 대접했다.[22] 백악관의 일방적 의사 전달을 위한 자리가 아니었다. 의원들이 자유롭게 돌아가면서 문제를 제기하거나 대통령의 개혁안에 대해 질문하고 답변하는 소통의 자리였다. 분위기는 부드러웠으나 참석자들은 거침없이 자신들의 의견을 쏟아냈다.

22) Remarks and a Question-and-Answer Session on the Program for Economic Recovery at a White House Luncheon for Congressional Women, March 16, 1981. (http://www.reagan.utexas.edu/achieves/speeches/1981/31681a.htm.)

참석자들의 가장 큰 관심은 재정지출의 축소였다. 예산이 축소됨으로써 자신의 지역구나 지역 주민에 닥쳐 올 정부 지원액의 축소를 염려하고 있었다. 여성 의원들은 예산이 줄어들면 우선적으로 사회적 약자인 여성들과 어린이가 피해를 입을 것이라 주장했다. 그리고 예산 감축으로 인해 국책사업이 줄어들면 지역 경제에 타격이 클 것도 걱정했다. 레이건은 국방사업이나 국책사업이 아니라 민간경제를 일으켜 경제를 회복해야 한다는 점을 강조했다.[23)]

23) Remarks and a Question-and-Answer Session on the Program for Economic Recovery at a White House Luncheon for Congressional Women, March 16, 1981.

의회로 가다

레이건은 예산안 통과를 위하여 파격적인 행동도 마다하지 않았다. 3월 17일 아침 8시, 레이건 대통령은 의회를 직접 방문했다. 공화당 원내 지도자들과 조찬을 함께 하며 개혁안에 대한 지지를 호소했다.[24)] 비록 민주주의가 잘 발달된 미국이라 해도 대통령이 의회를 찾아가 의회 지도자들과 국정을 의논한다는 것은 쉬운 일이 아니다. 미국은 비교적 격식에 매이지 않는 나라이지만 대통령은 대통령이다. 하원이나 상원의원의 지위와 비교할 수 없다. 대통령이 어떤 하원의원을 보자고 전화를 하면 해당 의원은 하던 일을 멈추고 바로 백악관으로 달려간다. 대통령이 가지고 있는

24) Remarks on the Program for Economy Recovery at a Breakfast Meeting With the Republican Congressional Leadership, March 17, 1981. (http://www.utexas.edu/archives/speeches/1981/31781b.htm.)

정치적 힘이다.

그러나 새로 취임한 대통령 레이건은 대통령의 권위를 누릴 여유가 없었다. 개혁안을 통과시키기 위해서는 당장 의회의 협조가 필요했다. 레이건에게는 격식보다 실질적인 내용이 중요했다. 의원들의 협조를 얻기 위해서는 대통령이 먼저 개혁에 대한 진정성을 보여줄 필요가 있었다.

레이건이 의회를 설득하는데 있어 가장 중요한 상대는 하원의장 팁 오닐(Tip O'Neill)이었다. 오닐은 메사츠세츠 출신으로 하원에서 수 십 년을 보낸 막강한 영향력을 가진 인물이었다. 그는 레이건의 개혁에 반대했다. 오닐은 보스형 정치인으로 민주당 내 반대 여론을 주도하고 있었다. 레이건 개혁안에 버티고 선 거대한 산과 같은 존재였다. 레이건은 오닐의 정치적 역량을 잘 알고 있었다.

취임 후 한 달도 되기 전 레이건은 오닐 의장 부부를 백악관에 초청했었다.[25] 마침 백악관은 실내장식을 교체한 직후였다. 오닐은 새로 단장한 백악관 내부를 둘러 보고 실내 장식에 대한 낸시의 심미안을 칭찬했다. 대통령부부와 하원의장 부부는 화기애애한 분위기에서 식사를 시작했다. 레이건과 오닐은 모두 아일랜드계였다. 레이건은 오닐과 아일랜드 전통에 대한 이야기를 주고받으며 서로 이야기가 통

25) 레이건이 오닐과 처음 만난 것은 레이건 취임식 때였다. 오닐은 레이건을 영화배우 시절부터 영화와 텔레비전을 통해 보아왔다. 특히 일요일 밤에 방영되던 GE 씨어터 시리즈는 오닐이 즐겨보던 프로였다. 오닐은 레이건에 대해 배우 레이건이라는 인상을 가지고 있었다. O'Neill, *Man of the House*, p. 331.

한다고 믿었다. 나이도 비슷했다. 레이건이 한 살 위였으나 오닐이 흰 머리 때문에 더 늙어 보였다. 오랜 친구 같은 분위기 속에 식사가 끝났다. 레이건은 오닐과 충분히 가까워졌다고 느꼈다.[26] 오닐이 앞으로 제출될 개혁안에 대해 지지는 못해도 적어도 극단적인 반대는 안 할 것으로 기대했다.

[26] 오닐도 그의 회고록에서 대통령과의 백악관 식사에 대해 자세히 기록하고 있다. 레이건을 만나고 나서 오닐은 레이건이 "붙임성있고," "매력적인"이며 "대단한 이야기꾼"일 뿐 아니라 "뛰어난 유머 감각"을 가진 사람이라는 인상을 받았다. O' Neill, *Man of the House*, p. 335.

그러나 레이건의 기대는 얼마 되지 않아 완전히 깨지고 말았다. 오닐이 대통령의 개혁안을 신랄하게 비판하는 기사가 신문에 대문짝만하게 실렸기 때문이다. 레이건은 배신감을 느꼈다. 오닐에게 직접 전화를 걸어 따져 물었다. 오닐은 완전히 사무적인 목소리로 답변했다. "대통령 양반, 그게 바로 정치가 아니오? 6시 이후에 우리는 서로 친구가 될 수 있소. 하지만 6시 전까지는 정치를 해야 하는 것이 아니오?"

레이건은 답변할 말을 잊었다. 화가 났다. 그러나 상대는 어떻게든 설득해야 하는 하원의장이었다. 정치인은 공적인 것과 사적인 것이 다르다는 상대방의 현실을 이해해기로 했다. 그 후 오닐과 마주치는 일이 있을 때면, 레이건은 "오닐 의장, 내 시계를 고쳤소. 지금 여섯 시요"라며 농담을 건네곤 했다. 오닐은 1987년까지 하원의장 자리를 지켰다. 레이건의 대통령 임기 동안 야당 총수가 오닐이었던 셈이다.

정치적으로 충돌할 수밖에 없었다. 레이건은 회고록에서 오닐을 낡은 정치인이라 평가했다.[27] 이런 정치인들은 자신과 반대되는 일이 생기면 마치 아마존 강의 물고기 피라냐처럼 태도를 바꾼다고 혹평했다.[28]

27) Reagan, *An American Life*, p. 250.

28) 오닐 역시 대통령 레이건을 좋게 평가하지 않았다. 그의 회고록에서 오닐은 레이건을 트루먼 이후 역대 대통령 중 최악의 대통령이라고 혹평했다. O'Neill, *Man of the House*, p. 360.

저격 사건 9장

| 저격 사건 |

"빵, 빵, 빵"

취임 초 레이건이 경제개혁정책에 올인하고 있을 때 갑자기 돌발사고가 발생했다. 1981년 3월 30일 오후 2시 25분,

저격당하기 직전의 레이건 (1981년 3월 30일)

레이건 대통령이 총에 맞았다. 워싱턴 힐튼호텔에서 열리고 있던 미국 양대 노총(AFL-CIO) 건설노조의 연례회의에 참석해 연설을 하고 나오는 길이었다. 연설에 대한 노조원들의 반응은 별로 뜨겁지 않았다. 레이건은 노조원 대부분이 민주당 지지자들이기 때문이라 생각했다. 연설을 마친 그가 출입구를 나와 대통령 전용차로 가고 있었다. 차까지는 짧은 거리였다. 길 양 옆에는 기자들이 진을 치고 있었다.

기자들을 지나 차에 막 도착한 순간이었다. 레이건은 자신의 왼쪽 편에서 폭죽소리가 두 세 번 나는 것을 들었다. 빵, 빵, 빵. 작은 소리였다. 그는 무심코 고개를 돌려 "무슨

저격 직후 현장 상황 (1981년 3월 30일)

소리냐?"고 물었다. 그 순간, 경호팀장 제리가 대통령의 왼쪽 허리를 뒤에서 껴안고 전용차 뒷좌석으로 밀고 들어갔다. 뒷좌석에 엎어진 대통령의 몸 위로 경호팀장이 덮쳤다. 경호팀장이 대통령 몸을 위에서 감쌌다. 그런데 레이건은 등 뒤 위쪽에 심한 통증이 몰려왔다.

대통령은 경호팀장 제리가 자신을 덮쳤기 때문에 갈비가 부러졌다고 생각했다. "제리, 비켜주게. 자네가 내 갈비를 부러뜨렸어!"라고 소리쳤다. 그러나 제리는 대통령의 말에 대꾸도 않았다. 기사에게 "백악관으로!"라고 외쳤다. 대통령은 아직 자신이 총에 맞은 사실을 모르고 있었다. 그는 몸을 일으켜 의자에 앉으려고 했다. 통증이 너무나 심했다. 전신이 마비될 지경이었다. 자리에 겨우 앉자 심한 기침이 나와 손으로 막았다. 그러자 손바닥에 검붉은 핏덩어리가 쏟아졌다.

레이건은 몹시 놀랐다. 그는 "자네, 내 갈비만 부러뜨린 것이 아니라 그 갈비가 내 폐까지 찌른 것 같구만!"하며 경호원을 나무랬다. 경호원도 레이건 손바닥의 핏덩어리를 보았다. 그는 전용차 기사에게 백악관 대신 조지 워싱턴 대학병원으로 가라고 지시했다. 레이건은 손수건을 꺼내 손을 닦았다. 손수건이 피로 흠뻑 젖었다. 경호원의 손수건까지 받아 피를 닦았다. 레이건은 차츰 숨쉬기가 어려워졌다. 숨을 아무리 크게 쉬려고 해도 숨을 쉴 수 없었다. 그는 공포를 느끼기 시작했다. 정신이 공황상태로 빠져 들었다. 피격 현장에서 병원까지 걸린 시간은 채 4분이 되지 않았다.

"선생님이 공화당원이기를"

전용차가 조지 워싱턴 대학병원 응급실 앞에 도착했다. 차에서 제일 먼저 내린 사람은 대통령이었다. 그는 걸어서 병원으로 들어갔다. 병원은 긴급연락을 받고 수술 준비에 들어간 상태였다. 간호사가 뛰어 나왔다. 대통령은 숨을 쉴 수 없다고 말했다. 갑자기 무릎에 힘이 빠지는 것을 느끼며 의식을 잃고 말았다.[1]

[1] Reagan, *An American Life*, p. 260.

대통령 말고도 총에 맞은 사람은 더 있었다. 현장에 있던 공보비서 제임스 브래디, 경호원 티모시 맥카시와 워싱턴 시 소속 경찰관 토마스 델라한티였다. 브래디와 맥카시는 조지 워싱턴대학병원으로, 경찰관 델라한티는 워싱턴 병원센터로 실려 갔다. 경호원 맥카시는 저격범이 대통령에게 총을 쏘는 것을 몸으로 막았다. 총알은 대통령 대신 그의 가슴에 박혔다.

대통령은 총구에서 나온 총알에 바로 맞은 것은 아니었

다. 레이건이 차로 들어가는 순간 발사된 총알은 차체에 맞은 후 차체와 자동차 문 사이의 틈으로 날아 들어와 대통령의 왼쪽 팔 아래 겨드랑이를 뚫었다. 다시 총알은 갈비뼈 사이를 지나며 동전같이 뒤집어진 후 폐를 찢고 들어 갔다. 다행히 심장에서 1인치 떨어진 곳에서 멈추었다.

대통령은 응급실로 옮겨졌다. 수술대 위에 눕혀진 대통령에게 산소마스크가 씌워지고 수술 준비에 들어갔다. 레이건은 다시 의식을 찾았다. 자신이 수술대 위에 누워 있는 것을 알았다. 통증이 몰려왔다. 숨을 제대로 쉴 수 없었다. 수술대에 누운 것은 태어나 처음이었다. 수술대 위에서 천정에 붙어 있는 사각의 천정 판넬에 눈을 고정시키고 기도를 했다. 그리고 다시 의식을 잃었다.

레이건은 의식을 반쯤 되찾은 상태였다. 누군가 자신의 손을 붙잡고 있는 것을 느꼈다. 아주 부드러운 여성의 손이었다. 그 손이 레이건의 손을 꼭 붙잡아 주었다. 레이건은 기분이 편안해졌다. 말할 수 없는 평화 같은 것을 느꼈다. 자신의 손을 붙잡고 있는 사람이 누구냐고 묻고 싶었다. 말이 나오지 않았다. 회복 후 레이건은 자신의 손을 잡아 준 간호사을 찾고 싶었으나 실패했다. 신비한 경험으로 남았다.

피격 직후 백악관은 대통령에게는 아무 일도 생기지 않았다고 발표했다. 그러나 3시 37분, 발표를 번복했다. 백악

관 공보비서관 데이빗 거건(David Gergen)이 대통령이 저격당한 사실을 공식적으로 발표했다.[2]

2) Statement by Assistant to the President David R. Gergen About the Attempted Assassination of the President, March 30, 1981. (http://www.reagan.utexas.edu/archives/speeches/1981/33081c.htm.)

대통령이 호텔을 나오다가 왼쪽에 총상을 입고 조지 워싱턴 대학병원에 있다. 대통령의 건강 상태는 안정적이라고 발표했다. 백악관은 텍사스에 있던 부통령 부시에게 알렸다. 부통령은 즉시 워싱턴으로 출발했다.

레이건은 수술대 위에 누워 수술을 기다리고 있었다. 의사는 곧 수술을 할 것이라고 말했다. 레이건은 그 의사에게 "선생님이 공화당원이길 바랍니다"라고 말했다. 그 의사는 레이건을 보며 "대통령님, 오늘 우리는 모두 공화당원입니다"라고 대답했다. 대답을 한 의사 지오다노는 사실 오랫동안 민주당 지지자였다. 수술실에서도 레이건은 유머를 던질 정도로 담대함을 잃지 않고 있었다.

"여보, 내가 피한다는 것을 잊었소."

레이건은 수술실에서도 여전히 경호원이 자신의 갈비를 부러뜨렸다고 믿고 있었다. 그러나 차츰 상황을 파악하게 되었다. 총을 쏜 청년이 체포되었다는 것도 알았다. 레이건은 자신이 누워있는 수술대 옆으로 브레디가 의식을 잃은 채 실려 가는 것을 보았다. 중상이라 살기 어려울 것 같다는 말을 듣고 브레디를 위해 기도할 마음이 들었다. 그런데 총을 쏜 사람에 대한 증오심이 끓어 올랐다. 그런 마음으로 하나님께 자신과 총을 맞은 사람들을 치료해 달라고 기도할 수 없다는 생각이 들었다. 그래서 총을 맞은 브레디가 어떤 시험이든 견디게 해 달라고 기도했다.

수술을 기다리고 있는 동안 레이건은 피격되기 일주일 전에 포드 극장에 갔던 일이 생각났다. 그곳에서 링컨이 총을 맞은 극장 좌석을 보면서 생각했던 것들이 떠올랐다. 그는 하나님의 은혜에 감사했다. 경호원이 아무리 철저하게 대통령을 경호한다고 해도 완벽한 경호는 불가능하다는 생각이 들었다. 대통령이 외부 행사에 참석하는 경우 방탄복을 입도록 되어 있다. 그런데 당일 행사는 실내 행사였다. 참석 대상도 제한된 노조원들이었다. 외부에 노출되는 거리는 차를 타러 가는 10미터 정도에 불과했다. 방탄복을 꼭 입을 필요성을 느끼지 못 했었다.

수술 후 마취에서 깨어났을 때 레이건 옆에 낸시가 있었다. 랜시를 보자 레이건은 조크할 마음이 들었다. 마침 진 뎀프시(Gene Dempsey)의 말이 생각났다. 뎀프시는 권투선수였다. 그는 헤비급 챔피온 타이틀전에서 졌다. 뎀프시는 아내에게 "여보, 내가 피한다는 것을 잊었소.(Honey, I forgot to duck.)"라고 말했다. 레이건은 뎀프시의 말을 그대로 낸시에게 했다.

수술실 침대에서 부인 낸시의 얼굴을 다시 본 레이건은 너무 기뻤다. 그는 일기에 낸시가 없는 날은 하루도 없게 해 달라고 기도했다고 적었다. 그는 낸시와 결혼하게 해준 하나님께 깊이 감사했다.

"나의 생명은 하나님께······"

백악관 비서관 거건은 기자들에게 국무장관, 재무장관, 국방장관 그리고 법무장관과 대통령 비서진이 모여 대책을 협의 중이라고 발표했다. 오후 6시 30분에 부시 부통령은 텍사스에서 비행기로 앤드류 공군기지에 도착했다. 곧 바로 백악관으로 갔다. 7시 백악관 상황실에서 장관들과 백악관 비서진을 만났다. 저녁 8시 20분 부통령은 백악관 회견실에서 준비한 내용을 발표했다:

저는 매우 간단한 발표문을 읽도록 하겠습니다. 저는 대통령의 상태에 대한 오리어리 박사의 보고로 마음이 많이 놓입니다. 그는 많은 경험과 항상 낙관적인 생각을 가지고 있기 때문에 완전히 회복할 것입니다. 저는 이 나라와 우리를 지켜보는 세계에 우리 미국정부는 완전히 효과적으로 작동하고 있음을 재확인합니다. 우리는 종일 충분하고도 완전하게 소통하고 있으며 연방 정부의 모든 공무원들은 최선의 노력으로 자신의 직무에 충실히 임하고 있습니다.

저는 대통령과 대통령 가족을 대신하여 그분들의 말씀을 전합니다. 우리는 전국 각지에서 이와 같은 폭력에 대해 걱정을 해주신 많은 국민들에게 깊이 감사합니다. 그리고 마지막으로 두 분은 대통령을 보호했던 두 명의 용감한 경찰관과 그리고 우리 모두의 친구이고 헌신적인 공무원인 짐 브레디에 대해서도 심심한 감사의 말씀을 전한다는 것을 알려드립니다. 우리는 이제 기도와 희망으로 이들의 회복을 기원합니다. 감사합니다.[3]

> 3) Statement by the Vice President About the Attempted Assassination of the President, March 30, 1981. (http://www.reagan.utexas.edu/archives/speeches/1981/33081e.htm.)

부통령의 발표가 나오기 직전 조지 워싱턴 의과대학 데니스 오리어리 학장이 대통령과 공보비서 브래디 그리고 경호원 맥카시의 상태에 대하여 기자들에게 간단히 설명했다. 대통령은 왼쪽 허파를 총알이 관통했으나 수술 후 의식을 회복하여 안정적인 상태였다. 회복도 최선의 상태로 진행될 것으로 전망했다. 브레디는 이마에 총을 맞았다. 발표 당시 수술 중이었다. 위험한 상태였다. 맥카시는 오른쪽 가슴에 총알이 박혔다. 수술 후 경과는 좋았다.

총을 쏜 범인은 25살의 존 힝클리(John Hinckley, Jr)였다. 그는 콜로라도 주 에버그린 출신이었다. 현장에서 경호원들에 의하여 체포되었다. 힝클리는 '택시'라는 영화에 나오는 여배우 조디 포스터(Jodie Foster)를 좋아했다. 여배우를 쫓아다니며 만나줄 것을 요청했다. 그러나 거절당하자 누군가를 죽여 자신의 마음을 증명하기로 했다. 처음 카터 대통령을 쏠 계획을 세웠다. 힝클리는 카터 대통령을 따라 다녔으나 기회를 잡지 못했다.

3월 31일 부통령 부시는 기자들에게 대통령의 상태에 대하여 발표했다.[4] 수술 후 하루가 지났다. 부시 부통령이 대통령을 방문했을 때 레이건은 자다 깨어났다. 부시와 이야기를 나누는데 문제가 없었다. 부통령은 병실이 조용해 귓속말을 할 생각으로 갔었다. 그러나 병실은 워싱턴 기차 역 대합실같이 시끄러웠다.

4) Exchange Between the Vice Preisent and Reporters on the President's Recovery Following athe Attempted Assassination, March 31, 1981. (http://www.reagan.utexas.edu/archives/speeches/1981/33181a.htm.)

부통령의 발표가 있은 후 기자들은 장관들 사이에 내분이 있다는 소문을 확인해 달라고 요청했다. 국무장관 헤이그와 국방장관 와인버거 사이에 알력이 있다는 소문이 있었다. 부시는 그런 것을 전혀 알

5) Exchange Between the Vice Preisent and Reporters on the President's Recovery Following athe Attempted Assassination, March 31, 1981.

지 못한다고 답변했다.5) 그러나 당시 헤이그 국무장관이 마치 국정을 혼자 책임진듯 행동한 것은 소문이 아니라 사실이었다.

대통령의 회복을 기원하는 군중 사진을 받고 (1981년 4월 8일)

4월 11일 대통령은 병원에서 퇴원했다. 총에 맞았을 때 레이건은 70세가 넘은 노인이었다. 그러나 70세의 나이에도 몇 시간동안이라도 도끼로 장작을 팰 수 있을 정도의 근력이 있었다. 한번은 하원의장 오닐이 대통령 레이건의 팔을 만져보고 놀랐다. 마치 쇠막대기를 만지는 것 같았다. 오닐은 레이건에게 그의 근력의 원천이 나무패기냐고 물었다. 레이건이 그렇다고 답하자 오닐도 도끼를 사서 나무패기를 시도했다. 그러나 힘에 겨워 오닐은 금방 그만 두었다.6) 레이건은 평소 건강 덕분에 총상에서도 쉽게 회복될 수 있었다.

| 6) O'Neill, *Man of the House*, p. 335.

퇴원하여 백악관으로 돌아 온 레이건은 하나님께 감사했다. 레이건은 일기에 "무슨 일이 일어나든 나의 생명은 하나님께 맡긴다. 내가 하는 모든 일에서 그분을 섬기기 위해 노력하겠다"고 적었다.7) 죽음의 문턱까지 갔던 피격경험은 레이건의 신앙과 인생관에 커다란 영향을 미쳤다. 삶의 목적에 대해 깊은 생각을 하였다. 자신보다 국가를 위해 더 헌신하기로 결심했다. 그리고 그것이 하나님을 섬기는 일이라 믿었다. 레이건은 자신을 쏜 범인을 마음속으로 용서했다. 그는 범인이 정신적 혼란에 빠져 있다고 생각했다. 그를 위해 하나님께 기도했다.

| 7) Reagan, *An American Life*, p. 263.

레이건 경제개혁 10장

┃레이건 경제개혁┃

장벽을 앞두고

레이건이 퇴원하자 경제개혁안에 대한 논의가 다시 활발해졌다. 의회에서는 민주당의 반발이 심했다. 민주당은 뉴딜 이래 민주당이 구축해 놓은 경제와 복지의 기본 틀을 레이건이 완전히 와해시키는 것으로 이해했다.[1] 레이건의 개혁은 부자를 위한 감세정책이라고 공격했다. 정부의 지출을 줄인다는 것도 결국은 복지비 수혜자인 빈곤층의 복지예산을 줄이는 것이라고 비판했다. 민주당은 레이건의 경제개혁안에 담겨 있는 복지개혁안을 수용할 수 없었다. 하원의장인 오닐과 민주당 의원들은 레이건 개혁안에 결사적으로 반대했다.

개혁안의 운명을 건 공화와 민주 양당 간 일전이 불가피한 상태였다. 민주당은 하원을 장악한 다수당이라는 이점이 있었다. 레이건은 수적으로 불리했다. 그러나 레이건은 대

---

1) O'Neill, *Man of the House*, New York: Random House, 1987, p. 348.

통령 선거에서 절대 다수의 국민적 지지를 얻었다. 여론이 레이건을 돕고 있었다. 국민은 개혁을 선택하였는데 민주당이 수가 많다고 무조건 반대할 수만 없었다. 쌍방 모두 강점과 약점을 함께 가지고 있었다. 서로 양보할 수 없는 어려운 싸움을 해야 하는 입장이었다. 레이건은 민주당의 반대 장벽을 넘을 수 있을 것인가?

개혁안을 세일하라

레이건은 민주당 의회와 전면전을 펼칠 수밖에 없었다. 서로 양보가 쉽지 않았다. 세금이나 복지는 모두 민주당이나 공화당의 핵심 가치와 연결되어 있었다. 1981년 4월 15일 레이건은 재무장관 리건을 시켜 감세안에 대한 대통령의 성명을 발표했다.[2] 병원에서 퇴원한 후 1주일도 되지 않았다. 건강 상태가 기자들과 직접 만날 수 있을 정도는 아니었다. 재무장관을 내세웠다. 레이건은 개혁에 대해 마음이 급했다. 취임 초에 해결하지 않으면 개혁은 영원히 불가능하게 될 것이다.

리건은 성명서 발표를 위해 백악관으로 지방 신문기자, 편집인 그리고 방송국장들을 초청했다. 리건은 연방소득세

[2] Statement on Federal Income Tax Reductions, April 15, 1981. (http://www.reagan.utexas.eud/achives/speeches/1981/41581c.htm.)

감액에 대한 대통령의 주장을 자세히 밝혔다. 미국인들이 정부에 지나치게 많은 소득세를 납부하고 있다. 1965년에는 납세자 중 25퍼센트가 6퍼센트 이상의 소득세를 납부했다. 그러나 1981년에는 납세자의 3분의 1이 소득의 25퍼센트를 세금으로 납부하고 있다. 거기다 4인 가족의 평균 연방 소득세 납부는 17퍼센트에서 24퍼센트로 증가했다. 당시 추세라면 1984년에는 32퍼센트에 이를 것으로 전망했다.

레이건의 개혁안에 따르면 1984년까지 과세 증가폭이 23퍼센트로 줄어들게 되어 있었다. 감세의 혜택은 중산층에 돌아갈 것이다. 실제로 감세액의 4분의 3이 중산층에게 돌아가게 설계되어 있었다. 10,000달러에서 60,000달러를 버는 소득자들이 소득세의 72퍼센트를 부담하고 73퍼센트의 이익을 돌려받게 되어 있었다. 경제를 활성화시키는 최선의 방법은 수입을 소득자들의 손에 맡기는 것이다. 힘들게 번 돈을 정부의 이름으로 빼앗는 것은 정의롭지 못하다. 국민의 소득을 빼앗아 연방관료들이 마음대로 쓰는 것은 효율적이지도 못하다. 리건은 과세로 문제를 해결한다는 생각을 중단할 때라고 주장했다. 사실 세금만 많이 거두면 모든 국가 문제를 해결할 수 있다는 것은 낡은 생각이다. 예산 지출의 효율성이 더 중요하다는 것이 레이건의 생각이었다.

공무원 설문조사

레이건 정부는 연방 공무원에 대한 설문조사를 실시했다. 4월 16일 그 결과가 나왔다.[3] 예산 낭비는 심각한 수준이었다. 설문조사에 응답한 공무원 중 17퍼센트가 과거 12개월 동안 연방 재산이 횡령되고 있음을 인지하고 있었다고 답했다. 11퍼센트는 복지비 수혜 부적격자가 복지비를 횡령하거나 정부 물건이나 혹은 서비스를 받고 있는 사실을 개인적으로 알고 있다고 답했다. 응답자 중 9퍼센트는 100,000달러 이상의 연방 예산이나 운용이 달려 있는 구체적인 연방정부 사업이 잘못 운용되고 있는 것을 알고 있다고 응답했다.

설문조사는 정부상훈국과 감사국이 공동으로 실시했다. 정부 예산은 누구의 돈도 아니었다. 마구 낭비되고 있었다. 특히 정부의 비대화로 예산이 효율적으로 사용되지 못하고 있었다. 레이건의 주장이 입증된 셈이었다. 조사보고서는 결론에서 정부 예산지출에 대한 문제점을 강도 높게 지적했다. 해당 기관은 정부예산 확대에만 신경 썼지 그 예산을 어떻게 효율적으로 사용할지 관심을 두지 않았다.

후속조치로 레이건 정부는 각 부서에 예산낭비나 횡령과 관련된 신고를 할 수 있게 신고용 직통전화를 설치했다.

3) Statement on Actions Taken Against Waste, Fraud, and Abuse in the Federal Government, April 16, 1981. (http://www.reagan.utexas.edu/archives/speeches/1981/41681a.htm.)

국민들에게 신고 전화의 번호를 공개했다. 정부 스스로 정부를 개혁하고 예산을 줄일 것을 약속했다. 개혁에 대한 국민적 공감대를 형성하는데 도움이 되었다.

다시 의회로

4월 28일, 레이건은 의회로 갔다. 상원과 하원 합동회의에 경제개혁을 다시 한번 설명하기 위해서였다. 총상을 딛고 일어선 대통령이었다. 두 달 전 국민들은 텔레비전을 통해 레이건이 총에 맞는 모습을 보았다. 저격사건에서 살아 난 대통령이 국민 앞에 다시 정정한 모습으로 나타난 것이다. 그의 표정은 밝았다. 유머와 웃음을 잃지 않고 있었다. 그러나 그는 달라 보였다. 그는 무엇이든 극복할 수 있는 불사조 같은 존재감을 느끼게 했다. 그가 말하는 것에는 진정성이 있어 보였다. 총알은 국민과 레이건의 마음을 하나로 뚫어 소통의 창구를 만들어 준 듯했다.

레이건의 등장에 의회는 박수로 환영했다. 하지만 의회는 레이건의 개혁안에 대해 양분된 상태였다. 공화당 정부의 개혁안에 민주당은 당력을 모아 반대하고 있었다. 찬반 논쟁이 뜨겁게 진행되었다. 개혁안이 의회에서 산고를 겪고 있었다. 하지만 결과도 나타나기 시작했다. 4월 27일 개혁안은 상원예산위원회를 통과했다. 민주당과 공화당이 일단 상원 본회의에 개혁안을 상정하기로 결정한 것이다. 일차 관문은 통과한 셈이다.

상하원합동회의에서 연설하는 레이건
(1981년 4월 28일, 뒤에 부통령 부시와 하원의장 오닐)

하원에서 차츰 개혁안에 대해 찬성하는 의원이 늘어났다. 텍사스 출신 하원의원 필 그램(Phil Gramm)과 오하이오 출신 델 라타는 공동으로 레이건의 개혁안을 토대로 초당적 그램-라타예산동의안(Gramm-Latta budget resolution)을 제출했다. 당시 그램은 민주당 출신이었다. 나중에 그램은 공화당으로 당적을 옮긴다. 공화당 후보로 텍사스에서 상원의원이 되고 공화당 경제개혁의 핵심 정치인으로 두각을 나타내게 된다. 민주당 출신이지만 레이건 경제개혁의 핵심 브레인이 된다. 그의 부인은 하와이 1세대 한인 이주자의 후손이었다. 그램과 부인 모두 텍사스 대학의 경제학 교수였다. 부인 역시 부시 행정부 때 정부 고위직에 임명되게 된다. 그램과 라타 초당파 동의안 이외에 민주당 중심의 하원 예산위원회가 내놓은 동의안이 하나 더 있었다. 민주당 동의안은 레이건 개혁안에 대해 반대하는 내용을 담고 있었다.

4월 28일 의회연설에서 레이건은 민주당 동의안에 대하여 정면으로 반대했다.[4] 대신 초당파안에 찬성 입장을 밝혔다. 민주당 동의안에도 정부 지출 축소와 세금감액에 대한 내용이 포함되어 있었다. 단기적 임시처방에 불과하다고 비판했다. 민주당안은 처음 3년은 정부지출 감소의 효과가 있을 것이나 결국은 연 12퍼센트의 연방 세금인상을 초래할 것으로 예측되었다. 민주당

[4] Address Before a Joint Session of the Cogress on the Program for Economic Recovery, April 28, 1981. (http://www.reagan.utexas.edu/archives/speeches/1981/42881c.htm.)

안은 1984년에 1981년 보다 훨씬 많은 세금을 부담하게 될 것으로 보였다. 레이건은 민주당안의 문제점을 지적했다.

레이건의 의회연설에 대한 국민적 반응은 뜨거웠다. 레이건은 국가를 구하려는 영웅으로 비쳤다. 민주당은 개혁안을 방해하는 방해꾼이었다. 레이건은 서부에서 나타난 정의의 사나이였고 민주당은 마을 사람들로부터 부당한 세금을 뜯는 악당과 같이 비쳤다.[5] 여론은 레이건에게 유리하게 변하기 시작했다. 그러나 싸움은 쉽게 끝나지 않았다. 민주당 의원들이 여전히 하원을 장악하고 있는 것이 현실이었다. 레이건은 연설 중 여러 차례 큰 박수를 받았다. 민주당 의원들 중에서도 40여명의 하원의원들이 기립하여 레이건의 연설에 동의해 주었다. 민주당 의원들이 박수를 보내는 모습에 레이건은 전율을 느꼈다. 자신의 경제 개혁안이 통과될 수 있다는 강한 느낌을 받았다.[6] 그러나 레이건 개혁안에는 여전히 많은 반대자들이 있었다.

[5] 실제로 국민들은 하원의원과 하원의장에게 많은 편지를 보냈다. 하원의장 오닐은 하루에 5만 통의 편지를 받은 적도 있었다. 하원의장에게 대통령에 대한 반대를 그만두라는 내용이었다. 오닐의 수십 년 정치생활의 기반이 되어 준 메사추세츠 주 지역구에서도 같은 내용의 편지가 왔다. 뿐만 아니라 하원의장 오닐을 죽이겠다는 협박 전화가 있어 경찰이 자택에 대한 경비를 강화해야 했다. 공항이나 거리에서 오닐에게 대통령을 괴롭히지 말라고 항의하는 사람들도 많이 나타났다. O'Neill, *Man of the House*, pp. 344, 351.

[6] Reagan, *An American Life*, p. 285.

전방위 로비

5월 11일 레이건은 하원의원들을 모두 백악관으로 초대했다. 뿐만 아니라 백악관 비서진과 부처 장관들도 모두 함께 식사하는 자리를 마련했다. 레이건의 감세안을 의회에서 통과시켜 줄 것을 요청하기 위한 모임이었다. 레이건은 국민들의 세금을 줄여서 경제활동의 심리적 요인인-"X요인 (x factor)"를 자극하여 국민들이 꿈과 희망을 갖고 경제 활동에 응하도록 하자고 호소했다.[7] 5월 14일에는 상원의원들을 백악관으로 초청했다.

7) Remarks on the Program for Economic Recovery at a White House Reception for Members of the House of Representatives, May 11, 1981. (http://www.reagan.utexas.edu/archives/speeches/1981/51181a.htm.)

미국 대통령들은 정부에서 요청한 중요한 법안이 의회에서 쟁점이 되고 있을 때 의원들을 자주 백악관에 초청했다. 대통령의 의지를 확실하게 전달하는 효과적인 방법이었다. 프랭클린 루즈벨트 대통령이 특히 초청 로비를 잘 했다. 그는 참석한 의원들에게 직접 핫도그를 구워 대접했다. 백악관 수영장을 의원들에게 개방하여 서로 허물없이 수영복 차림으로 시간을 보내기도 했다. 루즈벨트 대통령은 의원들의 이름을 부르며 친근감을 표현했다. 대통령의 이런 대접과 친근한 태도는 반대하던 의원들의 마음을 녹였다.

8) 정치적 적수였던 하원의장 오닐도 레이건의 설득력이 대단했던 점을 인정했다. O'Neill, *Man of the House*, p. 341.

레이건 역시 루즈벨트에 못잖은 로비실력을 보였다.[8] 대통령과 그 부인이 나서서 의원들과 이야기를 나누었다. 이런 모임에서 대통령은 국가 최고 지도자가 아니다. 음식을 나누는 소탈한 친구일 뿐이다. 권위를 벗고 자연스런 친구가 될 때 상대방의 마음을 살 수 있다. 민주정치는 권위의 정치문화 속에서 꽃 필 수 없다. 국가를 걱정하는 친구 같은 동질감을 느낄 때 반대당도 찬성하는 것이다.

6월 11일 레이건은 정치인뿐 아니라 사업가들도 백악관으로 초청했다. 레이건의 경제개혁에 누구보다 관심이 많은 사람들이었다. 레이건은 이들 사업가들을 개혁을 위한 우군으로 사용하기 원했다. 노총은 이미 레이건의 개혁에 반대 입장을 분명히 밝혔다. 사업가들은 입장이 달랐다. 이들은 레이건의 경제개혁에 호의적이었다.

레이건은 의회에서 논쟁이 되고 있던 초당파 동의안의 장점과 민주당 동의안의 문제점에 대해서 자세히 설명했다. 그는 도표를 작성해 가지고 나와 비교하며 개혁안의 당위성을 설명했다. 분배에 초점을 두고 그것을 어떻게 나누어 먹을 것이냐 고민하기 보다는 전체를 위한 파이를 키우는 것이 더 중요하다고 주장했다. 사업가들에게는 듣기 좋은 소리였다.

6월 19일 레이건은 기자들을 백악관으로 초청했다. 민주당 동의안의 문제점을 지적하며 반대의 입장을 분명히 했다.

기자들은 개혁안이 의회를 통과하도록 어떻게 노력할 것이냐고 질문했다. 레이건은 "설득과 이성"이라고 답변했다. 투표에 이길 수 있느냐는 질문에 대해서는 "잘 모르겠다"고 답변했다. 누구도 결과를 장담할 수 없는 팽팽한 대결 국면이 전개되고 있었다. 기자들의 가장 큰 관심거리는 레이건과 하원의장 오닐과의 인간관계였다. 오닐은 레이건 개혁에 철저하게 반대하는 입장이었다. 하원의장에게 할 말이 없냐고 한 기자가 질문했다. 레이건은 그에게 "행운을 빈다"고 답했다. 기자들은 웃음을 터뜨렸다.

레이건은 기자 회견 중 하원의장을 비난하는 말은 한 마디로 하지 않았다. 저마다 각자의 입장에서 국익을 위하여 일하고 있다고 믿었다. 철학이 다르다고 비난할 일은 아니었다. 오닐도 사석에서 레이건 대통령과 허물없이 이야기를 나누었다. 그러면서 공적인 입장에서는 레이건의 개혁에 적극 반대하였다. 정치 철학이 달랐을 뿐 개인적인 감정은 없었다.

레이건은 그램과 라테 동의안에 대해 찬성의 입장을 밝히는 성명서를 발표했다. 레이건은 의회에 대한 설득작업의 수위를 더욱 높였다. 6월 23일 민주당 의원들만 백악관으로 초청하여 조찬을 나누었다. 초당파적으로 발의된 그램-라테안을 지지해 줄 것을 부탁했다. 그는 인사말에서 "독배보다는 대화를 원한다"며 야당 의원들과의 소통을 강조했다. 같은 날 저녁에는 공화당 하원의원들을 모두 백악관으로 초청했다. 저녁식사를 하며 개혁안 통과를 위한 지지를 부탁했다. 아침과 저녁으로 레이건은 개혁안을 통과시키기 위해 혼신의 노력을 기울이고 있었다.

개혁안을 위한 하원과 상원에 대한 레이건의 로비는 7월에도 계속되었다. 레이건의 개혁은 복지비의 삭감을 초래할 것으로 예상되었다. 하원 의원들에게는 해당 지역구 주민의 정부 혜택이 줄어들 것이다. 지역구 주민의 반발이 예상되는 일을 의원들이 지지할 수 없었다. 무엇인가 조치가 필요했다. 7월 18일 레이건은 의회 지도자들에게 서신을 보냈다. 사회보장제도를 개선하되 수급자들의 혜택을 줄이지 않을 것을 약속했다. 복지비를 줄이는 것이 레이건이 공약한 개혁의 핵심이었다. 그런데 그것을 하지 않겠다고 약속한 것이다. 대통령이 양보한 것이다.

대통령의 서신은 상원 공화당 대표인 하워드 베이커(Howard Baker, Jr) 공화당 의원과 로버트 버드(Robert Byrd) 민주당 대표 그리고 하원의장인 오닐과 하원 공화당 대표인 로버트 미첼(Robert Michel) 하원의원에게 전달되었다. 공개적으로 하지 않고 대신 서신을 보내는 방식으로 양보의사를 전달했다. 의회의 양보를 얻기 위한 일종의 타협이기도 했다. 7월

22일 레이건은 워싱턴 이외 지역의 신문 편집인과 방송기자들을 백악관으로 초청하여 오찬을 함께했다. 참석한 언론인들에게 레이건은 도표를 보여주며 민주당안과 개혁안의 차이점을 일일이 비교해 설명했다.[9] 개혁안의 장점을 부각시키고자 노력했다.

9) Remarks About Federal Tax Reduction Legislation at a White House Luncheon for Out-of-Town Editors and Broadcasters, July 22, 1981. (http://www.reagan.utexas.edu/archives/speeches/1981/72281a.htm.)

7월 23일 레이건은 주 의회 지도자들과 주 정부 관리들을 백악관으로 초청했다. 연방 개혁정책에 대해 설명했다. 세금을 줄이고 정부지출 감소에 대해 설명했다. 주 정부는 정부의 지출 감소로 연방 정부의 지원금이 줄 것을 염려하고 있었다. 레이건은 감세는 연방정부가 가져온 지방정부의 권한을 돌려주는 것이라고 설명했다. 연방 정부는 정책이 집행되는 현장과 거리가 멀었다. 연방정부가 지방의 일에 관여하는 것보다 지방정부가 관련 업무를 담당하고 해결하는 것이 더 합리적이라고 주장했다.

미국은 연방 국가이다. 각 주도 권한을 가진 독립적 정치단위이다. 권력이 분산되어 있는 연방제도가 바로 미국이 성공한 비밀이다. 그러나 뉴딜 이후 연방 정부의 규모가 커지면서 주 정부에 대한 연방 예산의 지출이 많아졌다. 레이건 개혁이 실시되면 연방 정부의 주 정부에 대한 지출이 줄 것이 예상되고 있었다. 주 정부로서는 레이건 개혁을 환영할 수 없었다. 레이건은 주 정부의 여론을 감안해 주 지도자들을 백악관으로 초청해 설명을 한 것이다.

레이건의 개혁안 로비는 백악관에서만 이루어지지 않았다. 7월 24일 레이건은 하원을 다시 방문했다. 오전에 의회 의원사무처에서 공화당 하원의원들을 만났다. 레이건은 개혁안에 대해 하원 지도자들에게 지지를 호소했다. 그는 하원에서 영향력이 있던 딕 체니, 누트 깅그리치, 스탠 패리스, 바버 콘나블 의원에게 특별히 감사를 표했다.[10] 감세안의 통과가 눈앞에 와 있었다. 최후의 승리를 위한 단결과 분투를 부탁했다.

10) 딕 체니(Dick Cheney)는 아버지 부시 대통령 (재임 기간 1989~1993) 때 국방장관에 임명되었고 아들 부시 대통령 (재임 기간 2001~2009) 때는 부통령이 되었다. 누트 깅그리치(Newt Gingrich)는 1989년 하원에서 공화당 원내 총무를 하며 클린턴 정부의 강력한 비판자였다. 1994년 클린턴 행정부의 중간 평가에 해당하는 중간 선거에서 공화당이 압승하자 깅그리치는 1995년부터 하원의장이 되었다. 그러나 그는 1998년 중간 선거에서 공화당이 민주당에 패배하자 책임을 지고 하원의장직과 의원직을 모두 사임했다.

7월 27일 개혁안 통과를 위한 마지막 노력으로 레이건은 국민들에게 직접 호소했다. 이른 아침부터 레이건은 의원들에게 전화를 걸거나 의원들과 직접 만나 지지를 호소했다. 저녁 7시 30분까지 종일 한시도 쉬지 않고 개혁안 통과를 위해 애썼다. 저녁 8시 레이건은 백악관 집무실에서 텔레비전 카메라 앞에 섰다. 국민을 상대로 개혁안에 대한 지지를 호소했다. 의회에서 표결을 앞두고 있는 감세안이 미국 경제를 위해 필요한 이유를 설명했다. 미리 마련한 도표까지 동원해 경제 개혁의 당위성을 설명했다.

레이건은 국민들이 해당지역 출신의원들에게 전화를 걸어 감세안을 통과시키도록 압력을 넣으라고 요청했다. 그의

백악관에서 경제개혁안에 대해 연설 (1981년 7월 27일)

연설 내용에 새로운 것은 없었다. 경제개혁에 대한 기존의 주장의 반복이었다. 경제를 살리기 위한 감세가 필요하다. 정부지출의 감축과 감세로 경제를 살리겠다. 연방정부의 규모를 축소되면 규제가 줄면 국민은 더 큰 자유를 누릴 수 있다. 그러나 레이건은 국민들에게 자신을 믿어 달라고 주문하지 않았다. 대신 그는 국민들이 스스로를 믿어야 한다고 말했다. "여러분은 여러분 스스로를 믿길 바랍니다. 그것이 바로 미국다운 것이기 때문입니다." 그는 미국의 애국주의 감성에 호소하면서 감세안에 대한 국민적 지지를 호소했다.[11]

11) Address to the Nation on Federal Tax Reduction Legislation, July 27, 1981. (http://www.reagan.utexas.edu/archives/speeches/1981/72781d.htm.)

경제개혁안이 통과되다

7월 29일 레이건 경제개혁안 즉 새해 예산안이 의회를 통과했다. 오후 늦게 상원과 하원에서 각각 표결이 실시되었다. 결과는 상원에서 찬성이 89표 반대가 11표였다. 하원에서는 찬성 238표 반대 195가 나왔다. 하원에서 수적으로 열세였던 공화당이 개혁안을 통과시킬 수 있었던 것은 남부 출신 민주당 의원들이 개혁안을 지지해 준 덕분이었다. 민주당 당론은 공화당의 개혁안에 대해 반대했다. 그러나 남부 출신 민주당 의원 48명이 당론을 거역하고 공화당 개혁안을 지지한 것이다. 레이건 개혁을 지지한 남부 출신 민주당 의원들은 자신들을 '볼 위이블스(boll weevils)'라고 불렀다.[12] 민주당 의원들도 대통령을 지지하는 지역구의 분위기를 무시할 수 없었다.[13]

| 12) Tygiel, *Ronald Reagan*, p. 157.

| 13) 레이건의 개혁에 반대하는 민주당은 매우 어려운 상황에 빠져 있었다. 레이건의 국민적 지지율이 높은 탓에 민주당 의원들이 레이건 개혁에 반대하는 것은 마치 반대를 위한 반대로 이해되었다. 여론의 역풍을 맞고 있던 민주당은 내부적으로 진통을 겪었다. 일부 민주당 의원들은 하원의장 오닐의 지도력에 회의를 표시하고 그의 사퇴를 요구하기도 했다. O'Neill, *Man of the House*, pp. 349~350.

마침내 레이건의 개혁 안이 법으로 탄생한 것이다. 최종 상하원 합의안을 마련한 인물은 하원의 잭 켐프(Jack Kemp) 하원의원과 상원의 윌리엄 로스 2세(William Roth, Jr) 상원의원이었다. 이들의 이름을 따서 경제회복세금법(Economic Recovery and Tax Act of 1981)은 일명 켐프-로스 법(Kemp-Roth Tax Act)

라고 불리기도 한다. 오닐 하원의장은 대통령에게 전화로 개혁안 통과를 축하해 주었다.

감세안의 입법화로 미국 정치경제의 대변혁이 이루어졌다. 뉴딜정책 이후 미국은 유효수요 창출에 노력해왔다. 그러나 레이건은 정반대의 해결방법을 제시했다. 경제를 살리기 위해서는 경제의 공급 측면을 살려야 한다는 것이다. 공급이 살아나기 위해서는 투자환경이 이루어져야 한다. 그런데 높은 세금이 그 투자심리를 위축시킨다는 것이다. 따라서 세금을 감면해 투자심리를 살린다는 원리였다.

레이건 대통령은 개혁안이 통과된 직후 기자회견을 가졌다. 레이건은 개혁 예산안의 통과는 취임 후 최대의 성과라고 평가했다. 간단한 성명서를 발표한 후 기자들의 질문에 답변했다. 기자들은 개혁의 영향을 언제쯤 느낄 수 있냐고 질문했다. 그는 10월까지는 기다려야 할 것이라고 답변했다. 절세의 효과가 투자 분야에 나타날 때까지 시간이 필요했다. 차기 회계연도 말까지는 기다려야할 것으로 보았다. 그러나 감세의 심리적 효과는 즉시 나타날 것으로 예측했다.[14]

14) Remarks at a Meeting With Congressional Leaders Following Passage of Federal Budget Reconciliation and Tax Reduction Legislaton, August 5, 1981. (htt://www.reagan.utexas.edu/archives/speeches/1981/80581d.htm.)

통과된 개혁안에 대한 사인식은 수도 워싱턴 대신 캘리포니아에서 거행되었다. 1981년 8월 13일 레이건은 경제회복세금법(Economic Recovery Tax Act of 1981)과 종합예산조정법(Omnibus Budget Reconciliation Act of 1981)의 법안을 캘리포니아로 가져 오게 했다. 사인식 장소는 레이건의 개인 목장인 란초 델 시에로(Rancho del Cielo)이었다. 레이건은 목장에서 휴가 중이었다. 워싱턴으로 가는 대신 캘리포니아로 법안 서류를 가져 오게 했다. 사인식을 취재하러 많은 기자들이 몰려왔다.

경제회복세금법 사인식(1981년 8월 13일)

별장 밖에 사인할 임시장소를 마련했다. 캘리포니아 산마루에 위치한 레이건의 목장은 경관이 뛰어났다. 높은 위치 덕분에 시야가 확 트이고 멀리 다른 산봉우리를 볼 수 있었다. 그러나 그날은 안개가 잔뜩 끼어있었다. 식이 시작되기 전에 한 기자가 "전형적인 캘리포니아 날씨인가?"라고 질문했다. 레이건은 자신이 목장으로 이사한 이후에 "이런 종류의 날씨는 처음"이라고 답했다. "그러나 기자들이 날씨에 대해 책임이 있다고 말하지는 않겠다"고 유머를 던졌다.

레이건은 법안의 역사적 의미에 대해 언급했다. "반세기 이상 미국이 걸어온 길을 되돌리는 것이며 정부관료, 정부지출, 정부과세의 비대 성장에 종지부를 찍는 것"이라고 했다. 그는 향후 3년 동안 1,300억 달러의 저축 효과가 있을 것이며 또한 향후 5년 동안 7,500억 달러의 감세가 이루어질 것이라고 예측했다. 경제회복이야말로 최우선 정책목표라고 강조했다.

레이건은 법안에 사인을 하기 위해 자리에 앉았다. 양복 대신 상하 모두 편안한 블루진을 입었다. 책상 위에는 여러 개의 펜이 놓여 있었다. 법안서류에 '로널드 레이건'이라는 이름을 천천히 써 넣었다. 사인을 위해 준비된 펜을 모두 사용해야 한다. 글자 하나마다 심지어 철자 한 획마다 다른 펜을 사용하였다. 이렇게 여러 개의 펜을 사용하는 이유는 사인한 펜을 법안 통과를 위해 애쓴 관련자들에게 기념품으로 선물하는 전통 때문이다. 사인식을 마친 후 레이건은 참석한 기자들의 질문에 답했다. 기자 한 명이 법안이 미국경제에 미칠 영향에 대해 질문을 했다:

질문: 예, 대통령님 질문이 있습니다. 월스트리트지가 어제 대통령께서 얻게 될 재정수입의 예측이 정부에서 기존에 생각하였던 것보다 적을 것이라고 보도를 했습니다. 그 의미는 우리가 더 높은 금리와 함께 경제적 하강국면으로 향할 것이라는 의미가 됩니다. 대통령께서는 경제적 하강에 대하여 자신의 예상을 수정할 준비가 되어 있는지요? 우리는 지금 불황으로 가고 있는 것인지요?

대통령: 저는 그것을 불황이라고 불러야 할지 알 수 없습니다. 그러나 그들은 우리가 반복하여 말하였던 어떤 것도 말하지 않고 있습니다. 우리 자신의 예측은 다음 몇 달 동안 이런 모호하고 어두운 경제상태가 계속 될 것이라는 점입니다. 그리고 우리는 자칫 상승하는 것으로 보였던 지난 두 달의 상황이 계속 될 것으로 속아서도 안된다는 것입니다. 우리는 어려운 경제상황에 있으며 계속 어려울 것이라고 생각합니다.

10월까지는 이런 정책들이 실시되지 않는다는 것을 기억해야 합니다. 이것은 10월에 시작 되는 새 회계연도 예산입니다. 그리고 우리가 생각하고 있는 것은 언제 이것이 효과를 발휘할 것이냐입니다. 그것은 국민들이 수입으로부터 자신의 주머니 속 돈이 더 많이 들어온다고 느끼기 시작하고 또한 정부의 감소된 지출이 효과를 발휘하기 시작할 때 효과를 느낄 수 있을 것입니다. 그러나 아직 우리는 그 차이를 느낄 수 없습니다. 우리는 다음 몇 달 동안 어려운 경제를 계속 지켜 보게 될 것입니다.15)

15) Remarks on Signing the Economic Recovery Tax Act of 1981 and the Omnibus Budget Reconciliation Act of 1981, and a Question-and-Answer Session With Reporters, August 13, 1981. (http://www.reagan.utexas.edu/archives/speeches/1981/81381a.htm.)

레이건의 경제개혁안은 통과되었다. 그러나 언제 경제가 좋아질지는 누구도 장담할 수 없었다. 일단 새로운 경제 정책이 실시되면 서서히 그 결과가 나타날 것으로 바랄 뿐이었다.

불법 파업에 맞서다

경제개혁안이 통과되는 순간 레이건에게는 또 다른 위기가 기다리고 있었다. 1981년 8월 3일 항공관제사노조(Professional Air Traffic Controllers Organization-PATCO)가 파업을 선언한 것이다. 노조는 근무 시간 단축, 임금 인상, 안전조건 개선 등을 요구했다. 민간 항공기의 착륙과 이륙을 통제하는 관제사들의 파업은 미국 전역의 중요 공항이 일시에 모두 정지되는 것을 의미했다. 항공대란의 위기가 발생한 것이다.

1980년 대선에서 관제사노조는 레이건 후보를 지지했었다. 노조가 공화당 후보를 지지하는 경우는 매우 드문 일이었다. 그 만큼 레이건에게는 소중한 지지 세력이었다. 그러나 레이건은 파업에 단호하게 맞섰다. 대통령 레이건은 관제사들이 파업을 풀고 48시간 안에 업무에 복귀할 것을 명령했다. 복귀하지 않는 노조원은 모두 파면시킬 것임을 분명히 밝혔다.[16] 레이건이 노조의 파업에 강력하게 맞선 이유는 노조가 실정법을 어겼기 때문이었다. 미국법은 기간산업 종사자들의 파업을 불법으로 규정하고 있다. 관제사들은 우리나라의 국영기업 직원 정도의 신분이다. "법은 법이다 (The law is the law)"라는 것이 레이건의 원칙이었다. 누구든 법을 어기는 것은 용서할 수 없었다. 그는 법을 어긴 노조와 협상을 거부했다. 법치국가에서 법을 어긴 불법행위자와의 협상은 원천적으로 의미가 없었다. 예외를 인정하면 선례가 되고 법치는 무너질 수밖에 없다. 악법이라도 지키라는 것이 법치국가의 법 정신이다. 하물며 소수 집단의 이익을 위하여 더 큰 공공의 안녕과 삶을 위협하는 기간 산업 종사자들의 불법 파업은 보상이 아니라 처벌의 대상이 되어야 마땅한 일이었다.

　파업 이틀 후 38퍼센트의 노조원들이 직무로 복귀했다. 나머지 파업자에 대해 레이건은 파면조치를 단행했다. 빈자

16) Remarks and a Questions-and-Answer Session With Reporters on the Air Traffic Controllers Strike, August 3, 1981. (http://www.reagan.utexas.eud/archives/speeches/1981/803881a.htm.)

리는 임시로 군 관제사들을 동원하여 메웠다. 항공기 운항은 다시 정상으로 돌아 갈 수 있었다. 일대 파업의 물결이 지나간 후 결국 손해를 본 측은 노조였다. 많은 노조원들이 일자리를 잃어버린 것이다. 반대로 레이건은 흔들리지 않는 강력한 지도자라는 인상을 남겼다. 미국 국민의 삼분의 이 이상이 레이건의 조치를 지지했다.[17] 정당한 파업은 인정하되 불법 파업은 인정하지 않는 미국인들의 법 감정을 잘 보여주었다. 레이건은 법치국가의 기본원칙을 수호한 대통령이 됨으로써 그의 정치적 위상이 크게 올라갔다. 통치자의 첫 째 임무는 법을 수호하는 일이다.

---

17) Tygiel, *Ronald Reagan*, p. 159.

레이건 국방개혁 11장

레이건 국방개혁

국방비를 증액하라

레이건에게 경제 다음으로 중요한 정책목표는 국방력 강화였다. 1981년 8월 의회에서 경제개혁안이 통과됨으로써 경제회복을 위한 레이건식 경제정책이 구체적으로 모습을 드러냈다. 그러나 정책의 영향이 실물경제에 나타나기까지는 시간이 필요했다. 우선 새로운 회계연도가 시작되어야 새로운 경제안이 제대로 작동하기 시작할 것이다. 기다리는 시간이 필요했다.

경제개혁안이 성공적으로 의회를 통과하자 레이건은 국방력 강화에 관심과 정력을 기울였다. 정부지출을 축소하는 입장과는 반대로 국방비를 증액한다는 것은 이율배반적이었다. 정부지출을 줄이고 세금을 깎아 주면서 다시 국방비를 늘린다면 자칫 정책의 가장 중요한 목표가 왜곡되고 정책 자체가 실패로 끝날 수 있었다.

국방비 증가와 정부지출의 감축을 어떻게 조화시킬 것인가? 대통령의 상호 모순된 목표를 달성할 수 있도록 조율하는 것은 실무진에서 담당할 일이었다. 국방부장관의 국방력 강화목표와 예산처장의 정부지출 감축을 둘러싼 공방전이 있었다. 국방부장관 와인버거는 레이건의 오래된 정치적 동지였다. 힘을 통한 외교를 주장하는 레이건에게 국무부보다 더 중요한 것은 국방부였다. 국가의 힘은 국방력과 직결된다. 국방부는 거세게 국방비의 증액을 요구했다.

그러나 국방비는 국가 전체 예산과 균형이 필요했다. 새 정부의 예산처장이 된 스톡맨은 균형 예산을 위해 임명된 사람이었다. 그는 레이건과 일하는 것이 처음이었지만 젊고 패기가 있었다. 레이건 정부는 정부지출을 줄이겠다는 근본 목표가 있었다. 와인버거와 스톡맨은 재정 지출과 관련하여 서로 다른 목표를 가진 오월동주의 정부 파트너였다. 두 사람은 여러 번 논쟁을 거듭한 끝에 마침내 9월 국방비 증액에 대한 합의점에 도달했다.[1]

[1] Memorandum on Defense Spending, September 12, 1981. (http://www.reagan.utexas.edu/archives/speeches/1981/91281a.htm.)

회계연도	국방비
1982	1,818억 달러
1983	2,149억 달러
1984	2,426억 달러

(출처: Memorandum on Defense Spending, September 12, 1981)

국방비에 대한 정부 내 이견을 조율하는 문제는 쉽지 않았다. 스톡맨과 와인버거의 내분은 언론에까지 노출되었다. 9월 7일 레이건은 국방비 증액 계획을 발표했다. 기자들의 질의가 있었다. 대통령은 예산이 감축되는 상황에서도 국방비는 감축하지 않는 것이 자신의 정책임을 밝혔다. 기자들은 정부 내 갈등이 없냐고 물었다. 레이건은 충분한 논의과정을 거쳤다고만 답했다. 그 과정에서 와인버거와 스톡맨 사이에 아무런 갈등도 없었냐는 질문이 있었다. 레이건은 간단히 없었다고 답변했다.[2]

2) Exchange With Reporters on Defense Spending, September 7, 1981. (http:www.reagan.utexas.edu/archives/speeches/1981/90781b.htm.)

9월 12일 레이건 정부는 좀 더 자세한 국방비 증액에 대한 정부의 입장을 밝혔다. 백악관 공보담당 보좌관 거건이 발표했다.[3] 발표문이 나오기 전 수일 동안 대통령과 국방장관 그리고 예산국장은 캠프 데이빗에 모여 수차례 회의를 거듭하였다. 회의에서 레이건은 자신의 두 가지 큰 목표, 강력한 경제와 강력한 국방을 강조했다. 국방비에 대한 발표가 나오기 하루 전까지 논의는 계속 되었다(국방비증액에 대해서는 앞페이지 표참조).

3) Statement on Defense Spending by Assistant to the President for Communications David R. Gergen, September 12, 1981. (http://www.reagan.utexas.eud/archives/speeches/1981/91281b.htm.)

새로운 전략을 세우다

국방력 강화를 위해선 새로운 전략이 필요했다. 10월 2일 레이건은 기자들을 백악관으로 불러놓고 미국 국방의 근간은 핵무기임을 강조하면서 새로운 전략무기증강안을 발표했다.[4] 미국은 육상미사일, 해상미사일 그리고 폭격기를 강화하고 현대화할 계획이었다. 또한 통신과 통제 시스템도 향상시킬 계획이었다. 이렇게 전략무기의 증강을 강조하는 것은 세 가지 목표를 달성하기 위해서였다. 첫째 미국에 대한 소련의 모든 도발에 대한 억지력을 높인다. 둘째 소련군의 무력증강에 합리적인 비용과 적절한 시간 안에 대비한다. 셋째 전략무기의 균형을 유지한다는 것이었다. 소련과의 진정한 무기감축을 이끌어내기 위한 방편으로 먼저 군비증강을 수단으로 삼았다.

> 4) Remarks and a Question-and-Answer Session With Reporters on the Announcement of the United States Strategic Weapons Program, October 2, 1981. (http://www.reagan.utexas.edu/archives/speeches/1981/100281c.htm.)

레이건은 정부지출을 줄이면서 국방비를 증액하는 것에 부담을 느꼈다. 그는 발표한 국방비는 미국이 충분히 감당할 수 있는 수준임을 강조했다. 전력무기 개발을 위한 투자비는 국방비 전체의 15퍼센트에 불과하다고 했다. 그것은 1960년대 미국의 전략무기 증강비가 20퍼센트였던 점을 고려하면 대단히 적은 액수라는 주장이었다.

레이건은 국방장관에게 지시한 전략무기 증강의 세부적인 내용도 밝혔다. 그는 100대의 B-1폭격기를 가능한 빠른 시일 안에 제조하도록 했다. 또한 당시 배치되어 있는 폭격기에는 유도미사일(크루즈 미사일)을 장착하도록 했다. 1990년까지 스텔스 형의 신형 폭격기를 개발할 계획이었다. 해상기지병력의 증강도 착수했다. 가능한 빠른 시일 안에 트리렌트 잠수함을 건조하도록 했다. 더 크고 정교한 해상용 다탄두미사일을 개발하도록 지시했다. 이미 실전에 배치되어 있는 잠수함에는 핵무기를 탑재한 크루즈미사일을 적재하도록 했다. 레이건은 지대지 다탄두 핵미사일 (MX)을 완성하여 현존하던 사일로에 배치할 계획이었다. MX미사일은 미뉴트맨 미사일보다 더 정확하고 강력한 화력을 가지고 있었다. 레이건은 통신과 통제 시스템에 대한 개발도 착수했다. 또한 미국이 등한시 했던 전략무기에 대한 무관심을 청산하고 캐나다와 함께 북미대륙의 대공정찰과 대공능력을 강화하도록 했다.

10월 2일 기자회견에서 레이건은 준비된 발표를 마친 후에 참석 기자들로부터 질문을 받았다. 연합통신의 헬렌 토마스(Helen Thomas)기자는 미국이 새로운 전략무기 증강계획을 발표하는 것은 소련과의 협상을 유리하게 끌기 위한 것이냐고 물었다. 토마스는 1940년대부터 수십 년 동안 백악관 출입기자였다. 레이건은 미국이 소련보다 군사적으로 열세라는 점을 지적하며 군비증강의 중요성을 강조했다.

ABC방송의 샘 도널슨(Sam Donaldson)은 레이건이 카터 행정부에서 발표하였던 국방력 강화방안을 포함시키지 않은 것은 구 정부의 업적을 부인하기 위한 당파적인 결정이 아니냐고 따졌다. 아울러 유타주와 네바다주에는 MX미사일을 배치하지 않기로 한 것은 유타의 모르몬교와 네바다 주 상원의원 폴 렉살트의 입김이 작용한 것이 아니냐고 물었다. 그러나 레이건은 모두 사실이 아님을 강조했다. 또한 소련의 방공망을 뚫을 수 없는데 카터 행정부 때 폐기된 B-1폭격기를 왜 다시 살려내느냐는 질문에 대해서는 기존의 B-52폭격기와 개발 중인 신종 폭격기 사이의 시간적인 간격을 메우기 위하여 일시적으로 배치하는 것이라고 답변했다.

힘을 통한 외교를 주장하다

11월 8일 레이건은 언론인협회(National Press Club)에서 무기감축과 핵무기에 대한 자신의 입장을 밝혔다.[5] 레이건은 지난 수십 년 간 미국은 군대와 국방비를 감축해 왔지만 소련은 반대로

5) Remarks to Members of the National Press Club on Arms Reduction and Nuclear Weapons, November 18, 1981. (http://www.reagan.utexas.edu/archives/speeches/1981/111881a.htm.)

국방력을 강화시켜 왔다는 것을 상기시켰다. 레이건의 발표에 따르면 소련은 병력면에서 미국의 두 배였다. 그동안 소련은 국방비를 2배 증액했으나 미국은 오히려 3분의 1이 감소했다. 소련의 탱크 숫자는 약 50,000대에 이르는 반면 미국은 11,000에 불과했다. 전통적인 육상세력인 소련은 해군력을 해안방위군 수준에서 대양군 수준으로 증강시켰다. 해양 세력인 미국은 함대수를 오히려 절반 감축했다.

나토 국가에는 중거리 핵미사일이 없었다. 미국이 1,000개의 핵탄두 미사일을 나토에서 철수시키는 동안 소련은 새로운 SS-20미사일에만 750개의 핵탄두를 더 실전 배치했다. 레이건은 이런 소련에 대항해 향후 5년 동안 미국은 과거의 약세를 극복하고 안보상의 균형을 맞추도록 노력할 것임을 밝혔다. 그는 소련이 중거리 핵미사일을 서유럽에 계속 배치하는 것에 대하여 경계심을 가졌다. 소련은 SS-20, SS-4 그리고 SS-5미사일을 가지고 있으며 이들은 모두 서유럽 어디든 도달할 수 있는 사정거리를 가지고 있었다. 소련은 SS-20미사일을 매주 1개씩 추가로 생산하고 있다고 말했다. 레이건은 소련의 위협에 대항하여 미국은 상응하는 억지수단을 가지고 있지 못하다고 밝혔다.

1979년 소련의 미사일 배치에 대해 유럽이 마련한 방안이 지대크루즈 미사일과 퍼싱 미사일이었다. 이 미사일은 소련의 모든 지역에 도달할 수 있는 사정거리를 가지고 있었다. 그런데 이 미사일들은 서유럽의 한정된 도시에만 배치되어 있었고 소련의 거대한 미사일 공격망에 대항하기에는 역부족이었다. 나토는 새로운 미사일 방어망이 필요했다.

그러나 레이건은 소련이 유럽으로부터 미사일을 철수한다면 미국도 그에 상응한 조치를 취할 것임을 밝혔다. 소련이 SS-20, SS-4 그리고 SS-5미사일을 폐기한다면 미국도 퍼싱 II 미사일의 유럽배치를 취소하겠다고 제안했다. 레이건은 소련 서기장 브레즈네프에게 전략무기 감축에 대한 협상을 가능한 이듬해까지는 시작하자고 제안했다.

또한 레이건은 전략무기를 실질적으로 감축하자고 제안했다. 무기감축 협상도 제한(limitation)이라는 말 대신에 감축(reduction)이라는 말을 쓰자고 했다. 그때까지 미국과 소련은 전략무기제한협상(Strategic Arms Limitation Talks)이라는 용어를 사용하고 있었는데 전략무기감축협상(Strategic Arms Reduction Talks)을 제안한 것이다. 또한 유럽에 있는 재래식 군사력을 양측이 서로 균형을 이루는 최소한의 수준에서 유지할 것을 제안했다.

그러나 레이건은 미국이 먼저 군사력을 일방적으로 감축하지는 않을 것임을 밝혔다. 소련이 함께 하지 않는다면 성공할 수 없다는 이유에서였다. 그는 미국의 평화개념은 단순히 전쟁이 없는 것이 아니라 경제적 성장과 개인의 자유가 증진되는 것을 의미한다면서 미국 체제의 우월성을 강조했다.

개혁과 현실 12장

| 개혁과 현실 |

복지개혁 심의위원회의 설치

1) Remarks Announcing the Establishment of the National Commission on Social Security Reform, December 16, 1981. (http://www.reagan.utexas.edu/archives/speeches/1981/121681a.htm.)

    취임 후 1년이 다 되도록 레이건이 개혁에 착수하지 못한 것이 있었다. 복지정책이었다. 1981년 12월 16일, 레이건은 사회보장제도를 개혁하기 위한 개혁심의위원회를 구성했다.[1] 위원회는 15인의 위원으로 구성하되 대통령이 5명을 임명하고 하원의장이 5명 그리고 상원 다수당 대표가 5명을 임명하는 방식을 취했다. 위원장은 대통령이 임명하도록 했다. 행정부와 입법부의 의견을 조율하여 합리적인 방안을 마련한다는 취지였다.

    복지개혁은 레이건 개혁의 핵심이었다. 복지를 개혁하지 않고는 경제개혁이 불가능했다. 뉴딜정책이 실시된 이후 복지국가가 되면서 미국은 새로운 나라가 되고 있었다. 복지비로 살아가는 사람들이 늘어났다. 특히 존슨 행정부가 가난과의 전쟁을 선포한 이후 복지비는 천문학적 숫자로 늘어났다. 상대적으로 재정적자는 쌓여갔다. 레이건은 여기에 칼을 대 과감하게 썩은 곳을 도려내길 원했다.

레이건 복지개혁의 핵심은 빈곤한 사람들에게 복지비를 늘여주는 것이 아니라 복지비를 타는 사람을 줄여 빈곤을 해결하겠다는 것이었다. 그런데 저소득층에 대한 복지의 확대는 미국이 50년간 지속적으로 추진해 온 국가적 기본방향이었다. 거기다 하원을 장악한 야당인 민주당이 반대하고 있었다. 공화당 대통령 레이건이 이 일을 할 수 있을 것인가?

레이건 대통령은 여야가 합의할 수 있는 개혁안을 마련하기 위하여 우선 위원회를 구성했다. 알렌 그린스펀(Alan Greenspan)을 개혁위원회의 위원장으로 임명했다. 경제적 측면에서 복지를 개혁해야 한다는 점을 강조했다. 그린스펀은 이론 경제뿐 아니라 실무 경제에 경험이 많았다.[2] 위원회는 1년간 존속하되 주 업무는 현실적이고 장기적인 개혁안을 마련하는 것이었다. 현실적으로 여당과 야당, 입법부와 행정부가 모두 합의할 수 있는 합의안을 만들어내야 했다.

2) 1987년 8월 레이건은 그린스펀을 연방준비금위원장으로 임명했다. 그후 그린스펀은 레이건 다음 부시와 클린턴 그리고 다시 부시로 연결되는 공화당과 민주당 행정부를 모두 거치면서 4차례나 더 연임되었다. 2006년에 퇴임했다. 그는 기본적으로 정부의 시장개입을 자제하는 금융정책을 썼다.

대통령이 임명한 위원은 로버트 벡, 메리 플러, 알렌 그린스펀, 알렉산더 트로우브리지, 조 웨고너 2세였다. 이들은 모두 보험업이나 금융업 관련 전문경제인들이었다. 상원

다수당 원내대표는 공화당 하워드 베이커(Howard Baker)였다. 그는 소수당 원내대표인 로버트 버드와 상의한 후 윌리엄 암스트롱(콜로라도 출신 공화당 상원의원), 로버트 돌(캔사스 출신 공화당 상원의원), 존 헤인즈(펜실베니아출신 공화당 상원의원), 레인 커크랜드(미국 노총, AFL-CIO 위원장), 데니얼 모니핸(뉴욕 출신 민주당 상원의원)을 상원대표로 임명했다. 3명의 공화당 의원과 1명의 민주당 의원 그리고 민주당 성향의 노총 위원장이 임명된 것이다.

하원의장 오닐은 윌리엄 아처(텍사스 출신 공화당 하원의원), 로버트 볼(전직 사회보장청장), 바버 코나블(뉴욕출신 공화당 하원의원), 마타 키즈(전직 보건복지부 차관보), 클라우드 페퍼(플로리다 출신 민주당 하원의원)을 하원대표로 임명했다. 2명의 공화당 의원과 1명의 민주당 의원 그리고 전직 관료출신이거나 의원출신의 사회복지문제 전문가가 임명된 것이다. 오닐의장은 민주당 소속이고 레이건 정책에 기본적으로 반대하고 있었다. 하지만 민주당 보다 공화당 의원을 더 많이 임명했다. 일에 대한 전문성을 고려한 것이다.

1981년 12월 29일 의회는 레이건이 9월에 요청한 사회보장제도의 일부 개혁안을 통과시켰다. 사회보장제도 개혁위원회가 제도개혁을 위한 방안을 연구하기 시작한지 얼마 되지 않은 시점이었다. 주된 변화는 일을 하면서 복지비를 탈수 있는 기회를 없앴다. 민주당 행정부는 일을 하는 저소득층의 부족한 소득을 보전하는 방식을 택했었다.

그러나 레이건 행정부는 일을 하고 소득이 있으면서 복지비를 받는 이중 혜택을 반대했다.[3] 레이건 행정부의 기본원칙은 복지비는 저소득층에 대한 단순한 소득 보전이 아니었다. 복지비는 근로능력이 없게 된 빈곤층에 대한 안전망의 역할이 되도록 만드는 것이었다. 일을 할 수 있으면 일하라는 것이었다.[4] 부족한 소득은 개인의 책임이지 그것까지 정부가 채워주어야 하는 것은 아니라는 것이다. 평등한 소득은 불가능한 이상이다. 그러나 근로능력이 없는 경우는 복지비를 받을 수 있어야 할 것이다.

3) 그러나 레이건은 캘리포니아 주지사 시절에는 일하면서 복지비를 받는 인센티브 제도를 실시했었다.

4) 연방 의회는 각 주에 복지비를 지원하면서 선택의 여지를 주었다. 단순히 복지비를 타는 대신 지역 공익 사업무(Community Work Experience Program)에 참여할 수 있도록 하는 것이었다. 레이건 행정부 때 많은 주들이 이 프로그램을 실시했다.

개혁된 법은 근로능력이 없거나 실업자가 된 경우에 복지비를 신청할 수 있는 조건을 완화시켰다.[5] 복지정책이 개혁된 이후 복지비 수혜자는 먼저 4개월의 복지비를 수령한 후에는 소득을 얻는 만큼 복지비를 받는 혜택이 줄어들었다. 그 결과 1983년 초까지 정부로부터 직접 현금으로 복지비를 받는 복지비 수혜자의 숫자가 14퍼센트 줄어들었다.[6] 그러나 레이건 행정부에서 실질적으로

5) 그러나 레이건 복지 개혁도 얼마가지 않아 문제가 드러난다. 적은 임금을 받고 일을 하는 것보다 차라리 실업을 택하는 경우가 많았기 때문이다. 복지비는 오히려 늘어날 수밖에 없었다.

6) 1980년 미국 50개 주 중 42개 주가 두 자녀를 둔 빈곤 여성에게 복지비를 직접 지급하였다. 그러나 1984년이 되면 같은 성격의 복지비를 지급하는 주는 7개 주로 줄었다. 레이건 개혁의 영향이었다.

복지제도가 변한 것은 크지 않았다. 국민적 지지가 없이 복지비를 줄여 재정 적자를 줄이겠다는 레이건의 복지개혁은 처음부터 실패할 수밖에 없었던 셈이다. 레이건이 공약한 재정적자의 축소를 현실화 하지 못하게 되는 중요한 이유였다.

비판의 파도를 넘어

1981년 12월 취임 한 해가 저물고 있었다. 개혁의 목소리를 높였던 한 해였다. 결과를 내놓아야 했다. 12월 23일 레이건은 기자들과 경제정책에 대한 회견을 가졌다.[7] 그동안 레이건의 과세정책 효과에 대한 비판이 커지고 있었다. 공화당 내에서조차 레이건의 새로운 과세정책을 불신하는 분위기가 늘었다. 인플레이션인 상황에서 세금을 줄이는 레이건의 과세정책은 기존의 경제 원리에 역행하는 것이었다. 거기다 레이건식 조세정책이 실시된 이후 경제상황이 더욱 악화되었다. 인플레이션과 실업률은 올라갔다. 레이건의 새로운 조세정책은 실패로 향하고 있는 것인가? 백악관 참모들조차 세금을 올려야 한다는 주장이 나오고 있었다.

기자들이 가장 먼저 질문한 것은 과세정책이었다. 레이

[7] Interview With the President, December 23, 1981. (http://www.reagan.utexas.edu/archives/speeches/1981/122381f.htm.)

건은 자신의 감세정책이 아직 충분히 실시되지 않았으며, 정책이 완전히 실시되면 반드시 예상했던 결과가 나올 것이라 답변했다. 그러나 기자들은 대통령에게 언제 감세정책을 포기하고 세금을 올릴 것이냐고 거듭 캐물었다. 레이건은 새로운 정책이 실시된 지 겨우 12주 밖에 되지 않았다는 점을 지적했다. 결과에 대해 낙관한다고 답했다. 동시에 그는 세금을 올리는 것에 반대한다는 입장을 분명히 밝혔다.

기자들은 레이건의 경제정책을 '공급경제'라고 표현했다. 새로운 경제정책 아래 실업률이 높아가고 있는 상황을 지적했다. 언제 신경제정책의 실패를 인정하고 정책에 대해 재고할 것이냐고 물었다. 레이건은 경제가 어려워진 것은 정부가 사경제 영역으로부터 지나치게 세금을 많이 거두었기 때문이라고 주장했다. 국민들의 세금을 줄여주면 사경제 영역이 살아나서 경제가 회복될 것으로 믿는다고 답변했다.

레이건은 자신의 캘리포니아 주지사 시절의 경험을 소개했다. 납세자들에게 세금환급을 하였을 때 마치 보너스를 주는 것과 같은 효과를 보았다고 했다. 실업율과 인플레이션 수준이 전국 평균보다 높았던 캘리포니아의 경제사정이 감세정책이 실시된 이후 호전되었다고 주장했다.

그러나 기자들은 레이건의 주지사 시절인 1960년대는 경제가 팽창하던 시절이었으나 1980년대는 경제가 쇠퇴하는 상황이라고 반박했다. 실업률이 10퍼센트를 넘으면 경제정책을 바꿀 것이냐고 기자들은 비판적인 질문을 했다. 레이건은 여전히 흔들리지 않았다. 자신의 경제정책이 최선이라고 기자들에게 답변했다. 실업률은 낮아지지 않았지만 감세정책을 실시하면서 지출이 줄고 인플레이션이 둔화되고 있다고 주장했다. 사경제 영역의 경기가 회복되어야 고용이 창출되고 취업률이 늘어날 것이라고 강조했다.

레이건은 자신의 경제정책에 대한 확고한 신념을 보여주었다. 그러나 신념과 경제 현실은 일치하지 않았다. 그의 신념과 상관없이 경제는 불황을 벗어나지 못하고 있었다. 불황의 짙은 그늘 속에 레이건은 취임 첫 해를 마감했다. 그는 여론에 민감한 현실 정치인이었다. 그렇지만 불황이란 현실 속에서도 새로운 경제원칙을 고수했다. 미국경제가 살아날 것이라는 희망을 버리지 않았다.

1982년 취임 2년째가 되었다. 1월 19일 연두기자회견을 가졌다.[8] 회견은 라디오와 텔레비전으로 방송되었다. 기자들은 레이건의 경제정책에 제일 많은 관심을 보였다. 레이건의 취임 후 실업자는 9백만 명으로 늘었다. 불황은 더욱 심화되었다. 불황으로 타격을 입고 있는 저소득층을 위하여 어떤 정책을 실시할 것이냐고 물었다. 경제가 어려운 가운데 복지비를 삭감하는 것이 어떻게 가능하냐는 질타

8) The President's News Conference, January 19, 1982. (http://www.reagan.utexas.edu/archives/speeches/1982/11982b.htm.)

성의 질문도 있었다.

레이건은 실업률이 올라간 점을 인정했다. 1980년 실업률이 7.4퍼센트이고 1981년 실업률이 8.1퍼센트이나 1981년 실업률이 올라간 것은 1980년 후반 6개월에 실업률이 급증한 탓이라고 분석했다. 그러나 이자율이 낮아졌고 인플레율도 낮아진 점을 강조했다. 그는 실업률을 줄이는 정책이 실시되고 있기 때문에 곧 효과가 나타날 것이라 주장하였다. 빗발치는 비판에도 레이건은 흔들리지 않았다. 날카로운 질문에 화를 내지도 않았다. 웃음으로 질문에 답변해 나갔다. 불황이라는 현실을 부정하지 않았지만 자신이 옳다는 믿음도 확고했다.

1월 20일 대통령 취임 1주년 기념 식사가 있었다. 레이건은 자신의 행정부는 미국 역사의 분수령에 해당한다고 주장했다. 레이건은 자신의 치적에 대한 구체적인 증거는 들 수 없었다. 대신 그는 미국의 정신이 자유와 자치임을 강조하면서 공화당 정부가 이런 미국의 전통을 다시 회생시키고 있다고 강조했다. 미국의 위대한 점은 물질이 아니라 모럴이라고 주장했다.[9]

---

9) Remarks at the Inaugural Anniversary Dinner of the Administratiion of Ronald Reagan, January 20, 1982. (http://www.reagan.utexas.edu/archives/speeches/1982/12082d.htm.)

경제는 살아나지 않다

레이건은 경제회복을 자신했으나 경제는 살아나지 않았다. 1981년 미국 경제는 대공황 이후 최악의 상황이었다. 17,000개의 사업장이 문을 닫았다. 1933년 이후 가장 많은 숫자의 직장이 문을 닫았다. 주택 건설 분야에서는 1946년 이래 최악의 불경기를 겪고 있었다. 자동차 산업 역시 20년 만에 최악의 상황이었다. 실업률은 1940년 이후 최고조에 달했다. 1천 1백만 명 이상이 직장이 없이 놀고 있었다. 미국 각 가정이 보통 3,000달러 이상 소득이 줄었다는 분석이 있었다. 거기다 레이건 행정부가 복지비를 비롯하여 식품보조비, 학교무료급식비까지 줄이자 저소득층의 고통은 더욱 늘어났다.

1982년 7월 오클라호마에서 펜 스퀘어 은행(Penn Square Bank)이 도산했다. 여파로 전국적인 줄도산의 가능성이 높아졌다. 연방 재정적자의 폭은 더욱 늘어났다. 의회 예산국에서는 2,000억 달러의 재정적자가 날 것으로 예측했다. 레이건의 경제개혁에 대한 불평이 터져 나왔다.

경기가 극도로 악화된 가장 중요한 이유는 연방준비금위원회에서 인플레이션을 해결하기 위하여 시중 통화량을 축소한 탓이었다. 통화량이 줄어들자 이자율은 올라갔다. 기업은 돈 빌리기기 더 어려워진 것이다. 당시 연방준비금위원회의 위원장은 폴 볼커(Paul Volcker)였다. 그는 카터 대통령이 임명한 사람이었다. 그러나 레이건은 볼커에 대해 어떤 불이익을 주지 않았다. 경제를 정치적 목적으로 이용하지 않는 미국이다. 전임 대통령이 임명한 사람이지만 경제 전문가의 전문성을 존중해 준 것이다.

경제가 바닥을 치자 레이건의 인기도 함께 떨어졌다. 의회의 비난은 더욱 날카로워졌다. 1982년 6월 레이건은 급기야 자신의 조세정책을 한발 뒤로 물리는 조치를 취했다. 의회에서 통과시킨 조세법(Tax Equity and Fiscal Responsibility)에 사인을 했다. 이 법은 1981년도 통과된 경제회복세금법의 근간은 유지했지만, 사업자들에 대한 조세 감면 조치를 약 3분의 1정도 취소하는 법이었다. 공급경제를 강조하는 레이거노믹스에서 공급 부분이 약화된 것이다. 레이건은 사인을 하면서 조세에 대한 공정성을 높이는 것이라고 합리화시켰다.[10]

[10] Tygiel, *Ronald Reagan*, p. 166.

1982년 10월 통화량이 줄고 경기가 바닥으로 내려앉았다. 볼커는 이자율을 낮추었다. 기업이 좀 더 낮은 금리로 대출을 받도록 하기 위한 조치였다. 그동안 중동으로부터 석유 수입이 늘자 석유 값도 안정세로 돌아섰다. 인플레이션도 5퍼센트대로 떨어져 있었다.

레이건은 신용 대출(savings and loans)을 좀 더 자유롭게 하는 금융자유화정책을 채택했다. 대출이 방만해지는 위험 부담을 감수한 조치였다. 은행은 주택에 대한 담보대출뿐 아니라 투기형 부동산투자에 대해서도 융자를 해 줄 수 있게 되었다. 10월 15일 간-센인트 저메인법(Garn-St. Germain Act)에 사인했다. 신용대출에 대한 연방정부의 규제를 완전히 없애는 법이었다. 신용대출의 고삐가 풀리는 순간이었다. 레이건은 이것을 '50년 역사에서 가장 중요한 금융정책'이라고 평가했다. 그래도 경제는 살아나지 않았다.[11]

11) 이런 금융개혁은 2008년 월스트리트의 위기를 불러 오는 원인을 제공하게 되었다.

중간선거에 참패하다

1982년 11월 중간 선거가 있었다. 선거 전 레이건에 대한 지지도는 41퍼센트였다. 공화당은 선거에서 참패했다. 민주당은 하원의 의석을 26개나 공화당에서 더 가져갔다. 레이건은 정치적으로 더욱 곤경에 처했다. 1983년 1월 새 의회가 구성되기도 전부터 민주당의 반격이 시작되었다. 먼저 환경정책에 대해 제동을 걸고 나왔다.

레이건은 환경정책에 유연한 입장을 취하고 있었다. 국유지에 대한 지하자원 탐사와 벌목을 허가했었다. 알래스카 석유 탐사를 허가하고 또 미국 연안 해역에 대한 석유 탐사도 허가해 주었다. 새로 국립공원으로 지정하는 것이나 위기 동식물을 추가 지정하는 것도 모두 동결시켰다. 수백 만 에이커의 야생지를 민간에 불하하기로 결정했다. 개발 중심의 새로운 국토개발정책이었다. 국토부 장관 제임스 와트가 앞장 서 추진했다.

민주당은 레이건 행정부의 환경정책을 비난했다. 민주당은 환경처장(EPA) 앤 버포드(Ann Burford)를 하원 소위원회 청문회에 소환했다. 행정부의 환경정책에 대해 따져 물었다. 백악관에서는 버포드에게 청문회 답변에 협조하지 말 것을 주문했다. 결국 행정부와 의회가 첨예하게 대립하는 형국으로 발전했다.

의회는 레이건의 국방력 강화 계획에도 협조를 거부했다. 레이건 행정부에서 추진 중이던 지대지 다탄두 핵미사일(MX)의 개발을 중단시켰다. MX는 카터 행정부 때 계획된 것이었다. 레이건 행정부에서는 MX를 국방력 강화의 핵심 사업으로 추진 중이었다. 1982년 12월 의회는 MX가 비현실적이라는 이유로 지원을 거부했다. 이런 민주당의 반대는 당시의 사회적 상황과도 무관하지 않았다. 유럽과 미국에서 반핵운동이 광범위하게 확산되고 있었다. 레이건은 MX사업이 중단되면 국가 안보에 심각한 위협이 발생할 것이라고 경고하였다.[12] 그러나 국민들 중 70퍼센트는 반핵운동을 지지하고 있었다.

의회는 레이건의 대외정책에도 반대하고 나섰다. 레이건 행정부는 니카라과의 반미 공산정권인 산디니스타(Sandinista) 정부를 붕괴시키기 위하여 비밀리에 반군인 콘트라를 지원하고 있었다. 민주당 의회에서 미국의 반군 지원에 대한 법적 정당성을 문제 삼아 볼랜드수정법(Boland Amendment)을 통과시켰다. 이후 니카라과 반군에 대한 모든 지원은 불법으로 규정되었다. 시급한 현안 문제였던 니카라과에 대한 미국의 지원이 근본적으로 불가능하게 되었다.

민주당 의회의 반대 속에 레이건 행정부의 개혁정책은 위기를 맞았다. 여론의 지지도는 날로 떨어졌다. 1983년 1월 레이건의 여론 지지도는 35퍼센트에 불과했다.[13] 당시까지 40년 동안 역대 현직 대통령에대한 최악의 지지도였다.

그러나 레이건은 걱정하지 않았다. 특유의 낙관적인 입장을 견지했다. 여론이나 의회의 공격에 흔들리지 않았다. 그는 개혁을 꾸준히 계속해 나가면 틀림없이 좋은 결과가 나올 것이라 믿었다. 드디어 1983년 후반부터 미국 경제가 살아나기 시작했다. 물가가 내려가고 월스트리트의 주가가 수 년 만에 처음 상승하기 시작했다. 레이건의 정치적 주가

---

12) Radio Address to the Nation on Production of the MX Missile, December 11, 1982, (http://www.reagan.utexas.edu/archives/speeches/1982/121182a.htm.)

13) Tygiel, *Ronald Reagan*, p. 169.

도 올라갔다. 1984년 재선 가도에 비로소 파란 불이 커졌다.

악의 제국 13장

| 악의 제국 |

'악의 제국' 발언

　대통령 레이건은 강력한 군비증강정책을 추진했다. 그러나 핵전쟁은 피해야 한다고 믿었다. 소련 서기장은 레오니드 브레즈네프(Leonid Brezhnev)였다. 그는 1964년부터 정권을 잡고 있었다. 브레즈네프는 소련을 핵무기 강국으로 성장시킨 장본인이었다. 레이건은 브레즈네프와 정상회담을 갖기 원했다. 1982년 4월 레이건은 브레즈네프가 6월에 있을 유엔 회의에 참석할 때 만나고 싶다는 의사를 표시했다.[1] 그러나 브레즈네프는 유엔 회의에 참석하지 않았다. 정상회담도 미루어졌다.

　레이건은 결국 브레즈네프를 만나지 못했다. 1982년 11월 11일 브레즈네프가 갑자기 사망한 것이다. 새 서기장은 KGB 책임자였던 유리 안드로포프(Yuri Andropov)가 뽑혔

1) White House Statement About a Meeting With President Leonid L. Brezhnev of the Soviet Union, April 17, 1982. (http://www.reagan.utexas.edu/archives/1982/41782b.htm.)

플로리다주 올란도에서 '악의 제국' 발언 (1983년 3월 8일)

다. 레이건은 브레즈네프나 마찬가지로 소련 지도자는 모두 같을 것이라는 생각에 안드로포프에게 큰 기대를 걸지 않았다. 그리고 강력한 대소냉전정책을 밀고 나갔다.

1983년 3월 8일 레이건은 플로리다 올란도에서 개최된 전국전도자회(National Association of Evangelicals)의 연례 총회에서 소련을 '악의 제국(Evil Empire)'으로 규정했다:

> 역사가 가르쳐 주는 것이 있다면 그것은 우리의 적대 세력에 대해 단순한 유화책이나 혹은 희망적인 생각들은 바보짓이라는 것을 가르쳐준다는 것입니다. 그것은 우리의 역사

에 대한 배반이며 우리 자유의 낭비가 될 것입니다. 그러므로 저는 여러분에게 미국을 군사적으로 그리고 도덕적으로 열등한 상태로 빠뜨리려는 사람들에게 반대해 주실 것을 요청합니다.…… 핵무기동결안에 대한 논의의 경우에 저는 여러분에게 자만심의 유혹을 경계할 것을 촉구 합니다. 그것은 우리 자신을 우월하다고 단언하고, 양측이 모두 잘못이라고 낙인을 찍으며, 악의 제국의 도발적 충동과 역사적 사실을 무시하고, 군비경쟁을 커다란 오해라고 부르면서, 우리 자신을 정의와 불의 그리고 선과 악의 투쟁에서 벗어나도록 하려는 유혹입니다.[2]

[2] Remarks at the Annual Convention of the National Association of Evangelicals in Orlando, Florida, March 8, 1983. (http://www.reagan.utexas.eud/archives/speeches/1983/30883b.htm.)

레이건의 '악의 제국' 발언은 참석한 사람들 뿐 아니라 언론의 보도를 접한 모든 사람들을 놀라게 했다. 그때까지 외교상대인 소련을 악의 제국으로 규정한 미국 대통령은 아무도 없었다.

악의 제국 발언이 나온 2주일 후 1983년 3월 23일 레이건은 전략방위계획(Strategic Defense Initiative-SDI)을 발표했다. SDI는 소련이 쏘는 미사일에 대해 미사일을 발사해 폭파시킨다는 것을 골자로 하는 새로운 개념의 군비증강계획이었다. 만약 계획대로 추진된다면 소련의 핵무기는 아무런 쓸모도 없게 될 형편이었다. 레이건은 SDI로 대소전략의 전환점을 마련하길 원했다.

대한항공기 피격사건

소련도 강경정책으로 나왔다. 1983년 8월 31일 한국 민간항공회사인 대한항공(KAL)의 007기가 소련의 전투기 공격을 받고 격추되었다. 269명의 승객은 모두 사망했다. 사망자 가운데 미국 하원의원을 포함하여 61명의 미국인도 있었다.

레이건은 랜초 델 시엘로 목장에서 격추소식을 보고 받았다.[3] 레이건은 분노를 삭이기 힘들었다. 레이건이 보고 받은 바에 의하면 대한항공기는 뉴욕을 출발하여 알래스카 앵커리지에서 급유를 하고 서울로 향하던 중이었다. 그때 항로 계기판 고장으로 비행기가 소련영공으로 들어갔다. 이런 민간 항공기를 소련 전투기가 격추시킨 것이다. 레이건은 캘리포니아 목장에서 즐기려던 모든 여름 휴가계획을 즉각 취소했다. 워싱턴으로 돌아와 국가안보회의를 소집했다. 레이건은 소련에 대해 경제제재를 결정했다. 또한 희생자들에 대한 소련의 보상을 요구하기로 결정했다.

사건 직후 소련 당국은 격추사실을 전면 부인하였다. 그

[3] Reagan, *An American Life*, p. 582.

러나 일본 관제탑에서 접수한 소련 전투기 조종사들의 교신 내용이 밝혀졌다. 소련의 거짓말이 드러났다. 레이건은 의회 지도자들을 백악관으로 초청하여 소련 전투기 조종사들의 교신내용 테이프를 틀어주었다. 조종사 한 명이 공격 목표물에 레이더를 고정시킨 후 미사일을 발사하는 내용과 마지막에 "목표물이 파괴되었다"고 말하는 것이 녹음되어 있었다. 소련 당국은 주장을 바꿔 대한항공기가 간첩 행위를 하기 위하여 고의적으로 소련영공으로 들어왔다고 주장했다.

레이건은 소련의 민간항공기 격추는 한국이나 미국에 대한 도발일 뿐 아니라 세계와 도덕적 기본에 대한 도발이라고 규정했다. 소련의 격추행위에 대한 보복으로 소련 비행기의 미국 내 이착륙 제한조치도 취했다. 아울러 소련과 맺은 양국 간 협정의 실시를 모두 정지시켰다. 미국 내 강경주의자들은 레이건의 조치에 불만을 표했다. 더 강경한 대응을 요구했다. 대한항공 격추사건은 미소관계를 일순간 얼어붙게 만들었다.

대한항공 격추사건은 레이건에게는 의회와의 관계를 호전시킬 수 있는 계기가 되었다. 레이건의 군비증강안에 반대하던 여론이 수그러들었다. 소련이 레이건 국방력 강화를 도와 준 결과가 되었다. 격추사건 이후 레이건은 핵무기 개발과 군비증강은 반드시 필요하다는 생각을 굳혔다.

레이건의 강경정책에 회의적이던 유럽에서도 변화가 일어났다. 영국을 비롯한 나토 국가들이 퍼싱 II와 토마학 미사일을 유럽에 배치할 것을 재확인 했다. 소련은 중거리 미사일 문제로 협상 중이던 제네바 협상장을 떠났다. 전략무기 감축조약을 위한 협상도 거부했다. 미소 간 긴장이 고조되었다. 소련 공산당 서기장 안드로포프는 미국의 유럽 미사일 배치에 강력하게 항의하는 서한을 보내왔다. 그런데 1984년 2월 안드로포프가 갑자기 사망했다. 콘스탄틴 체르넨코(Konstantin Chernenko)가 새 서기장이 되었다. 미소 정상들은 서로 알지 못하는 상태였다. 거기다 미국은 선거의 해였다. 소련도 미국의 대선 결과를 지켜 볼 필요가 있었다.

장벽 14장

| 장벽 |

다시 대통령에 선출되다

1984년 대통령 선거가 다시 돌아왔다. 레이건은 국민들에게서 자신의 개혁정책에 대한 평가를 받을 수 있는 기회였다. 국민들의 재신임을 받고 보다 강력하게 개혁정책을 추진하고 싶었다. 국방력 강화에도 박차를 가할 생각이었다. 재선 출마를 선언했다. 우선 예비선거가 기다리고 있었다.

예비선거에서 현직 대통령이 지는 경우는 적다. 트루먼이나 존슨 대통령 같이 인기가 없어 재선 출마를 포기한 경우는 있었다. 1912년 대선 때 현직 대통령이던 윌리엄 태프트(William H. Taft)가 선임 대통령이었던 시어도어 루즈벨트(Theodore Roosevelt)와 막상 막하의 결과를 보인 적도 있었다. 태프트와 루즈벨트는 화해하지 못했고, 루즈벨트가 공화당을 깨고 나와 제 3당인 진보당를 창당하여 맞대결했다. 1912년 선거는 결국 민주당 후보까지 합쳐 삼파전의 양상으로 전개되었다. 민주당의 우드로 윌슨(Woodrow Wilson)이 두 후보에게 이겼다. 공화당 시대 민주당 대통령이 선출된 배경이었다. 공화당 내분이 민주당 대통령을 만들었던 것이다. 1980년 선거에서 카터 후보 역시 케네디 상원의원의 강력한 도전으로 곤욕을 치루었다. 그러나 카터는 민주당 후보로 지명될 수 있었다.

달라스에서 대선 후보로 재지명 된 후 (1984년 8월)

1984년 공화당 예비선거는 싱겁게 끝났다. 현직 대통령에게 하자가 없는데 그를 누를 후보는 없었다. 도전자가 전혀 없지는 않았다. 하롤드 스타센(Harold E. Stassen)이 도전장을 냈다. 스타센은 1940년대 초에 미네소타 주 지사를 역임한 적이 있었다. 그 후 1950년대부터 그는 쉬지 않고 대통령 지명전에 도전했다. 단골 대통령 예비 후보였다. 그 외 히스패닉계 벤 페르난데스가 있었다. 두 사람 모두 레이건의 상대는 아니었다. 레이건은 공화당 지명전에서 98.78퍼센트의 득표율을 기록했다. 스타센이나 페르난데스가 획득한 표는 각각 1퍼센트가 되지 못했다. 러닝메이트로 부시가 다시 지명되었다. 두 사람을 후보로 지명하는 전당대회는 텍사스 주 달라스에서 개최되었다. 텍사스는 부시의 정치적 고향이었다.

야당 민주당 후보는 전직 부통령 월터 먼데일(Walter Mondale)이 지명되었다. 예비선거 과정에서 먼데일은 콜로라도 출신 상원의원 게리 하트, 일리노이 출신 목사 제시 잭슨, 오하이오 출신 상원의원 존 글렌, 사우스 다코타 출신 조지 맥거번, 캘리포니아 출신 상원의원 알랜 크랜스톤 그리고 사우스캐롤라이나 출신 상원의원 어니스트 홀링스와 경쟁했다. 가장 강력한 예상 후보였던 케네디 상원의원은 출마를 포기했다.

하트는 초기 뉴햄프셔에서 이겼다. 오하이오와 캘리포니아 같은 서부 지역에서도 선전했다. 그는 먼데일을 누르고 승리할 것 같았다. 그러나 먼데일은 중서부 산업주에서 하트를 압도했다. 잭슨은 흑인 인권운동 경력을 가진 흑인 후보로 버지니아, 사우스캐롤라이나, 루이지애나에서 승리했다. 잭슨이 얻은 대의원 표는 8퍼센트에 불과했다. 흑인 대통령 후보가 얻은 지지율로는 적은 수가 아니었다. 그러나 아직 미국에서 흑인 대통령을 상상하기는 어려운 상황이었다.

1984년 6월 캘리포니아 예비선거가 하트의 승리로 끝나면서 하트와 먼데일의 양자 대결로 압축되었다. 7월 16일 샌프란시스코에서 개최된 민주당 전당대회에서 먼데일이 후보로 지명되었다. 먼데일은 부통령 후보로 뉴욕 출신 하원의원 젤라딘 페라로(Gerlaldine Ferraro)를 선택했다. 페라로는 최초의 여성 부통령 후보였다. 여성표를 의식한 전략적 포석이었다. 페라로는 북동부 출신에다 가톨릭이면서 이태리계 미국인이었다. 먼데일의 정치적 취약점을 보완할 수 있는 인물이었다.[1]

1) O'Neill, *Man of the House*, p. 358.

레이건과 먼데일의 선거전은 처음부터 레이건의 재선이 확실시 되었다. 레이건의 최대의 약점은 그의 나이였다. 그는 73세였다. 역대 대통령 중 최고령이었다. 그가 4년 더 대통령 직무를 수행할 수 있을 것인가? 1989년 퇴임할 때가 되면 레이건의 나이는 78세가 될 것이다. 실제 대통령 후보자 토론회에서 레이건은 기억과 인지능력에 문제점을 드러냈다. 1984년 10월 7일 레이건과 먼데일은 첫 번 후보자 토론회를 가졌다. 토론 중 레이건은 토론이 열리고 있는 장소가 켄터키 주 루이스빌이었으나 워싱턴이라 말했다. 군복(miliatry uniform)을 의상(wardrobe)이란 말로 표현했다.

나이 문제가 선거 이슈로 급부상했다. 10월 21일 두 번째 후보자 토론회가 열렸다. 민주당 진영에서는 레이건의 나이를 문제 삼을 생각이었다. 그러나 레이건은 자신의 나이 문제를 단 한 번의 조크로 가볍게 날려 보냈다. 토론회에서 레이건은 "먼데일이 나이가 어리고 경험이 적다는 것을 정치이슈로 삼을 생각이 없다"고 선수를 친 것이다. 토론회장은 삽시간에 웃음바다가 되었다. 그 후 누구도 레이건의 나이를 문제 삼는 사람은 없었다. 1984년 11월 대선의 결과는 예측하던 대로 레이건의 압승으로 끝났다. 레이건은 선거인단 538표 중 525표를 얻었다. 먼데일이 얻은 13표에 불과했다. 그는 자신의 출신 주인 미네소타와 수도 워싱턴에서 얻은 것이 전부였다. 1936년 대선 이후 가장 큰 득표 차이였다. 일반투표에서 레이건은 투표자 전체의 58.8퍼센트의 지지를 받았다. 그러나 하원은 여전히 민주당이 장악했다.

1985년 1월 20일, 레이건의 제 2기 취임식날은 어느 겨울 날보다 추웠다. 1기 취임식은 의사당 앞 광장에서 거행했었다. 그러나 2기 취임식은 날씨 관계로 의사당 실내에서 있었다. 제 1기 때와 비교하면 매우 간단한 취임식이었다.

레이건은 취임사에서 미국의 단합을 강조했다. 공화당과 민주당의 당파를 넘어 하나 되는 미국을 역설했다. 두 번의 선거에서 이긴 그로서는 국가 전체의 이익을 위한 초당파적인 정치를 하고 싶었을 것이다. 게다가 의회는 여전히 여소야대의 상태를 유지하고 있었다. 민주당이 장악하고 있는 의회를 상대로 첫 임기에 마무리하지 못한 정책들을 끝내야 했다.

제 2차 임기를 시작하면서 레이건은 새로 비서실장이 된 도널드 리건(Donald Regan)에게 자신이 강화하고 싶은 정책 목표들을 제시했다.[2] 임기 1기 때와 다른 점이 거의 없었다. 국내적으로 계속해서 연방지출과 적자재정을 줄이며, 세금 개혁을 실행하고, 또한 국방력을 강화하는 것이었다. 대외적으로 소련과의 무기 감축에 대해 합의하며, 중남미 지역의 공산화를 방지하고, 꼬인 중동 문제를 해결하는 것이었다.[3]

[2] 레이건 제 1차 임기 때 리건은 재무장관이었다. 그러나 임기 2차가 시작되면서 재무장관 리건은 비서실장이 되고 비서실장이던 제임스 베이커는 재무장관으로 자리를 맞바꾸었다. 그러나 이것은 레이건에게 실패한 인사였다. 리건은 베이커와 달리 행정부 장관들을 대할 때 대통령 비서실장으로 위세를 부리는 경향이 있었다. 또한 민주당과의 관계도 원만하게 처리하지 못했다.

[3] Reagan, *An American Life*, pp. 488~489.

고르바초프의 등장

1985년 3월 11일 새벽 4시 자고 있던 레이건은 급한 보고를 받았다. 소련 공산당 서기장 체르넨코가 사망했다는 것이다. 제 2차 임기를 시작한지 채 2달이 되지 않았다. 레이건이 대통령이 된 이후 소련에서는 벌써 두 명의 서기장이 사망했다. 그런데 세 번째 소련 서기장이 사망한 것이다. 레이건은 부통령을 특사로 파견하도록 했

[4] 국무장관 슐츠는 1982년 헤이그가 사임하자 그 후임으로 임명되었다. 슐츠는 뉴욕에서 태어나 프린스턴 대학교에서 경제학을 공부했다. MIT에서 경제학 박사학위를 받고 시카고 대학에서 교수 생활을 하다 닉슨 행정부 때 노동부 장관이 되면서 행정부에 관여하게 되었다. 닉슨 행정부에서 재무장관을 한 후 벡텔사의 사장이 되었으나 레이건 행정부 때 국무장관으로 임명되었다. 외교보다는 경제전문가였으나 1989년 레이건의 임기 말까지 대외정책을 충실히 추진했다. 국무부의 비전문 외교관을 전문 외교관으로 교체하는 인사를 단행했다. 레이건의 신임이 두터운 탓에 행정부 내 국무부의 위상을 높였다.

다. 국무장관 조지 슐츠(Geroge Shultz)는 레이건의 참석을 권했다.[4] 레이건은 만나 적도 없는 소련 서기장의 장례식에 참석할 마음이 없었다.

서기장의 사망 소식을 받은 날 레이건은 체르넨코를 대신하여 미하일 고르바초프(Mikhail Gorvachev)가 서기장이 되었다는 소식도 받았다. 레이건에게 고르바초프는 매우 생소한 인물이었다. 전직 KGB 책임자였다는 정도의 정보를 보고 받았다. 레이건은 고르바초프의 이력이 마음에 거슬렸다. 철저한 공산주의자가 아니면 서기장이 될 수 없었을 것이라 생각했다.

그러나 고르바초프는 전직 소련의 정치 지도자들과는 전혀 달랐다. 그는 소련 공산당의 신세대였다. 1931년에 태어난 그는 서기장이 되었을 때 54세였다. 레이건보다 20년이나 어렸다. 그는 소련이 미국보다 훨씬 뒤지고 있다는 사실을 잘 알고 있었다. 그는 소련의 개혁을 원했다. 개혁의 최대 걸림돌은 미국과의 군비경쟁이었다. 군비경쟁에 모든 국력을 쏟아 붓느라 소련의 경제는 심각한 상황이었다. 외부에는 소련의 현실이 제대로 알려지지 않고 있었다. 개혁을 위해서는 소련에게 새로운 정치적 결단이 필요한 순간이었다.

봄이 오는 소리

부시 부통령은 체르넨코 장례식에 참석하여 고르바초프에게 레이건의 친서를 전달했다. 친서에서 레이건은 고르바초프가 편리한 날짜에 워싱턴을 방문해 줄 것을 요청했다. 그러나 레이건은 소련으로부터 답장이 쉽게 오리라고는 기대하지 않았다. 일종의 외교적 제스처였던 셈이다.

2주일 후 고르바초프로부터 답장이 왔다. 예상 밖이었다. 고르바초프가 정상회담에 찬성한다는 것이다. 그러나 장소 문제에는 동의하지 않았다. 레이건은 워싱턴을 제안했었다. 일단 고르바초프의 답변은 고무적인 신호였다. 레이건의 회고록에 수록된 1985년 3월 24일자 고르바초프 편지의 일부 내용은 다음과 같다:

제 입장도 최고 수준의 접촉이 중요하다는 것에 전적으로 동의합니다. 이런 이유에서 저는 정상들이 직접 만나는 회담을 갖자는 귀하의 제안에 긍정적인 입장임을 표명하고자 합니다. 그리고 그와 같은 회담은 굳이 어떤 중요한 문서에 사인을 하는 일이 반드시 수반되어야 하는 것도 아닐 것입니다. 상호간 이익이 되는 어떤 문제에 대하여 회담이 있기까지 협의가 잘 이루어지고 또 회담기간 동안 합의가 구체적으로 구현된다고 하더라도 말입니다. 중요한 것은 상호 대등한 위치에서 서로를 이해하고 그리고 상대방의 정당한 국익을 이해하기 위한 회담은 있어야 한다는 것입니다.

그런 회담을 갖기 위하여 귀하께서 저를 워싱턴을 방문하도록 초청한 것에 대해 깊이 감사하는 바입니다. 그러나 회담을 위한 장소와 시간에 대해서는 다시 협의하면 좋겠습니다.[5]

---

[5] Reagan, *An American Life*, pp. 613-614.

정상회담을 위한 구체적인 접촉이 진행되었다. 워싱턴 대신 제네바에서 정상회담을 하자는데 합의했다. 정상회담의 시기는 1985년 11월로 잡았다.

회담을 준비하는 과정에서 고르바초프는 에드워드 쉐바르나제(Eduard A. Shevardnadze)를 새 외무장관에 임명했다. 안드레이 그로미코가 수 십 년간 소련 외교를 독점하고 있었다. 고르바초프는 그로미코를 의전적인 대통령직으로 올려주었다. 쉐바르나제는 소련의 조지아(구루지아)출신으로 서방세계에 잘 알려지지 않은 인물이었다.

7월 슐츠는 헬싱키로 날아가 쉐바르나제와 만났다. 슐츠가 소련 외무장관을 만난 것은 처음이었다. 회담 후 돌아와 레이건에게 보고하는 자리에서 슐츠는 소련 외무장관을 긍정적으로 평가했다. 슐츠는 쉐바르나제에게서 그로미코보다 덜 적대적일 뿐 아니라 보다 친밀한 인상을 받았다. 레이건은 정상회담에 대해 큰 기대를 하지 않았다. 소련 서기장을 만나 무기감축에 대한 미국의 입장을 전달하고 싶을 뿐이었다. 슐츠도 제네바 정상회담에서 기대할 수 있는 최대의 성과는 아마도 차기 회담에 대해 합의하는 정도로 여기고 있었다.

회담 의제를 결정해야 했다. 슐츠는 다시 모스크바로 가서 고르바초프를 만났다. 고르바초프는 지성적이고 자신감이 있어 보였다. 유머 감각도 있었다. 소련을 통치하기에 충분한 능력을 가진 사람으로 보였다. 슐츠는 고르바초프에게서 큰 양보를 기대하기 어렵다고 판단했다. 슐츠는 SDI 문제에 대해 확고한 입장을 견지해야 한다고 대통령에게 건의했다. 국방장관 와인버거도 미국의 SDI를 제한하려는 소련의 모든 제안을 거부해야 한다고 거들었다. 레이건은 고르바초프와 만나면 '악의제국'과 같은 도발적인 발언으로 상대방을 긴장시키는 말은 하지 않기로 결심했다.

고르바초프를 만나다

1985년 11월 16일 아침 8시, 정상회담 3일전에 레이건은 워싱턴 앤드류 공군기지를 떠났다. 비행기가 이륙하기 직전 소련 당국은 미국인과 결혼한 소련 사람들이 미국으로 떠날 수 있도록 허가했다. 정상회담에 대한 소련의 제스처였다. 어째든 희망적인 소식이었다.

워싱턴에서 제네바까지 9시간이 걸렸다. 비행 중 레이건은 빠른 시차적응을 위하여 제네바 시간에 맞추어 식사를 했다. 레이건은 제네바 호수 곁에 있는 라 마리슨 데 사우슈어(la Marison de Sausure) 저택에 머물렀다. 저택 주인은 중동의 카림 아가 칸(Karim Aga Khan) 왕자였다. 정상회담 기간 동안 이용할 수 있도록 빌린 것이었다. 저택에서 바라보는 제네바 호수의 풍경은 그림같이 아름다웠다.

정상회담이 열리는 장소는 빌라 플로 데어우(Villa Fleur d' Eau)였다. 레이건은 공식적인 회의장소 외에 한 곳을 더 준비하도록 지시해 두었다. 회담 중 고르바초프를 초청하여 개인적인 면담을 갖기 위해서였다. 실무자들이 마련한 장소는 호수 가에 있는 작은 보트하우스였다. 장소를 미리 함께 살펴 본 낸시는 고르바초프와 개인적으로 만날 장소를 아주 잘 선택했다고 실무자들을 칭찬했다. 회담을 앞 둔 전날 레이건은 잠을 이룰 수 없었다. 장거리 비행에서 오는 피곤도 느끼지 못했다.

11월 19일 아침 자리에서 일어난 레이건은 그림 같은 제네바 호수를 바라보며 고르바초프와 만날 일을 생각했다.[6] 어떤 인물일까? 말이 잘 통할 수 있을까? 과연 어떤 결과를 얻을 수 있을까? 회담에 오기 전 국무장관 슐츠는 첫 정상회담에서 차기 회담에 대한 약속만 받아도 큰 성과라고 말했었다. 그러나 레이건은 좀 더 많은 것을 얻기를 원했다.

| 6) Reagan, *An American Life*, p. 634.

레이건은 정상회담이 열릴 빌라 플로 데어우로 먼저 갔다. 그리고 고르바초프를 기다렸다. 날씨는 맑았다. 기온은 제법 쌀쌀했다. 고르바초프의 도착 소식을 듣자 레이건은 서둘러 현관으로 나갔다. 계단을 내려갔다. 고르바초프는 두꺼운 외투를 입고 모자까지 쓰고 있었다. 레이건은 모자도 외투도 걸치지 않았다. 레이건은 편하고 자연스러워 보였다.

레이건은 고르바초프를 처음 본 순간 적의를 느끼지 못했다. 첫 악수를 나눌 때 따뜻한 손을 통해 전해지는 친밀감까지 느낄 수 있었다.[7] 제네바에 오기 전 레이건은 대처 영국 수상과 멀로니 캐나다 수상으로부터 고르바초프가 호감이 가는 사람이라는 평가를 들은 바 있었다. 레이건 역시 처음 만나는 고르바초프에게 매우 호의적인 인상을 받았다.

| 7) Reagan, *An American Life*, p. 635.

두 정상은 상견례로 약 15분 정도 만나는 것으로 계획되어 있었다. 그러나 두 사람은 한 시간 이상 이야기를 나누었

다. 서로 서먹한 분위기를 쉽게 누그러뜨릴 수 있었다. 이어서 두 사람은 실무진과 함께 하는 회담장소로 합류했다.

회담에서는 고르바초프가 먼저 발언했다. 그는 미국은 소련을 두려워할 이유가 없으며 미국이 오히려 문제라고 지적했다. 미국의 무기업자들이 자신들의 이익을 위하여 전쟁을 부추기고 있다고 주장했다. 이에 대해 레이건은 소련이 얄타회담 이후 미국과의 약속을 지키지 않았다는 점을 지적했다. 소련이야말로 미국의 공격을 걱정할 아무런 이유가 없다고 강조했다.

오후 회의는 주로 실무진들 사이의 논쟁으로 이어졌다.[8] 회의 주역이 실무진으로 바뀌자 레이건은 고르바초프에게 산책을 제안했다. 고르바초프는 즉시 자리를 박차고 일어나 레이건을 따라 밖으로 나왔다. 두 사람은 레이건이 미리 예약해둔 호수가 보트하우스에 도착했다. 벽난로 불로 따뜻하게 데워진 거실이 기다리고 있었다.

두 사람은 벽난로 앞에 놓인 안락의자에 마주 보고 앉았다. 거실에는 통역과 두 정상뿐이었다. 레이건은 원래 고르바초프와 단둘이 만날 때 이름을 부를 계획이었다. 첫 정상회담이라 결례가 될 수 있다는 참모들의 의견에 그렇게 하지는 않았다. 레이건은 G7 정상들과의 만남에서 호칭을 생

---

[8] 제네바 정상회담에 오기 전 미국 외교팀은 기본적인 협의의제로 무기감축, 제3국가에 대한 무력사용 억제, 인권증진, 관계증진으로 결정했다. Jack F. Matlock, Jr. "The Legacy of Reykjavik: Outline of Remarks," in Sidney D. Drell and Geroge P. Shultz, eds. Implications of the Reykjavik Summit on ITs Twentieth Anniversary: Conference Report, Stanford, California: Hoover Institution, 2007, p. 107

제네바 정상회담 중 고르바초프와 보트하우스에서(1985년 11월 19일)

략한 채 서로 이름을 부르는 경험을 했다. 서로 이름을 부르는 것은 서로 마음을 열게 하는 효과가 있었다. 레이건은 고르바초프를 '서기장님'이라고 불렀다.

레이건은 자신과 고르바초프 두 사람은 인류에게 평화를 가져올 수도 혹은 전쟁을 가져올 수도 있다고 확신했다. 그는 평화를 위해 두 사람이 노력하자고 제의했다. 고르바초프도 고개를 끄덕이며 동의를 표했다. 계속하여 레이건은 미국은 소련을 공격할 어떠한 의도도 없으며 SDI는 어디까지나 방어용이라는 점을 강조했다. 결론적으로 미소는 계속하여 군비경쟁을 할 것인지 아니면 무기를 감축할 것인지 선택할 기로에 있다고 말했다. 무엇보다 레이건은 고르바초프에게 군비경쟁을 할 경우 소련이 절대로 미국을 이길 수 없다는 점을 인식시키고자 노력했다.

두 사람은 한 시간 가량 호수가 보트하우스에서 별도의 모임을 가진 후 자리를 떴다. 회의장으로 돌아가면서 레이건은 고르바초프에게 워싱턴을 방문해 줄 것을 요청했다. 놀랍게도 고르바초프는 초청을 즉각 수락했다. 고르바초프는 레이건도 모스크바로 답방해 줄 것을 요청하였다. 일단 두 사람 사이의 합의를 비밀에 부치기로 했다. 오후 회의가 끝날 때까지 아무도 몰랐다. 회의가 끝나고 레이건이 실무진들에게 정상회담을 약속한 사실을 알리자 회담장 분위기는 하늘을 날듯했다.

협상 이튿날 소련측은 미국 대표들을 소련 대표가 묵고 있는 건물로 초청했다. 회의가 진행되는 동안 레이건은 고르바초프를 작은 방에서 만나 대화를 나누었다. 레이건은 영화배우 노조위원장 시절부터 어려운 문제를 해결한 협상 경험이 있었다. 협상이 난항에 부딪힐 때 가장 효과적인 해결 방법은 최고 책임자끼리 만나 협상의 물꼬를 트는 것을 경험으로 알고 있었다. 두 사람은 미소간 체제의 장점과 문제점에 대해 서로 의견을 교환했다. 상대방을 설득하고자 서로 노력했다. 고르바초프와의 만남이 거듭되면서 레이건은 그가 지적이며 뛰어난 화술을 지닌 것을 알았다. 고르바초프는 남의 말을 경청하는 인물이었다. 레이건과 고르바초프는 서로 팽팽하게 자신들의 주장을 펼쳤다. 하지만 대화가 악의적인 논쟁으로 흐르지는 않았다.

공식회의에서 고르바초프와 레이건은 SDI를 놓고 다시 격렬한 논쟁을 벌였다. 레이건은 SDI는 순수 방어용임을 강조했다. 또한 기술이 개발되면 소련에게 기술과 시설을 공개할 용의가 있다고 말했다. 소련의 공격의 예봉을 꺾기 위한 전술이었다. 그러나 고르바초프는 레이건의 발언을 기본적으로 거짓말이라고 반박했다. 그는 미국이 군사적 우위를 차지하기 위한 군비강화의 수단이라고 공격했다. 이에 대해 레이건은 소련의 아프간 침공에 대한 비난으로 맞섰다. 고르바초프는 아프간 침공에 대해서 자신은 전혀 책임이 없다고 주장했다. 레이건은 고르바초프의 입장이 어떠하든 미국인들은 소련을 아프간의 침략자로 간주한다고 주장했다.[9]

| 9) Reagan, *An American Life*, p. 639.

같은 날 저녁 미국측이 전날에 대한 답례로 소련측을 초청하여 리셉션을 가졌다. 고르바초프는 낮에 있었던 언쟁에 대해 전혀 개의치 않는 태도로 레이건을 대했다. 이런 태도에 레이건은 고르바초프가 미국 하원의장인 오닐과 비슷한 정치인이라는 인상을 받았다. 고르바초프는 회의 안건을 다룰 때와는 전혀 다른 모습이었다. 리셉션에서는 자신이나

소련에 대한 조크도 서슴없이 하면서 즐겁게 분위기를 이끌었다. 레이건은 고르바초프를 작은 방으로 불러 한 시간 이상 두 사람만의 대담시간을 가졌다.

정상회담이 끝나는 날, 레이건과 고르바초프는 공동 성명서를 발표했다. 미소 정상회담의 협상 내용은 빈약했다. 미국이 SDI를 중단하지 않으면 어떤 양보도 할 수 없다는 소련의 입장은 확고했다. 무기감축의 구체적인 수치도 나오지 않았다. 레이건은 SDI도 추진하고 동시에 핵무기도 감축하기를 원했었다. 미국협상단은 적어도 50퍼센트의 핵무기 감축을 목표로 삼았으나 결과는 없었다.

그러나 워싱턴으로 돌아온 레이건은 기분이 좋았다. 고르바초프는 공산주의에 대해 확고한 신념을 가진 자였고 또 회담 상대로 만만치 않았다. 그러나 소련 지도자와 만났다는 사실 하나만으로도 큰 성과였다. 그리고 무엇보다 큰 성과는 소련 정상과 이야기가 통한다는 점을 발견한 것이다. 고르바초프를 만나기 전 레이건은 고르바초프에 대한 기대가 적었었다. 그러나 고르바초프는 레이건이 기대했던 이상의 지적 능력과 상식을 갖춘 소통이 가능한 인물이었다. 두 정상이 워싱턴과 모스크바에서 연속적으로 만나기로 한 약속은 기대 이상의 성과였다. 만나야 어떤 결과든 결과가 나올 수 있었다.

레캬비크에서 가진 정상회담

워싱턴 회담이 있기 전 레이건은 고르바초프와 한번 더 회담을 가졌다. 고르바초프가 먼저 영국이나 아이슬란드에서 임시 정상회담을 가질 것을 제안해 왔다. 레이건은 즉각 수락했다. 장소는 아이슬란드로 결정했다. 1986년 10월 11일 레이건은 아이슬란드 레캬비크에서 고르바초프와 두 번째 회담을 가졌다. 첫 정상회담이 있은 지 11개 월 만이었다. 고르바초프는 전략무기의 50퍼센트 감축안을 전격적으로 제안했다. 아울러 그는 새로운 핵무기에 대한 핵실험을 하지 말 것도 제안했다. 다만 핵실험을 실험실에서 하는 것은 예외로 하자고 제안했다. 소련의 목표는 미국의 SDI를 중단시키는 것이었다. 핵실험을 못하면 결국 SDI도 없다는 전략이었다.[10]

10) Sidney D. Drell and Geroge P. Shultz, eds. *Implications of the Reykjavik Summit on ITs Twentieth Anniversary*, p. 47.

레이건은 소련의 제안을 거부했다. SDI를 포기하면 소련과의 협상 자체가 불가능할 것으로 보았다. SDI는 소련을 회의장으로 나오게 만든 유일한 지렛대였다. SDI는 두 정상을 한 자리에 앉도록 만든 원인이었다. SDI는 두 사람이 서로 양보할 수 없는 사안이었다. 레이건에게는 지렛대였지만 고르바초프에게는 목의 가시였다. 결국 두 사람은 SDI에 대한 이견을 좁히지 못했다. 레이건은 회담 실패를 선언하고

11) 겉으로 드러나지 않은 성과도 있었다. 미국 대표들이 처음으로 소련 대표들에게 인권문제를 거론할 수 있었다. 그전까지 소련 대표들은 미국이 의제로 인권을 제기하는 것 자체를 반대했다. 인권은 소련 국내 문제이므로 인권문제를 거론하는 것은 소련에 대한 내정간섭이라는 이유에서였다. 레캬비크에서 미국 대표가 인권문제를 거론하자 고르바초프를 비롯한 소련 대표들은 끝까지 경청하였을 뿐 아니라 회의 기록에도 처음으로 인권이라는 단어를 소련어로 번역하여 기록했다. Sidney D. Drell and Geroge P. Shultz, eds, Implications of the Reykjavik Summit on ITs Twentieth Anniversary, pp. 123~124.

12) 가시적인 결과는 없었지만 레이건과 고르바초프가 서로 신뢰할 수 있는 협상 상대라는 생각을 갖게 되었다는 점에서 레캬비크 회담은 냉전 종식의 심리적 전환점이 만들어진 회담이었다. (Matlock, "The Legacy of Reykjavik," p. 107.)

자리를 떴다.11)

그러나 두 사람이 만나기로 한 약속은 다시 확인했다. 중요한 합의사항이었다.12) 레캬비크 회담 이후에도 레이건의 반소 발언은 당분간 계속되었다. 가장 유명한 발언은 베를린에서 나왔다.

1987년 6월 12일 레이건은 베를린 브란덴부르크 문 앞에서 연설했다. 이 연설 중에 레이건은 고르바초프를 향해 베를린 장벽을 제거할 것을 촉구했다:

레카비크에서 정상회담 (1986년 10월 11일)

서기장 고르바초프, 만약 당신이 평화를 추구한다면, 만약 당신이 소련과 동유럽을 위한 번영을 추구한다면, 만약 당신이 해방을 추구한다면: 이 문으로 오시오! 고르바초프씨, 이 문을 여시오! 고르바초프씨, 이 장벽을 허무시오!13)

13) Remarks on the Program for Economy Recovery at a Breakfast Meeting With the Republican Congressional Leadership, March 17, 1981. (http://www.utexas.edu/archives/speeches/1981/31781b.htm.)

미국 대통령으로서 대단히 도전적인 발언이었다. 우리 대통령이 휴전선 앞에 서서 북한 최고 책임자 개인의 이름을 부르며 "휴전선을 걷어치우시오!"라고 소리칠 수 있겠는가?

베를린 브란덴부르크 문 앞에서 (1987년 6월 12일)

권력누수 15장

| 권력누수 |

이란 콘트라 사건

1986년 대통령 레이건의 인기는 끝없는 고공행진을 하고 있었다. 심지어 헌법조항을 수정하여서라도 3선이 가능하도록 해야 한다는 주장이 나올 정도였다. 그런데 1986년 11월 위기가 닥쳤다. 백악관 안보 참모진에서 현행법을 어기고 이란 및 니카라과와 불법 무기거래를 한 일이 언론에 보도되었다. 이른바 이란 콘트라(Iran-Contra Affair) 사건이 터진 것이다.

백악관 참모진을 중심으로 미국은 이란에 무기를 팔고 남은 돈으로 몰래 니카라과 반군을 지원하고 있었다. 1980년 이란혁명 후 미국과 이란의 외교관계는 단절되었다. 무기판매는 물론 일반 무역거래도 모두 금지되었다. 그런데 백악관 국가안보회의 소속의 현역 해병 중령인 올리버 노스(Oliver North)의 주선 하에 이란에 무기를 판매한 것이다.

물론 노스 중령 위에는 백악관 안보보좌관이던 존 포인텍스터(John Poindexter)가 있었다.

미국이 이란에 직접 무기를 판매하는 것은 공식적으로 불가능한 일이었다. 노스는 이스라엘 정부의 협력을 얻어 이스라엘이 이란 내부의 온건한 무장단체에 무기를 넘겨주는 형식을 취했다. 사실은 미국이 이란 무장단체에 무기를 판매한 것은 이란에 억류된 미국 인질들을 데려오기 위한 궁여지책이었다. 레이건 취임 초에 이란은 대사관에 억류된 인질들을 모두 풀어주었다.

그런데 그 후에도 이란은 언론인을 포함한 미국인들을 인질로 잡았다. 이란 정부 차원이 아니었다. 중앙 통제가 되지 않는 여러 파벌들이 서로 다투면서 인질을 잡았다. 이들은 인질 석방의 대가로 미국 무기의 판매를 요구했다. 이들의 요구를 들어 주고 인질을 데려 오지 않을 수 없었다. 그렇다고 공식적으로 할 수도 없었다. 레이건은 테러집단과의 거래는 절대 없다는 것을 공식적으로 선언해 놓고 있었다. 따라서 비밀리에 미국 무기를 팔고 인질을 데려 오는 방식을 썼다. 노스는 미국의 무기를 이스라엘을 통하여 이란에 판매하고 남은 이익금으로 니카라과 반군을 지원하는 방법을 택했다.

미국이 니카라과에 지원금을 보냈던 이유는 사회주의

정부인 산디니스타 정부를 붕괴시키기 위한 술책이었다. 니카라과는 오랫동안 미국의 영향권 아래 있었다. 1912부터 1933년까지 미국 해병대가 주둔했다. 미군이 철수하면서 친미정권인 소모사 독재정권이 생겨났다. 소모사 가족은 미국의 비호 하에 대를 이어 정권을 장악했다. 니카라과를 거의 개인 소유와 같이 만들었다. 경제는 퇴보하고 부패가 만연했다. 그런데 1979년 혁명이 일어나 소모사 독재정권이 타도되었다. 새로운 혁명정부인 산디니스타 정권이 수립되었다. 산디니스타 정권은 다니엘 오르테가 장군이 주도했다. 그는 쿠바와 소련의 지원을 받았다. 그는 반미주의자였다.

니카라과의 반미정부는 미국에게 눈의 가시였다. 그런데 산디니스타 정부의 급진적인 개혁이 많은 부작용을 낳았다. 반대자들이 반군을 조직하여 저항하기 시작했다. 반군은 게릴라 활동을 적극적으로 전개했다. 레이건 행정부의 입장에서는 산디니스타 정부를 붕괴시키기 위해서는 니카라과 반군을 지원하는 방법이 유일한 대안이었다.

그러나 1982년 중간선거에서 승리한 민주당은 미국의 개입을 원천적으로 봉쇄했다. 니카라과에 개입할 수 없도록 볼랜드수정법(Boland Amendment)을 제정했던 것이다. 행정부에서 공식적으로 반군을 지원할 방법이 차단되었다. 그러나 레이건은 니카라과 반미정권을 용인할 마음이 없었다.

대통령 안보보좌관 포인텍스터가 레이건의 의중을 잘 알고 있었다. 그는 자신의 부하인 노스 중령에게 이란에 미국 무기를 판매하고 그 대금을 빼돌려 니카라과에 보내도록 했다. 이란에서 번 돈을 니카라과에 보내는 것은 적에게서 번 돈으로 적을 공격하는 방법이었다. 현실적으로 탁월한 방법이었다. 그러나 법적으로 불법행위였다. 이란과의 모든 거래는 원천적으로 불법이었다. 거기다 니카라과 반군을 지원하는 것은 볼렌드수정법을 어기는 것이었다. 불법행위로 번 돈을 불법행위에 사용하는 이중 불법행위가 벌어지고 있었다.

타워조사위원회

1986년 말 이란 콘트라 사건이 터지자 누가 이것을 계획하였으며 어느 선까지 알고 있었는가에 언론의 관심이 집중되었다. 최대의 관심은 대통령 레이건이 이것을 알고 있었는가 하는 점이었다. 만약 레이건이 이것을 알고 있었거나 혹은 대통령이 지시한 것이라면 대통령 스스로가 국법을 어긴 형사범이 되는 것이었다. 그렇다면 레이건은 당연히 탄핵의 대상이 되는 운명을 피할 수 없었다. 과연 레이건은 이 사건에 어느 정도로 개입하고 있었는가?

사건이 보도되기 시작하자 대통령 레이건은 대응을 자제했다. 사실 확인이 필요했다. 그러나 법무장관이 사실을 확인하자 레이건은 폭탄을 맞은 느낌이었다.[1] 대통령은 즉시 모든 내용을 공개하기로 결정했다. 아마 닉슨의 워터게이트 사건을 되풀이 하고 싶지 않았을 것이다. 진실에 대한 빠른 발표만이 문제를 최소로 만드는 최선의 방법이었다. 레이건은 텔레비전 방송을 통해 실제 무기거래가 있었음을 시인했다. 그러나 레이건은 이란에 대한 무기판매는 이란에 인질로 잡혀있던 미국인을 석방하기 위한 거래는 아니었다고 주장했다. 자신은 이런 일이 이루어지는 것을 인식하지 못한 것으로 발표했다. 여론은 가라앉지 않다. 1986년 11월 25일 레이건은 텍사스 출신 상원의원 존 타워(John Tower)를 위원장으로 하는 특별조사위원회를 구성했다. 의혹을 불식시키기 위하여 철저한 조사를 의뢰했다. 자신도 특별조사위원회에 출석했다. 자신은 사건과 관련하여 어떤 일도 기억할 수 없다고 거듭 밝혔다. 안보 보좌관 포인텍스터는 사임했다. 노스 중령은 파면되었다. 프랭크 갈루치(Frank Carlucci)가 안보보좌관으로 새로 임명되었다. 갈루치는 1987년 국방장관 와인버거가 이란 콘트라 사건에 대한 책임을 지고 사임하자 다시 국방장관으로 임명되었다.

이란 콘트라 사건과 관련하여 레이건은 운신의 폭이 좁

---

[1] Reagan, *An American Life*, p. 530.

앉다. 전혀 모르는 일이라고 관련성을 부인해도 완전히 면책될 수 없었다. 국가적으로 중대한 일이 백악관 내 참모에 의하여 진행되고 있었는데 대통령이 전혀 모르고 있었다는 것 자체도 심각한 문제였다. 국가 안보를 누가 책임지고 있다는 것인가? 대통령은 영화 속 배우와 같이 주어진 대사를 외우고 그것을 연출하는 것에 불과한 존재란 말인가? 배우 레이건이란 이미지와 겹치면서 이란 콘트라 사건은 레이건의 국정 장악력에 대한 근본적인 의구심을 불러 일으켰다. 만약 레이건이 몰랐다면 무능한 대통령이 되고, 알았다면 불법 행위를 저지른 죄인이 되는 상황이었다.

1987년 2월 타워 특별조사위원회는 조사 결과를 발표했다. 사건의 주된 책임자는 안보 보좌관 포인텍스터, 노스 중령, 국방장관 와인버거라고 밝혔다. 대통령은 전혀 몰랐던 것으로 결론지었다. 국무장관 슐츠도 빠져 있었다. 외교는 원칙적으로 국무부 소관이다. 당연히 슐츠도 알고 있어야 했다. 그런데 행정부 내 강경파들이 주도하면서 국무장관 슐츠는 돌려놓았던 것이다. 외교를 둘러싼 강경파와 온건파의 권력 다툼에서 강경파들이 주도권을 잡고 있었기 때문이었다. 정책 결정의 중심에서 밀려난 슐츠는 이란 콘트라 사건이 터지기 이전에 이미 몇 번 사임 의사를 밝히기도 했었다.[2] 강경파와 온건파의 권력 다툼을 대통령이

|2) Reagan, *An American Life*, p. 523.

적극적으로 조율하지 못하고 방치한 것이 이란 콘트라 사건을 불러 온 화근이 된 셈이었다. 레이건은 행정부 내부의 권력 다툼을 조정하는 일에 무능했다.

타워위원장으로부터 이란-콘트라 조사보고서를 받고 (1987년 2월 26일)

대통령은 탄핵될 사유는 비켜간 셈이었다. 그러나 타워위원회의 보고에 야당이 만족할 리 없었다. 의회는 야당인 민주당이 장악하고 있고 대통령 선거는 1년 밖에 남지 않았다. 여당에 흠집을 낼 수 있는 절호의 기회였다.

1987년 5월 의회는 특별 청문회를 시작했다. 관련자들이 모두 불려 나왔다. 언론에서는 청문회 상황을 실시간으로 방송했다. 미국 전체가 온통 이란 콘트라 사건으로 들끓었다. 청문회가 진행되면서 사건의 전말이 속속 밝혀지기 시작했다. 야당인 민주당이 집요하게 물고 늘어진 것은 레이건 대통령이 관련되어 있냐는 것이었다. 안보 보좌관 포인텍스터는 이란 콘트라 사실 자체를 사전에 대통령에게 보고하지 않았다. 자신의 선에서 처리한 것으로 끝까지 주장했다.

사건 해결의 열쇠를 쥐고 있었던 사람은 중앙정보원(CIA)장 윌리엄 케이시(William Casey)였다. 케이시는 1981년부터 CIA 원장을 맡고 있었다. 그런데 청문회에 소환되어 증언을 하기 직전 뇌암이 악화되었다. 결국 케이시는 증언하지 못하고 사망했다. 핵심 증인의 부재로 야당은 대통령이 관련되었을 것이라는 심증을 검증할 방법이 없었다.

1987년 11월 청문회가 종결될 때까지 대통령 레이건이 개입하였다는 사실은 드러나지 않았다. 레이건은 법적인 책임은 지지 않게 되었다. 하지만 이란 콘트라 사건은 그에게 정치적 치명타였다. 대통령에 대한 국민적 신뢰가 무너졌다. 국정 장악능력도 의심받았다. 1989년 퇴임하기까지 레이건은 레임덕 대통령이 되었다. 레이건도 이란 콘트라 사건은 자신의 잔여 임기 2년 동안의 정치활동에 의심할 여지가 없이 부정적인 영향을 주었다고 스스로 인정하고 있다.[3]

| 3) Reagan, *An American Life*, p. 540.

이란 콘트라 사건은 레이건이 대통령직에서 퇴임한 이후에도 따라 다녔다. 1989년 포인덱스터 재판이 있었다. 레이건은 증인으로 법정출두가 불가피했다. 자신이 임명하고 일하던 전직 부하의 재판에 전직 대통령이 서야 했다. 전직 대통령으로서는 모욕적인 일이었다. 법원은 레이건에게 법

정출두 대신 미리 녹화하여 증언하는 비디오 증언을 배려해 주었다. 최소한의 명예는 지킨 셈이었다.

대법원 판사 임명 좌절

1987년은 레이건 대통령에게 어려움이 겹친 해였다. 1987년 10월 개인적으로 큰 일이 발생했다. 부인 낸시가 유방암 판정을 받은 것이다. 낸시는 백악관의 보이지 않는 인사 결정권자였다. 레이건 주변에 있는 인물은 낸시가 결정했다. 낸시와 불협화음을 내는 사람은 그것으로 백악관 생활이 끝이었다.[4] 낸시는 무엇보다 레이건의 정치적 이미지 관리에 신경을 썼다. 이란 콘트라 사건이 터졌을 때 가장 예민하게 반응한 사람은 낸시였다.

두 사람은 결혼 이후 부부로서 매우 친밀한 관계를 유지했다. 대통령에 취임한 첫 해 레이건은 매년 하듯이 부인 낸시를 위하여 발렌타인 선물을 하고 싶었다. 경호원들의 반대에도 불구하고 레이건은 백악관을 나가 낸시를 위해 선물을 직접 샀다. 레이건이 산 선물은 몇 장의 카드였다. 그런데 두 사람이 선물을 서로 교환하고 놀랐다. 낸시도 똑 같은 선물을 준비했기 때문이었다.

---

4) 대표적인 사람이 비서실장이었던 리건이었다. 이란 콘트라 사건을 처리하는 과정에서 낸시의 눈 밖에 난 리건은 결국 사임하고 말았다.

레이건은 낸시의 종양이 악성 유방암이라는 최종 진단을 듣고 눈물을 흘리며 울었다. 의사의 말을 듣고 레이건은 그 자리에서 움직일 수도 또 말을 할 수도 없는 상태에 빠졌다.[5] 수술은 잘 집행되었다. 그러나 두 사람에게 모두 큰 충격이었다. 유방 절제 수술을 받은 낸시 자신도 남편이 자신을 여자로서 어떻게 생각할까 걱정했다. 레이건은 낸시에게 걱정하지 말라고 위로했다. 그는 낸시가 실망하지 않기를 바랬다.

| 5) Reagan, *An American Life*, p. 694.

낸시가 유방암 수술을 받던 1987년 10월 레이건에게 또 다른 문제가 겹쳤다. 레이건이 대법원 판사로 임명한 로버트 보크(Robert Bork) 판사에 대해 상원에서 임명동의안이 부결된 것이다. 1987년 7월 레이건은 보크 연방 고등법원 판사를 신임 대법원 판사로 임명했었다.[6] 루이스 포웰(Lewis Powell, Jr) 판사의 후임이었다. 그런데 보크 판사의 임명 발표가 나오자 반대 여론이 들끓었다. 특히 상원 법사위원회 소속인 민주당 에드워드 케네디 상원의원이 보크의 임명을 강력하게 비판하고 나섰다. 보크가 대법원 판사가 되면 미국 여성들의 권리가 추락할 뿐 아니라 흑인들의 지위도 악화될 것이라고 경고했다. 또한 개인의 기본권 보장도 위험에 빠질 수 있다고 주장했다. 보크는 절대로 안 된다는 입장이었다.

| 6) 1981년 레이건은 대통령 취임 후 산드라 오코너(Sandra Day O'Connor)를 대법원 판사로 임명했다. 상원의 인준에 전혀 문제가 없었다. 오코너는 미국 역사상 최초의 여성 대법원 판사였다.

민주당에서 결사적으로 반대한 이유는 헌법해석에 대한 보크의 보수주의 입장 때문이었다. 보크는 헌법은 헌법제정자들의 입법 의도에 따라 해석해야 한다는 견해를 가지고 있었다. 대법원이 판결을 통하여 헌법 제장자들의 기본정신을 훼손하는 것은 반대했다. 소위 사법적 입법 행위에 대하여 반대하는 입장이었던 것이다. 그러나 헌법에 대한 보크의 법학적 입장이 판사로서 크게 문제가 될 것은 아니었다. 야당이 반대하고 나선 보다 중요한 이유는 대법원 판사 임명과 관련된 레이건의 숨은 의도였다. 레이건의 보수판사 임명은 대법원의 이념적 구성 비율을 바꾸려는 시도로 비쳤다.

보크가 대신 자리를 메울 판사는 포웰 판사였다. 그런데 포웰은 이념적으로 중도적 입장을 지켜왔다. 포웰 판사가 9명으로 구성된 대법원 판사의 보수와 진보의 이념적 균형추 역할을 했다. 보크가 대법원 판사가 되면 보수입장을 가진 대법원 판사들의 수가 다수를 차지하게 될 형편이었다.

보수성향의 판사들이 대법원을 장악하면 당장 문제가 되는 판결이 있었다. 1973년에 나온 로 대 웨이드(Roe v. Wade) 판결이었다. 로 대 웨이드 판결은 사회적으로 예민한 문제였던 여성의 낙태를 인정했다. 그런데 레이건을 비롯한 공화당 정치인들은 낙태를 강력하게 반대하고 있었다. 낙태는 생명을 죽이는 살인행위로 보았다. 민주당 정치인은 대체적으로 낙태에 찬성하는 입장이었다. 낙태에 찬성하는 사람들은 낙태에 찬성한다고 하지 않았다. 대신 낙태 여부를 결정하는 것은 여성의 자신의 몸에 대한 권리라고 주장했다.

레이건 행정부 때 보수주의가 득세하면서 낙태가 심각한 사회적 이슈로 등장했다. 보수진영에서 낙태에 대한 대법원 판결을 번복시키길 원했다. 보수가 원하는 것은 낙태 금지만이 아니었다. 공립학교에서 공식행사 앞에 기도하는 것을 포함하여 미국 사회에 다시 기독교적 가치관을 회복시키길 원했다.

기독교 가치의 회복은 레이건과 기독교 지원세력을 연결해 주는 중요한 연결고리였다. 보수 기독교인들은 레이건을 정치적 우군으로 생각했다. 버지니아의 제리 파웰(Jerry Falwell) 목사가 이끄는 모럴 메저리티(Moral Majority)는 미국 사회의 병폐를 치유하기 위하여 미국 기독교의 역할을 강조했다. 이들 기독교 보수주의자들이 전략적으로 선택한 이슈가 바로 낙태문제였다. 낙태반대운동을 펼치며 미국의 도덕적 해이를 규탄하고 미국의 전통적 기독교 가치를 회복할 것을 주장했다. 1979년부터 불붙기 시작한 모럴 메저리티운동은 레이건을 통해 자신들의 종교적 가치를 실현하길 원했다. 레이건을 포함한 공화당 보수주의자들에게 기독교 보수운동 지지자들은 정치적 지지 세력이었다.

정치와 종교는 분리되어 온 것이 미국의 전통이었다. 그러나 1980년 선거부터 보수개혁을 주장하는 기독교 보수주의자와 보수 정치인이 연합하여 거대한 정치 종교 연합체를 형성한 것이다. 이런 정치와 종교의 연합은 1980년대 나타나 공화당 정치의 지지 기반이 되었다. 2000년 조지 부시의 대통령 당선에도 기독교 보수주의 운동이 무시할 수 없는 역할을 담당했다. 심지어 종교인이 대통령 선거에 직접 출마하는 현상도 있었다. 1988년 선거에서 팻 로버트슨(Pat Robertson) 목사가 직접 공화당 대통령 후보경선에 참여했다.

1987년 가을 보크 판사 인준 청문회가 열리자 미국 사회는 낙태 문제를 중심으로 이념 논쟁에 휩싸였다. 진보진영에서 결사적으로 반대하고 나서자 보크는 자신의 견해를 온건한 쪽으로 바꾸었다. 그러나 오히려 신뢰도를 떨어뜨리는 역효과를 가져왔다. 마침내 1987년 10월 상원 본회에서 보크 판사 임명 동의에 대한 표결이 있었다. 표결 결과는 반대가 58표이고 찬성은 42표였다. 민주당 의원 2명이 찬성표를 던졌으나 공화당 의원 중에는 6명이나 반대표에 가세했다. 찬성한 민주당 의원들은 남부 출신이었고 반대한 공화당 의원들은 동부와 서부 출신이었다. 보크 판사 임명안은 낙태를 찬성하는 민주당 의원들에 의해 낙태로 끝났고 말았다.

레이건은 즉시 더글러스 긴스버그(Douglas Ginsberg)를 새로 임명했다. 그러나 긴스버그는 대학교수 시절 학생들과 마리화나를 피운 일이 드러나 사퇴하고 말았다. 11월 레이건은 다시 앤소니 케네디(Anthony Kennedy)를 임명했다. 케네디 판사는 중도 온건파로 알려져 있었다. 1988년 2월 상원은 케네디 판사를 반대 없이 찬성 97표로 인준했다. 일단 대법원 판사 임명 문제는 해결되었다. 그러나 레이건은 정치적으로 깊은 상처를 입었다. 뿐만 아니라 대법원 판결을 번복해 전통적 가치를 회복하려는 레이건의 계획도 실패하고 말았다.

평화 16장

| 평화 |

백악관에서, 다시 모스크바에서

1987년 이란 콘트라 사건이후 레이건은 레임덕 대통령이었다. 대법원 판사 임명 문제도 두 차례나 문제가 생겼다. 대법원 판사 인준안이 상원에서 부결되는 일은 흔한 일이 아니다. 상원 법사위원회 청문회 과정에서 반대 여론이 많지만 대부분 상원 본회의를 통과하는 것이 일반적인 일이다. 레이건은 정치적 곤경에 빠져 있었다.

이런 국내의 정치적 위기에서 레이건을 건져 준 것은 고르바초프였다. 1987년 12월 8일 고르바초프가 워싱턴으로 날아왔다. 고르바초프가 탄 차가 지나가는 거리에 나와 있던 미국인들은 고르바초프를 향하여 손을 흔들며 환영했다. 이에 고무된 고르바초프는 차를 세웠다. 그는 연도에 서 있는 시민들에게 다가가 악수를 나누었다. 마치 미국의 정치가가 선거구민을 만나는 것 같은 자연스런 행동이었다. 그의 등장으로 국민적 관심은 단번에 대외문제로 바뀌었다.

레이건은 백악관에서 고르바초프를 영접했다. 두 사람은 링컨이 사용하던 테이블에 앉아 핵무기감축조약문(Intermediate-Range Nuclear Forces Treaty: INF- 중거리 핵전력조약)에 사인을 했다. 사정거리 300마일에서 3천4백마일의 모든 핵 미사일을 금지한다는 내용이었다. 이렇게 맺은 조약 덕분에 레이건이 임기를 마치기 전까지 핵 미사일을 미국측에서 1700기 소련측에서 800기를 폐기하게 된다.

INF조약에 사인하는 레이건과 고르바초프(1987년 12월 8일)

양국 간 무기감축 문제는 여전히 많은 문제가 남아 있었다. 특히 장거리 미사일에 대한 협상은 어려웠다. 레이건이 소련을 방문하기 직전까지 협상은 성공하지 못했다. SDI가 최대의 장애였다. 소련은 SDI의 포기를 요구했다. 그러나 미국측은 SDI를 포기할 의사가 전혀 없었다. 합의는 불가능해 보였다.

1988년 5월 레이건은 모스크바로 날아갔다. 빈손으로 돌아올 수 있는 위험 부담을 감수한 결정이었다. 레이건은 모스크바에서 대대적인 환영을 받았다. 레이건이 모스크바 시내를 지나가자 많은 시민들이 열렬히 환영했다.

**모스크바국립대학에서 학생들에게 연설
(1988년 5월 31일)**

수행하던 KGB가 시민들을 제지했다. 항의하는 시민으로 소동이 벌어지기도 했다. 소련 시민들의 환대는 레이건의 마음에 깊이 남았다. 외국 대통령을 환영하는 평범한 소련 시민들을 보며 레이건은 전쟁을 만드는 것은 국민이 아니라 정부라고 생각했다.[1]

---

1) Reagan, *An American Life*, p. 709.

레이건은 모스크바 국립대학을 방문하여 학생들을 상대로 연설을 했다. 미국의 국가적 이상에 대해 피력하며 청중들의 질의에 응답하는 시간도 가졌다.

레이건은 소련 당국으로부터 탄압받고 있던 반체제 인사들도 만났다. 소련은 과감하게 이런 파격적인 모임을 제공했다. 소련은 수 백 명의 인사들의 출국을 허가했다. 수천 명의 이민도 허락할 계획이었다.

화해의 시대가 열리다!

레이건과 고르바초프의 관계는 친한 친구와 같이 발전했다.[2] 레이건이 퇴임하기 직전인 1989년 1월 1일, 레이건과 고르바초프는 상대방과 미소 양국민의 안녕을 기원하는 신년 메시지를 교환했다. 1988년 12월 15일 레이건은 소련 국민들에게 보낼 신년 메시지를 백악관에서 녹화했다. 1월 1일 레이건이 먼저 신년 메시지를 텔레비전을 통하여 방송하자 곧 고르바초프도 미국인에게 보내는 신년 메시지를 텔레비전으로 방송했다. 두 사람의 신년 메시지를 들어 보기로 한다. 먼저 레이건

[2] 레이건과 고르바초프의 정상외교가 성공할 수 있었던 중요한 이유는 레이건이 고르바초프의 마음을 이해하기 위하여 노력하였다는 점이다. 소련 지도자의 사고 체계를 이해하고자 노력했고 소련 지도자의 마음을 바꿀 수 있는 행동과 주장이 무엇인지 연구했다. Jack F. Matlock, Jr. "The Legacy of Reykjavik: Outline of Remarks," in Sidney D. Drell and George P. Shultz, eds. Implications of the Reykjavik Summit on Its Twentieth Anniversary, p. 109.

의 메시지이다:

미국 국민을 대신하여 밝아오는 새해에 인사를 드리고자 합니다.

새해는 서기장님의 나라와 본인의 나라에 희망과 쇄신의 기회가 되길 원합니다. 이런 기회가 지금보다 더 필요한 때는 없었습니다. 소련의 아르메니아가 상처를 치료하기 시작하였기 때문입니다. 서기장님 나라에 대한 깊은 염려의 마음을 금할 수 없습니다. 서기장님을 위하여 기도하고 있습니다. 그리고 서기장님을 위하여 제 부인 낸시와 본인의 개인적인 안부 인사를 보냅니다. 부서진 것을 재건하는 과정에 슬픔을 달랠 수 있기 기원합니다.

본인은 우리 두 나라 사이의 관계가 지난 해에 그랬던 것처럼 좀 더 긍정적인 과정으로 진행될 것이라 확신하고 있습니다. 그리고 우리가 다른 점이 있음에도 불구하고, 우리는 어느 정도 공통점을 발견할 수 있었습니다. 본인은 모스크바를 방문해 고르바초프 서기장을 만났을 때 우리는 인권, 무기감축, 세계지역문제 그리고 상호관계에 관한 핵심적인 문제들에 대하여 상호이해를 증진할 수 있었습니다. 비록 많은 것이 더 이루어져야 하지만, 우리는 이런 모든 분야에서 발전을 이끌어 내고 있습니다. ……

이것은 본인이 대통령으로서 서기장님께 보내는 마지막 메시지입니다. 그래서 이 말로 끝맺고 싶습니다: 저는 세계가 일 년 전보다 훨씬 안전해졌다고 믿습니다. 그리고 본인은 지금보다 일 년 후에는 더욱 안전해지길 기도하고 있습니다. 본인은 서기장님과 소련 사람들에게 새해 행운이 있기 기원합니다. 감사합니다. 그리고 하나님의 은총이 서기장님의 일생에 함께 하길 기원합니다.3)

3) New Year's Messages of President Reagan and President Mikhail Gorbachev of the Soviet Union, January 1, 1989. (http://www.reagan.utexas.edu/archives/speeches/1989/010189a.htm.)

다음은 서기장 고르바초프의 신년 메시지이다:

친애하는 미국 국민 여러분, 새해 첫날, 본인과 소련 국민은 미국 국민들과 모든 미국인 가족들에게 행운이 있기를 기원할 수 있어 대단히 기쁩니다.

지난 해를 되돌아보고 오는 새해를 맞이하는 것은 항상 감동스런 경험입니다. 언제나 우리는 지난 해에 대한 강한 기억을 가지고 있습니다: 어떤 경우는 행복했고, 어떤 경우는 슬펐습니다. 우리는 새해를 맞이하면서 우리의 근심과 걱정을 내려놓을 수 있기 원합니다. 새해에는 우리의 소망이 이루어지길 기원합니다.

지난 해는 큰 사건이 많았습니다. 우리 국민들과 국가 관계에 많은 좋은 일들이 일어났습니다. 오늘 그 일들은 더욱 역동적이고 또 더욱 인간적입니다. 우리는 더욱 가까워졌고, 우리는 서로를 더욱 잘 알게 되었습니다. 미국인들은 소련을 다시 발견하고 있으며 소련인들은 미국을 다시 알기 시작했습니다. 공포와 의심은 점차 신뢰와 상호간 친밀함으로 바뀌고 있습니다. 본인은 워싱턴에서, 최근에는 뉴욕에서 미국인들을 만나면서 이런 것을 직접 목격했습니다. 소련 대표단이 머무는 동안 보여주었던 따뜻함과 좋은 마음씨는 우리 관계에 매우 중요한 것이라고 생각합니다. 본인은 레이건 대통령 역시 그가 소련을 방문할 당시 소련 사람들과 만남을 기억할 것이라 생각합니다.

우리 소련 사람들은 두 나라 사이의 보다 광범한 교류를 바라고 있습니다. 본인은 대통령께서도 그럴 것이라 믿습니다. 그것이 바로 우리가 두 나라의 관계의 장래에 대하여 낙관적으로 전망할 수 있는 이유입니다. 이것은 바로 부시 대통령 당선자와의 관계를 의미하는 것입니다.

1988년은 우리 모두에게 기념비적인 해입니다. 우리는 가장 가공할 핵무기를 감축하기 시작했습니다.……

다시 한 번 본인은 위대한 여러분 나라의 시민들을 존경합니다. 여러분 모두의 평화와 건강 그리고 안녕을 기원합니다. 여러분의 삶에 더 많은 행복과 기쁨이 있기를 기원합니다. 여러분의 소원이 이루어지길 기원합니다. 우리가 함께 이룩한 업적들이 모든 소련과 미국의 가정과 그리고 온 세계를 평화와 발전과 건설을 향한 불굴의 의지로 채워주면서 더욱 밝게 빛나길 기원합니다.

신년을 축하합니다!4)

4) New Year's Messages of President Reagan and President Mikhail Gorbachev of the Soviet Union, January 1, 1989.

실로 엄청난 변화였다. 2차 대전이 끝나기 무섭게 미소 양국은 냉전관계로 치달아 갔다. 거의 반세기 동안 양국은 핵무기를 대량생산하며 서로를 멸절시킬 것을 공언했다. 그런데 갑자기 양국의 정상이 상대방 국민의 행복과 안녕을 기원하는 메시지를 교환한 것이다. 냉전의 검은 구름이 걷히고 있었다. 두 지도자들의 현명한 판단으로 화해와 공존의 새로운 시대가 열리고 있었다.

냉전의 얼음이 녹다

미소관계가 좋아지면서 교류도 넓어졌다. 1989년 1월 초 레이건은 소련 고등학생들을 백악관으로 초청했다. 1988년 봄 레이건이 고르바초프에게 고등학생들의 교환방문을 제의한 결과였다. 소련 고등학생뿐 아니라 소련계 미국인 학생들도 함께 초대되었다. 레이건은 학생들에게 세상의 많은 문제는 국가 사이에 일어나는 것이지 국민들 사이에는 일어나는 것이 아니라고 했다. 또한 "세계 국민들은 차이점보다는 더 많은 공통점을 가지고 있다"고 말했다. "차이점은 정부 사이의 차이점이고 그리고 문제점은 국가들 사이의 문제점"이라는 것이다. 그는 전쟁이나 억압을 시작하는 것은 국민이 아니라 정부라고 말하기도 했다. 서로 만나면 쉽게 친구가 될 수 있고 전쟁도 없어질 수 있다고 레이건은 강조했다.[5] 미소의 대결이 없어질 수 있을까? 1988년 봄에도 이것은 실현 불가능한 환상과 같았다.

5) Remarks at a Meeting With Soviet High School Students, January 13, 1989. (http://www.reagan.utexas.edu/archives/speeches/1989/011389a.htm.)

그런데 1989년 11월 갑자기 베를린 장벽이 무너진다. 레이건이 퇴임한 지 채 1년도 지나지 않은 시점이었다. 기나긴 냉전의 차가운 얼음이 녹은 것이다. 어떻게 이것이 가능하였던가? 이것에 대하여 긴 설명이 필요할 것이다. 그러나 간단히 말한다면 레이건과 고르바초프라는 두 인물이 만들어 낸 역사적 결과물이었다.[6]

6) 냉전 종식의 주인공이었던 레이건과 고르바초프의 관계는 퇴임 후에도 이어졌다. 레이건이 퇴임한 후 고르바초프가 샌프란시스코로 레이건을 직접 찾아왔다. 레이건도 퇴임한 지 2년이 되어갈 무렵 모스크바로 고르바초프를 답방했다.

냉전 종식에 결정적으로 기여하게 되는 인물은 고르바초프였다. 그는 미소의 소모적 군비경쟁 대신 소련의 국내 개혁을 원했다. 개혁을 위해서는 미국과의 화해는 필수적인 선행요건이라 판단했다. 고르바초프는 화해를 택했다. 소련에 고르바초프라는 지도자가 있었던 것은 세계사적으로도 행운이었다. 그의 개혁의지가 있었기에 큰 혼란을 겪지 않고 무혈혁명으로 소련의 변화가 가능했다. 그는 소련의 구체제를 고집하면서 정권유지를 위한 방편으로 전쟁도 불사하는 모험을 감행할 수도 있었다. 그러면 아마 세계는 엄청난 파국을 맞이했을 것이다. 그러나 고르바초프는 파국 대신 평화를 택했다.

레이건 역시 냉전체제를 붕괴시키는데 고르바초프 못지 않은 결정적인 역할을 했다. 무엇보다 레이건의 국방력 강화가 굴속의 곰인 소련을 굴 밖으로 나오게 하는 연기 역할을 했다. 소련은 월등한 경제력을 바탕으로 한 미국의 군비증강을 따라 갈 수 없었다. 현실적으로 소련은 군비경쟁을 포기하고 무기감축을 위한 협상으로 나올 수밖에 없었다.[7] 레이건이 주장한 힘의 외교가 소련에 대한 압박 효과가 있었던 것이다. 레이건 역시 냉전 종식의 주인공으로 인정하는 것이 공평한 평가일 것이다. 그런 점에서 레이건의 국방력 강화는 우리에게 시사하는 바가 크다. 평화는 힘의 결과물이다. 힘이 뒷받침되지 않는 평화는 허상이다. 레이건의 국방정책이 이것을 잘 입증하고 있다.

7) 소련에서 나온 외교문서는 고르바초프가 레이건과 정상회담을 하게 된 중요한 이유가 미국과의 군비경쟁에 이길 수 없다는 판단이었음을 잘 보여준다. David Hooloway, "The Soviet Preparation for Reykjavik: Four Documents," in Sidney D. Drell and Geroge P. Shultz, eds, *Implications of the Reykjavik Summit on ITs Twentieth Anniversary: Conference Report*, Stanford, California: Hoover Institution, 2007, p. 48.

보수정치의 전설 17장

| 보수정치의 전설 |

고별연설을 하다

1989년 1월 11일, 퇴임을 앞 둔 레이건은 백악관에서 국민을 상대로 고별연설을 했다. 1월 20일 새로운 대통령의 취임식이 있기 열흘 전이었다. 이제 남은 것은 새로운 대통령에게 백악관을 내주고 나가는 일만 남았다. 그러나 정권을 내 주고 나가는 대통령은 그냥 나가지 않는다. 국가를 운영해 본 경험자로서 그 경험에서 얻은 지혜를 후임 대통령과 국민들에게 넘겨주고 가야 하는 것이다. 국가를 맡았던 자로서의 최소한의 의무라고 하겠다.

고별연설의 전통은 초대 대통령 워싱턴이 시작했다. 워싱턴 대통령은 2차례 임기를 마친 후 1796년 퇴임했다. 대통령으로 남아 있을 수 있었지만 두 번의 임기 후 스스로 물러났다. 참모들 가운데 워싱턴에게 3선을 권하는 이들도 있었다. 그러나 워싱턴은 장기 집권의 권고를 뿌리치고 퇴임을 선택했다. 워싱턴의 2차례 임기 후 퇴임한 선례는 후임 미국 대통령들이 지켜야 하는 전통이 되었다. 3선 금지의 전통을 깬 유일한 대통령이 루즈벨트였다. 그는 1932년 선거부터 1944년 대선까지 4번 연거푸 당선되었다. 배경에는 대공황과 2차 대전이라는 특수한 시대적 상황이 있었다.

초대 대통령 워싱턴은 퇴임사에서 국제적으로 유럽의 어떤 강대국과도 동맹관계를 체결하지 말 것을 당부했다. 그는 신생 공화국인 미국이 대내적으로 분열되거나 혹은 대외적으로 특정 국가와 동맹체제를 만들어 전쟁에 휩쓸리게 되면 미국은 희망이 없을 것이라 판단했다. 대내적으로 당파를 만들지 말도록 당부했다. 당을 만들지 말라는 워싱턴의 부탁은 지켜지지 않았다. 그가 퇴임하기 전에 이미 연방파와 반연방파로 갈려져 있었다. 그 후 반연방파는 민주당으로 발전하여 오늘날까지 내려오고 있다. 공화당은 19세기 중엽인 1856년에 시작되었다. 남북전쟁 이후 미국에는 공화당과 민주당으로 양당체제가 굳어졌다. 그런데 워싱턴이 고별사에서 당부한 유럽 국가들과 동맹을 맺지 말라는 부탁은 20세기 초까지 지켜졌다. 1차대전에 개입하기 전까지 미국은 유럽과 동맹을 맺지 않았다. 소위 미국외교의 고립주의 전통이 지켜진 것이다.

레이건도 워싱턴의 고별연설의 전통을 따랐다. 노란색

커튼이 양쪽으로 드리워진 백악관 집무실 책상에 앉아 레이건은 텔레비전 카메라를 대했다. 8년간 국정을 맡으면서 그는 많이 늙어 있었다. 양쪽 얼굴의 피부는 처져 목까지 내려와 있었다. 목의 피부도 어느 때보다 길게 늘어져 보였다. 그러나 잘 빗어 넘긴 숱이 많은 머리카락은 아직 검은 색이 더 많았다. 눈은 여전히 맑고 인자한 인상을 풍기고 있었다. 레이건은 어려서부터 고도의 근시였다. 배우 생활을 하면서 안경 대신 콘택트렌즈를 착용했다. 그러나 레이건이 고도의 근시안이라는 사실을 아는 사람은 적었다. 텔레비전에 비친 그의 눈은 렌즈 덕에 항상 맑고 순수해 보였다. 남색 양복을 입고 있었다. 흰 셔츠 위에 사각형 줄 무늬의 고동색 넥타이를 했다. 점잖은 노신사의 멋진 모습이었다. 그는 너그러운 아버지 같았다.

레이건은 임기 중 모두 34번 텔레비전 카메라 앞에 섰다. 레이건은 국민에 대한 감사로 고별사를 시작했다. 그는 대통령으로서 자신의 업적이 대체로 성공적이었다고 평가했다. 그는 최고의 업적으로 경제회복과 국민들의 사기진작을 꼽았다:

> 지난 10년간은 정말 대단한 항해였습니다. 우리는 거친 바다를 함께 잘 견디어냈습니다. 마침내 우리는 함께 우리의

목적지에 도착하고 있습니다.

실제로 그라나다에서 워싱턴과 모스크바 정상회담회담까지, 81년과 82년 경기침체, 82년 후반기부터 시작되어 오늘날까지 계속되고 있는 경기의 발전까지 우리는 변화를 만들어냈습니다. 제가 보는 바로는 제가 자랑할 수 있는 두 가지 큰 성공이 있습니다. 첫째는 경제의 회복입니다. 그것에는 미국 국민들이 만들어내고 또 채워 준 1천 9백만 개의 일자리가 있습니다. 그리고 둘째로 사기의 회복입니다. 미국은 세계에서 다시 존경 받으며 리더십을 발휘하고 있습니다.

레이건은 자신의 정책의 가장 기본적인 바탕은 상식임을 강조했다. 경제를 살리는 것이나 혹은 대외적으로 소련을 협상 테이블로 불러내고 또 소련이 아프가니스탄으로부터 철수하게 만든 것은 모두 상식에 바탕을 두었다고 말했다:

상식은 어떤 것에 과대한 세금을 부과하면 국민들은 그것을 적게 생산할 것임을 알려주었습니다. 그래서 우리는 국민들의 세율을 낮추었습니다. 그리고 국민들은 앞서보다 훨씬 더 많이 생산했습니다. 경제는 가지를 쳐준 식물과 같이 꽃이 피고 그리고 빠르고 강하게 성장하고 있습니다. 우리의 경제정책은 우리 역사상 가장 장기의 평화와 경제적 발전을

이루었습니다: 가정의 수입은 올라갔고, 빈곤의 비율은 낮아졌으며, 기업은 활기를 찾았고, 연구와 새로운 기술은 확대되고 있습니다. 우리는 어떤 때보다도 많이 수출을 하고 있습니다. 왜냐하면 미국의 산업은 보다 경쟁력이 있고, 동시에 국가적 의지를 모아 우리나라에 보호무역의 장벽을 세우는 대신에 국제적으로 그것을 무너뜨렸기 때문입니다. 상식은 또한 우리에게 평화를 유지하기 위해서 우리는 나약하고 혼란스런 지난 수 년을 뒤로 하고 다시 강력해져야 한다는 것을 가르쳐주었습니다. 그래서 우리는 국방력을 재건했고 올 신년에 우리는 국제적으로 새로운 평화에 대해 축배를 들 수 있었습니다. 강대국들이 핵무기의 보유 숫자를 감축하기 시작하였을 뿐 아니라- 더 많은 진전이 있기를 희망하면서- 국제사회를 어렵게 만들고 있던 국지적 분쟁도 그치기 시작했습니다. 페르시아만은 더 이상 전쟁지역이 아닙니다. 소련은 아프가니스탄에서 철수하고 있습니다. 베트남은 캄보디아에서 철수할 준비를 하고 있습니다. 그리고 미국이 중재한 협상으로 앙골라로부터 5만 명의 쿠바군이 철수하게 될 것입니다.[1]

1) Farewell Address to the Nation, January 11, 1989. (http://www.reagan.utexas.edu/archives/speeches/1989/011189i.htm.)

레이건은 경제와 외교에서 자신의 성공적 업적을 나열하였다. 부족한 부분이 있었음도 인정했다. 그가 인정한 실패는 국가 채무를 줄이지 못한 점이라고 했다. 그러나 그는 적자예산 문제를 해결하지 못한 것은 의회의 협조가 없었기 때문이라고 책임을 의회로 돌렸다. 그의 임기 중에 해결하지 못한 이 문제는 차기 정부인 부시 정부 때 해결할 문제로 떠 넘겼다.

퇴임사의 뒷부분에서 레이건은 자각적 애국주의(informed patriotism)를 강조했다. 미국은 한때 국제사회의 희망이었으며 존경의 대상이었던 점을 되살려 다시 일어나야 한다고 했다. 미국은 평범한 나라가 아니라 청교도들이 자유를 찾아와 건설한 나라이며, 청교도의 지도자 존 윈스럽(John Winthrop)이 말하였던 것처럼 미국은 항상 '언덕 위의 도시'로 남아 있어야 한다고 했다. '언덕 위의 도시'의 핵심 가치는 자유이며, 이 자유를 미국의 가장 중요한 기본적 가치로 계속 지킬 것을 레이건은 당부했다.

레이건의 퇴임사는 화려하지 않았다. 그는 '위대한 소통자'란 말에 걸맞게 자신의 업적을 쉬운 말로 설명했다. 화려한 이론이나 구호가 아니라 미국인들에게 익숙한 말과 표현을 빌려 자신의 정치철학이나 업적이 미국의 전통에 뿌리를 두고 있음을 강조했다. 소박한 표현방식과 일관된 정치소신은 레이건의 최대의 정치적 자산이었다. 일관된 소신으로 국민의 신뢰를 얻었고 쉬운 표현방식으로 국민과 소통할 줄

백악관을 떠나는 레이건 (1989년 1월 20일)

알았다. 그는 '위대한 소통자'였다.

그러나 시대를 넘어 그가 성공한 대통령으로 평가받게 된 것은 소통의 기술보다 더 중요한 그의 정치적 신념이었다. 평생 그는 작은 정부와 적은 세금 그리고 규제완화라는 일관된 원칙 위에서 자신의 정치활동을 설계하고 실천했다. 레이건이 퇴임사에서 가장 큰 소리로 강조한 말도 결국 '정부가 팽창하면, 자유는 축소된다(An government expands, liberty contracts)'는 것이었다. 레이건은 정치인이 철학을 가진다는 것이 무슨 뜻인지 행동으로 보여 준 정치인이었다.

퇴임이후

레이건은 퇴임 후에도 활동적인 삶을 살았다. 사실 1911년에 태어난 레이건은 대통령으로 당선될 때 이미 69세의 노인이었다. 8년의 대통령직을 수행하고 퇴임하였을 때 그는 78세에 이르고 있었다. 그는 로스앤젤레스 서쪽에 위치한 벨 에어(Bel Air)에서 은퇴 후 삶을 즐겼다. 그러나 조용히 집에만 머물러 있지 않았다. 그는 여러 곳으로부터의 초청강연을 거절하지 않았다. 국내과 외국의 여러 사회단체가 초청한 강연을 열정적으로 하고 다녔다. 자신의 기념도서관을 위한 성금 모임에도 자주 참석했다. 기념도서관이 완공된 다음에는 퇴임한 전직 소련 서기장 고르바초프를 자신의 기념도서관으로 초청하기도 했다.

80세를 넘긴 1992년 공화당 전당대회에 참석했다. 부시 대통령이 재선에 도전하기 위한 재지명을 받는 자리였다. 레이건에게 특별 연설을 할 수 있는 기회가 주어졌다. 레이건은 미국은 다른 나라보다 더 많이 물질적으로 소유한 것 때문에 자랑스러운 것이 아니라 다른 나라보다 특별한 정신적 유산을 소유하였다는 것 때문에 자랑스러워야 한다고 말했

레이건 도서관에서 고르바초프와 (1992년 5월 4일)

다. 그는 자유의 이념이 자랑이 되는 미국이길 바란다고 강조했다. 1992년 공화당 전당대회 연설이 레이건이 남긴 마지막 공식연설이었다. 노익장을 자랑하던 레이건도 나이를 비켜갈 수는 없었다.

치매와의 공존

나이가 들어갈수록 그의 기억력에 문제가 생기기 시작했다. 언제부터 시작되었는지 정확하게 알 수 없었다. 1990년대 들어서면서 그의 기억과 인식능력에 문제가 드러나기 시작하였다. 치매를 앓고 있는 사실이 공개적으로 드러난 것은 1991년 11월 레이건 기념 도서관 완공 기념식 만찬식장이었다. 레이건은 참석한 인사들을 소개하는 과정에서 전 영국 수상 마가레트 대처를 두 번씩 똑 같은 말로 소개했다. 참석자들은 놀랐다. 그러나 참석자들은 모른 척 두 번 모두 똑 같이 박수로 환영을 했다. 어색한 분위기는 면할 수 있었다.

병이 깊어지자 레이건 자신이 치매(알츠하이머)에 걸린 사실을 밝힐 수밖에 없었다. 1994년 11월 5일 레이건은 자신이 직접 손으로 쓴 편지를 통하여 미국인들에게 자신의 치매를 알렸다:

저는 최근에 치매에 걸리게 되는 수 백 만 미국인들 중 한 사람이라는 사실을 알게 되었습니다.

이 소식을 듣는 순간 낸시와 저는 평범한 시민의 한 사람으로서 이 사실을 개인적인 문제로 지키고 있을 것인지 공개적으로 알릴 것인지 결정해야 했습니다.

과거 낸시는 유방암을 앓은 적이 있고 저도 암 수술을 여러 번 받은 적이 있습니다. 우리는 이 사실을 공개함으로써 이 질병에 대한 국민적 관심을 높일 수 있다는 것을 알게 되었습니다. 그 결과 더 많은 사람들이 검진을 받게 되었다는 사실에 행복을 느꼈습니다.

그들은 초기 단계에서 치료될 수 있었고 정상적인 건강한 삶으로 되돌아 갈 수 있었습니다.

그래서 지금 우리는 이 사실을 여러분과 나누는 것이 중요하다고 느끼고 있습니다. 우리의 마음을 열음으로써 이러한 상태에 대해 더 큰 경각심을 높여줄 수 있기를 희망합니다. 아마 이것은 이 질병에 걸린 개인들이나 가족들에 대해 더 큰 이해심을 불러일으킬 것입니다……2)

2) Text of letter written by President Ronald Reagan announcing he has Alzheimer's disease, November 5, 1994. (http://www.reagan.utexas.edu/archives/reference/alzheimerletter.htm.)

유명인이 치매와 같은 질병을 앓고 있는 사실을 알린다는 것은 쉬운 일이 아니다. "병은 자랑해야 한다."는 우리 속담이 있는 것도 병을 알리기 싫어하는 사람의 속성 때문에 나온 말일 것이다. 유명인일 경우 더욱 그렇다. 대중의 사랑을 받던 사람은 쌓아 온 자신의 이미지와 다른 자신의 약점을 드러내기 어렵다. 레이건의 치매 공개는 그가 살아온 삶에 대한 정직함과 용기의 결과였다. 사람들은 충격을 받았다. 동시에 치매에 대한 이해도를 높이고 관심을 불러일으킨 계기가 되었다. 사실 레이건의 부모도 모두 치매를 앓았다. 치매는 레이건 집안의 유전이었다. 레이건과 낸시는 치매연구를 위한 치매연구소를 세웠다. 자신의 질병도 국민에 대한 봉사의 기회로 사용했다.

역사가 되다

레이건은 2004년 6월 5일 사망했다. 치매 사실을 발표할 때 말한 약속을 지키려고나 한 듯 그는 "이 세상에서 하나님이 나에게 부여한 나머지 시간까지" 살았다. 그는 인생 황혼기의 여정을 마치고 조용히 역사 속으로 사라졌다. 그의 나이 93세였다. 2004년 6월, 딸 패티는 잡지 『피플(People)』에 글을 기고했다. 임종을 지켜 본 딸 패티의 글에서 레이건의 최후 모습을 읽을 수 있다.

내 아버지는 돌아가시고 있다. 며칠 남지 않았다. 아마 일주일. 아마 그의 영혼은 이미 가버렸을지도 모르겠다. 그의 모습은 - 푸른색 백묵 같은 눈, 진짜 눈이라기보다 아이들이 그린 그림 같다. 그 눈에 삶의 모습은 없다. 다만 존재가 있을 뿐.

진단을 받은 후 10년이 지났다. 치매. 영혼이 죽어가는 죽음의 질병. 나는 준비가 되어 있다고 믿었다. 지난 수년 동안 수많은 슬픔의 파도가 나에게 엄습해 왔었다. 그러나 지금 나를 슬픔의 심연으로 몰고 갈 슬픔이 기다리고 있다는 것을 안다. 이틀 전 아버지의 눈이 감겼다. 그의 손은 너무나 파리해서 덮어드린 담요의 색과 같다. 호흡이 가끔 몇 초 동안 멈추기도 한다. 그러면 놀란 나도 숨을 멈추곤 한다. 내 아버지는 돌아가시고 있다. 나는 한 번도 그것을 생각하지 않은 것 같은 느낌이다. 그런 생각을 지난 10 년 동안이나 하였으면서도 말이다……

아버지가 돌아가셨다. 우리 5명이 거기 있었다- 어머니, 론, 나, 의사 그리고 작은 목소리로 아버지를 미소짓게 하던 간호사. 우리는 안개 낀 아침부터 해가 반짝 뜬 낮이 될 때까지 곁에 지키고 있었다. 즉시 누구도 잊을 수 없는 기도가 있었다. 방 안에는 작은 속삭임, 추억담, 추억담 속에 간간히 터지는 웃음들이 있었다. 고요. 우리가 우리 아버지의 숨소리를 세고 있었다. 마침내 숨이 멈추는 순간이었다. 아버지의 숨소리가 때가 되었음을 알려주고 있었다. 그는 갑자기 눈을 뜨더니 내 어머니를 똑바로 바라보았다. 며칠 동안 뜨지 않던 눈이 떠졌다. 눈은 푸른색도 몽롱하지도 않았다. 그 눈은 맑고 푸르고, 사랑으로 가득 차 있었다. 그 눈은 그의 마지막 호흡과 함께 다시 감겼다. 만약 죽음이 아름답다면 그분의 죽음이 그랬다. 당신이 저에게 주고 가신 최고의 선물, 내 어머니가 눈물 속에 겨우 말한 "당신을 사랑해요."라는 그 말, 그리고 마지막 순간에 넘치는 아름다움으로 전한 아버지의 사랑. 병실에 감돌던 적막한 고요는 조용한 울음소리로 바뀌었다.[3]

3) Patti Davis, "Waiting ... And the End," People, Vol. 61, no. 24, June 21, 2004. (http://www.people.com/people/archive/article/0,,20150369,00.html.)

레이건의 장수비결

레이건은 사망 시 퇴임 대통령 중 가장 장수한 대통령이었다. 레이건 이전에는 존 아담스(John Adams)가 역대 대통령 중 장수기록을 가지고 있었다. 아담스는 제2대 대통령으로 90세가 넘도록 장수했다. 미국 독립 50주년이 되는 1826년 7월 4일, 바로 독립기념일 날 아담스는 사망했다. 같은 날 아담스 대통령의 정치적 라이벌이었던 제3대 대통령 토마스

목장 앞에서 (1986년 8월 30일)

제퍼슨도 사망했다. 독립을 위해 애쓴 2명의 건국의 조상들이 독립기념일에 사망한 것은 우연치고는 매우 흥미로운 일이다. 레이건의 장수 기록은 2006년에 깨졌다. 포드 대통령이 93세에 사망했기 때문이다. 현재는 전직 대통령 중에서 포드가 최장수 기록을 남긴 셈이다.

레이건의 장수비결은 긍정적이고 낙천적인 성격과 운동에 있었다. 저격을 당한 상황에서도 그는 유머를 잃지 않았다. 앞서 소개한 바와 같이 저격 후 수술대 위에 누워서도 의료진들을 보고 "여러분들이 다 공화당원이길 바란다"는 유머로 수술실 분위기를 웃음바다로 만들었다. 또 수술을 마친 후 마취에서 깨어나 부인 낸시가 걱정스런 얼굴로 내려다보고 있는 것을 알고는 "여보, 내가 총알을 피해 엎드린다는 것을 잊었소"라며 걱정하는 낸시를 웃게 했다. 백악관 뜰에 다람쥐들이 많이 있었다. 기르는 개가 이 다람쥐들을 물어 죽일까 걱정이 된 레이건은 작은 표지판를 하나 세웠다. "개조심!".

레이건은 운동을 좋아했다. 젊어서는 수영을 비롯하여 여

목장에서 말을 타며 (1981년 8월 27일)

러 가지 스포츠를 즐겼다. 고등학교 때는 학교의 미식축구부 선수이기도 했다. 고등학교 때부터 여름방학이면 공원 수영장에서 구조대로 활약해 많은 사람을 구하기도 했다. 피부를 너무 태운 탓에 나중에 피부암에 걸리기도 할 정도였다.[4]

4) 레이건은 대장암에도 걸렸으나 회복했다.

나이 들면서 그는 목장을 좋아했다. 캘리포니아에 산 위 고지대에 있는 목장을 하나 사서 열심히 가꾸었다. 산 속 깊숙한 곳에 위치한 100년이 넘은 목장이었다. 주인이 팔려고 내 놓았으나 아무도 사려는 사람이 없었다. 그러나 레이건은 한 눈에 반해 그 자리에서 계약서를 썼다. 목장 이름을 하늘 목장(ranch in the sky)라는 뜻의 '란초 델 시에로 (Rancho del Cielo)'로 지었다. 레이건에게 이 목장은 휴식 공간이었다. 대통령 임기 중에도 여러 번 이곳에 와 말을 타며 쉬었고, 대처를 비롯한 외국 원수들을 초청하기도

목장에서 일하던 중(1981년 11월 24일)

했다. 그는 목장에서 말 타는 일을 세상 어떤 것보다 즐거워했다. 치매에 걸려 활동이 불가능한 순간까지 말을 탔다. 대한항공기가 소련의 미사일 공격으로 격추되었을 때에도 레이건은 바로 이곳에서 말을 타고 있었다. 말 위에서 항공기 격추사실을 보고받은 레이건은 계속 말을 달리며 "민간인을 죽이는 나쁜 놈들!"이라고 안장 위에서 화를 토했었다. 목장이라는 공간이 그에게는 모든 직무와 스트레스로부터 자유로울 수 있는 해방공간이었던 셈이다.

치매 발표 후에도 레이건은 10년을 더 살았다. 치매와 싸우는 동안에는 50년을 넘게 같이 산 부인이 옆에 있었다. 낸시의 헌신적인 보살핌이 없었으면 그의 말년은 무척 외웠을 것이다. 레이건은 죽는 순간까지 사랑하는 배우자가 옆에 있는 행운을 누렸다.

백악관에서 대통령 부부 (1988년 11월 16일)

보수정치의 전설이 되다

레이건이 운명하자 시신은 국장을 치루기 위해 워싱턴으로 운구되었다. 마침 공화당 대통령 조지 부시가 백악관 주인이었다. 공화당 출신 전직 대통령 레이건의 장례식은 미국 역사상 유례를 찾기 어려울 정도의 규모로 거행되었다. 영국과 캐나다를 비롯해 미국의 동맹국 원수들이 대거 참석했다. 고르바초프 전 소련 서기장과 영국 왕세자 찰스도 참석했다. 고인에 대한 추모사는 레이건 재임시 부통령이었던 전직 대통령 아버지 부시가 맡았다. 현직 대통령 아들 부시도 직접 조사를 읽었다.

아버지 부시는 레이건에게 친절함과 용기를 배웠다고 술회했다. 유머감각이 뛰어났다는 점도 회상했다. 새로 대통령이 되어 취임식을 준비하던 부시 당선자에게 레이건은 "칠면조들이 당신을 넘어뜨리게 하지 마시오"라는 말을 남겼다고 한다. 속어로 '칠면조'는 '바보'라는 뜻으로 흔히 상대방을 욕할 때 쓴다. 우리말로는 '새머리' 정도의 뜻이다. 현직 대통령이던 아들 부시는 레이건이 미국을 다시 자랑스러운 국가로 만들어 주었다고 추모했다.

레이건 대통령 기념도서관에 있는 레이건 묘

워싱턴에서 장례식을 마친 다음 레이건의 시신은 다시 캘리포니아로 운구되었다. 장지는 시미벨리에 있는 레이건 도서관에 마련되었다. 시미벨리는 로스앤젤리스에서 북서쪽으로 약 40마일 정도 떨어져 있다. 레이건의 자녀들 중 마이클과 론 그리고 패티가 아버지에 대한 추억을 술회했다. 안장을 위한 최후 기도가 이어졌다. 그의 관을 덮었던 미국 국기가 걷혀 낸시에게 전달되었다. 고인을 담은 관은 장중하게 서서히 땅 속으로 내려졌다. 40대 미국 대통령 레이건의 육신이 역사 속으로 들어가는 순간이었다. 그렇게 그는 20세기 후반 미국 역사의 분수령이 된 보수혁명을 남기고 조용히 사라졌다. 그러나 그의 보수혁명은 21세기에도 여전히 살아 있다. 감세와 작은 정부 그리고 규제폐지는 지금도 공화당의 흔들리지 않는 당론이다. 레이건은 보수혁명의 전설로 남은 것이다.

| 연보 |

1911년 2월 6일	로널드 윌슨 레이건 일리노이 탬피코에서 출생
	아버지 존 에드워드 레이건
	어머니 넬리 윌슨
	위로 형(넬)이 한 명 있음
1920년	레이건 가족 일리노이 딕슨에 정착
	레이건이 고향으로 여김
1926년	딕슨 소재 로웰 공원 수영장에 구조대원으로 취업
	7년 간 77명의 인명 구조
1928년	딕슨고등학교 졸업
	학생회장
	미식축구, 농구, 육상반 및 학교 연극반 활동
1928~1932년	일리노이 소재 유레카 대학에 진학
	경제학과 사회학 전공
	2학년 재학 중 드라마에 관심을 갖게 됨
	학생회장 당선

	프랭클린 루즈벨트 대통령의 대중 연설에 매혹
	(레이건 정치 연설에 깊은 영향을 줌)
1932년	아이와 주 데브포트 소재 라디오 방송국(WOC)에 임시직 스포츠아나운서로 취직
	시카고 야구팀 중계방송으로 명성을 얻음
1937년	육군 보충대 등록
	워너브라더스와 7년 전속계약
	대표작 『누트 라크네-올 아메리칸』 영화 출연
1940년 1월 24일	배우 제인 와이맨과 결혼
1941년	모린 출생
1942년	육군 공군부대(1947년 공군이 독립하기 전 육군 소속) 소속 현역 입대
	캘리포니아 컬버시 소재 제1영화제작부대에 중위로 배속
	400편의 훈련 영화 제작 참여
1943년	육군 대위로 진급
1945년	육군 대위로 제대

1945~1965년	제대 후 배우 활동 재개
	53편의 영화와 1편의 텔레비전 극 출연
1945년	마이클 입양
1949년	제인 와이맨과 이혼
1950년	헬렌 더글러스의 상원의원 선거 유세 지원
1952년	민주당원이면서 공화당 대통령 후보 아이젠하워 유세 지원
	제너럴일렉트릭(GE) 회사 홍보대변인 취임
	전국으로 다니면서 회사 홍보 활동
1952년 4월	낸시 데이비스와 결혼
1952년 10월	패트리셔(패티) 출생
1956년	공화당 후보 아이젠하워 유세 지원
1958년	로널드 프레스코(론) 출생
1960년	리처드 닉슨 공화당 후보 유세 지원
1962년	공식적으로 당적을 공화당으로 변경
1964년	공화당 대통령 후보 베리 골드워터 지원 텔레비전 선거 연설
	캘리포니아 사업가들과 연결됨
	캘리포니아 주지사 후보로 부상

1965년	자서전 – 『나머지 나는 어디에 있는가?』 출간
1966년	캘리포니아 현직 지사 에드먼드 브라운을 이기고 주지사 당선
	주지사로 활동
	대통령 후보로 부상
1968년	대통령 후보로 등장
	공화당 전당대회에서 후보 공식화
	공화당 후보 지명자 닉슨에 대한 지지 선언
1970년	캘리포니아 주 지사 재선
1974년	지사 임기 종료
	신문사 기고가 및 방송국 해설가로 활동
1975년 11월 20일	공화당 대통령 후보 지명전 출마 선언
	포드에 패배
	차기 후보로 각인
1979년 11월 13일	공화당 대통령 후보 지명전 출마 선언
	지명전 승리 후 조지 부시 부통령 후보 지명
	'가족, 근로, 이웃, 평화 및 자유'를 강조한 정강 채택

1980년 11월 4일	미국 제 40대 대통령으로 당선 됨 (선거인단- 레이건 489 표, 카터 49표)
1981년 1월 20일	대통령 취임
3월 26일	통합과 효율성을 위한 대통령자문위원회 설치령 (대통령 12301)
3월 30일	저격당함
7월 7일	산드라 데이 오코너 연방 대법관 임명
8월 13일	감세법 사인
10월 2일	전략무기계획안(SDI) 발표
1982년 1월 26일	국정연설 - 사회복지 프로그램 주로 이전
6월 25일	국무장관 헤이그 후임으로 조지 슐츠 임명
9월 3일	세금, 재산(Equity), 재무책임법(ERTA) 사인
10월 1일	하원에서 예산보완법안 거부당함
10월 12일	실종어린이법, 범죄 피해자 및 증인법 사인
1983년 1월 3일	전략군위원회 구성
1월 7일	핵폐기정책법 사인
3월 8일	전국전도자대회 연설 ('악의 제국' 발언)

4월 20일	사회보장수정법 사인
10월 23일	베이루트 미 주둔군 폭탄 테러
10월 25일	그라나다 침공
11월 2일	마틴 루터 킹 2세 기념일법 사인
1984년 1월 29일	재선 출마 선언
4월 26일	중국 방문
4월 30일	중국과 핵협정 체결
7월 18일	적자예산축소법 사인
8월 23일	공화당 후보 재지명 됨 (텍사스 주 달라스)
11월 6일	재선 성공 (선거인단 표- 레이건 525표, 월터 먼데일 13표)
1985년 1월 5일	에드윈 미즈3세 법무장관에 임명
1월 8일	돈 리건 비서실장임명, 짐 베이커 3세 재무장관 임명
1월 20일	2차 임기 취임식
3월 11일	미카엘 고르바초프 서기장 취임
4월 4일	니카라과 평화안 발표
4월 11일	국내정책위원회와 경제정책위원회 설치
7월 13일	직장암 수술
11월 16일	고르바초프와 제네바 회담
12월 12일	그램-러드맨-홀링스법 사인

1986년 1월 1일	고르바초프와 교차 연두 메시지
1월 7일	리비아에 대한 경제제재조치
1월 28일	첼린지호 폭발
2월 25일	필리핀 아키노정부 인정
4월 14일	리비아 공습
6월 17일	워렌 버거 대법원장 사임으로 후임에 윌리엄 랜퀴스트 임명 앤토닌 스칼리아 대법관 임명
10월 11일	레캬비크 정상회담
10월 22일	조세개혁법 사인
11월 6일	개정이민법 사인
11월 25일	이란-콘트라 스캔들 시작
1987년 1월 30일	수질법안 거부
2월 6일	'의존탈피' 복지증진 추진
2월 17일	경쟁력증진 추진
2월 19일	폴란드 경제제제 해제
2월 27일	리건 비서실장 사임으로 하워드 베이커 임명
3월 27일	고속도로법안 거부
5월 26일	윌리엄 웹스터 CIA 국장 취임
6월 2일	연방준비금이사회 볼커 위원장 사임으

	로 알렌 그린스펀 임명
6월 12일	베를린 방문 연설("고르바초프 씨, 이 장벽을 허시오!")
7월 1일	연방대법원 파웰 사임으로 후임 로버트 보크 임명
10월 19일	주식가격 폭락
10월 23일	상원 보크 인준 거부
11월 11일	앤소니 케네디 대법관 임명
12월 8일	INF 조약 사인
1988년 1월 1일	고르바초프와 교차 연두 메시지
1월 2일	캐나다와 자유무역협정 체결
3월 17일	온두라스 미군 파병
5월 11일	부시 대통령 후보지지 표명
6월 1일	고르바초프와 모스크바 정상회담 - INF 조약 비준
7월 1일	메디케어재난구제법 사인
7월 9일	미즈 법무장관 사임
7월 12일	리처드 손버그 법무장관 임명
8월 10일	일본계미국인강제수용보상법 사인
8월 11일	재난구제법 사인
8월 23일	무역 및 경쟁력증진법 사인

10월 13일	가족지원법 사인
10월 25일	원호부설치법 사인
1989년 1월 3일	고르바초프와 교차 연두 메시지
1월 11일	고별연설
1월 20일	캘리포니아 귀향
1990년 2월 5일	포인텍스터 재판 건으로 증언할 것을 명령 받음(비디오 테이프 증언)
9월 18일	모스크바에서 러시아 대통령 보리스 옐친 방문
1991년 2월 8일	80회 생일 파티
1992년 5월 3일	캘리포니아 목장에서 고르바초프 면담
1994년 11월 5일	치매(알츠하이머)를 앓고 있음을 발표함
1995년 10월 11일	치매 연구소 설립 발표
1997년 4월 21일	목장을 청년미국의재단에 매각
2001년 2월 6일	90회 생일
10월 11일	최장수 전직 대통령(존 아담스)의 기록을 갱신
2004년 6월 5일	사망(93세)
2004년 6월 7일	국장을 위해 시신 워싱턴으로 운구
6월 11일	국장식 후 시신 캘리포니아로 운구. 레이건 도서관에 가족장으로 안장식

미국 대통령 시리즈 발간에 붙여

한국미국사학회는 국내 미국사 연구의 발전을 도모하기 위해 1989년 뜻을 같이 하는 미국사연구자들이 모여 창립되었다. 이후 오늘에 이르기까지 한국미국사학회는 미국사 연구자들의 연구 성과를 국내외 학계 및 일반 대중에게 알리기 위해 전국학술대회 개최, 공식 학회지로서『미국사연구』의 연 2회 발간, 해외학술대회 참석 등의 활동을 활발히 전개해왔다.

그런 가운데 대부분 대학에서 미국사를 연구하고 강의에 매진하는 학회 회원들은 개별적으로 수많은 논문과 저서 및 번역서를 출간해 창립 20주년이 막 지난 이즈음에는 이들이 각종 학회지에 발표한 수준 높은 논문은 수 백 편이 넘고 저서와 번역서도 백여 권에 달하는 성과를 거두기도 했다. 하지만 학회 차원에서 이보형 초대 회장의 주관으로 회원들의 공동 작업을 통해 편찬한 책으로는 1992년『미국 역사의 기본 사료』(소나무)라는 제목으로 출간되었다가, 2006년 이 책의 증보판으로『사료로 읽는 미국사』(궁리)가 유일했다고 할 수 있다. 이 점에 대해 학회 일을 오랫동안 해오고 관심을 기울여온 회원의 한 사람으로서 늘 아쉬움을 느껴오던 차였다.

그러던 중 본 학회에서는 2010년이 되면서 학회 창립 20주년이 지나고 미국 대통령 에이브러햄 링컨 탄생 200주년을 맞이하여 무언가 뜻 깊은 일을 하자고 결의하기에 이르렀다. 이에 따라 본 학회의 전임 권오신 회장과 임원진이 학회 회원 여러분의 의견을 모아 미국 대통령 시리즈를 발간하기로 결정을 보았다. 이런 보람 있는 사업을 위해 본 학회는 회원들이 합심해 물심양면의 지원을 하기로 하고 시리즈의 기획 편집 책임을 미국 대통령에 관해 여러 권의 저서를 출간한 바 있는 건양대의 김형곤 교수가 맡기로 했다. 이에 학회에서는 시리즈의 대상이 될 대통령의 선정 작업, 집필자의 신청 접수 및 선정 작업, 제작비용 등을 지원하며 발간이 계획된 대로 순조롭게 이루어지기를 도왔다.

이러한 과정을 거쳐 이제 한국미국사학회는 학회 회원 여러분의 노고와 염원에 힘입어 국내 서양사 관련 학회 중 최초로 총 10권에 달하는 시리즈 저작으로서 미국 대통령 시리즈를 탄생시킬 수 있었다. 이에 우선 이 일을 기획하고 추진하는데 수고해주신 전임 권오신 회장과 임원진에게 감사드린다. 또한 임원으로서 본 시리즈의 기획 편집 일을 도

맡아 해준 김형곤 교수에게도 노고를 치하 드린다. 그리고 무엇보다도 시리즈의 집필을 기꺼이 맡아주시고 훌륭한 책으로 완성해주신 열 분의 집필자께도 대단히 고맙다는 말씀을 드린다. 이와 더불어 어려운 출판계의 사정에도 불구하고 모험에 가까운 시리즈의 출간을 맡아준 도서출판 선인에게도 감사한 마음을 전한다. 마지막으로 이 미국 대통령 시리즈가 국내 독자들에게 잘 알려지지 않은 미국 대통령의 진면목을 알기 쉽게 전달해 미국 역사에 대한 대중의 관심을 크게 불러일으켜 미국사 전반에 대한 대중적 독서 시장이 확대되는 계기가 될 수 있기를 기대해 본다.

한국미국사학회 회장
손 세 호

저자 | 김남균

춘천고등학교, 강원대학교(학사)

미국 오클라호마 주 털사대학교(University of Tulsa)(석사)

미국 텍사스 주 노오스텍사스대학교(University of North Texas)(박사)

평택대학교 미국학과의 미국학 교수

[주요 저서] *From Enemies to Allies: US-Japan Relations during the Korean War*, 『미국외교사』(공저), 『미국학』(공저), 『한국에서의 미국학』(공저), 『한국현대사의 재조명』(공저), 『한국전쟁의 국제사』(공역).